Im Reich der magischen Wesen

CLAIRE

Im Reich der MAGISCHEN WESEN

Verbinde dich mit deinen Begleitern aus der unsichtbaren Welt

Ansata

Das vorliegende Buch ist sorgfältig erarbeitet worden. Dennoch erfolgen alle Angaben ohne Gewähr. Weder Autorin noch Verlag können für eventuelle Nachteile oder Schäden, die aus den im Buch gemachten praktischen Hinweisen resultieren, eine Haftung übernehmen.

MIX
Papier | Fördert gute Waldnutzung
FSC® C014496

Penguin Random House Verlagsgruppe FSC® N001967

Erste Auflage 2024

Redaktion: Dr. Diane Zilliges
Fotografien und Illustrationen Innenteil: Stephan John
Umschlaggestaltung: Guter Punkt, München
Umschlagmotive: © igoriss / iStock / Getty Images Plus; © Ari Mulyadi / iStock / Getty Images Plus; © Adyna / iStock / Getty Images Plus; © SERHII PSAROV / iStock / Getty Images Plus
Satz: Satzwerk Huber, Germering
Druck und Bindung: GGP Media GmbH, Pößneck
ISBN 978-3-7787-7594-3

www.Integral-Lotos-Ansata.de

Inhalt

Einleitung

Die Beschäftigung mit spirituellen Wesenheiten scheint auf den ersten Blick anderen Kulturen näherzuliegen als unserer. Wir dürfen nicht vergessen, dass bei uns über viele Jahrhunderte eine Wesenheit als Himmelschef betrachtet wurde, die frei heraus erklärt, dass sie keine anderen Wesenheiten neben sich duldet. Aber wie das immer so ist mit der Theorie und der Praxis: So hatten die Menschen eben keine Götter neben diesem einen, sondern Heilige, und die große Göttin schlüpfte kurzerhand bei Maria unter den Sternenmantel.

Ein Blick zurück

Nicht nur im Volksglauben der einfachen Menschen lief einiges an Verehrung spiritueller Wesen mehr oder weniger unter der Hand weiter. Auch in der Hochmagie mit ihren Evokationen und Invokationen von Wesenheiten ging es ziemlich munter zu. Bei der alten Technik der Evokation wurden Geistwesen im Außen beschworen, bei der Invokation (wörtlich *in-vocare*: »hinein-rufen«) sogar in den Körper der Praktizierenden gebeten, bis dahin, dass Menschen die Gestalt eines Gottes oder einer Göttin annahmen. So unterschiedlich die äußere Form auch sein mag, diese Praktiken sind der schamanischen Besessenheitstrance nicht unähnlich.

Später im traditionellen Wicca ab den 1950ern fand sich die Technik des »Herabziehens des Mondes«, bei der die Kraft und die Botschaften der Mondgöttin durch die Hohepriesterin fließen. Auch das hat starke Ähnlichkeiten zu alten Traditionen, in denen sich die Geister und Götter zeitweise den Köper einer Person leihen, um durch sie hindurch zu sprechen und zu wirken.

Zeitlich noch vor dem Wicca erlebte der Spiritismus eine intensive Blüte und auch wenn es hier jede Menge Scharlatane gab, ist er im Kern eine ernsthafte Sache. In den beiden Weltkriegen wurden spiritistische Sitzungen häufig genutzt, um herauszufinden, ob Angehörige noch lebten. Diese Dinge waren kein Selbstzweck oder spirituelles Entertainment, sie wurden oft aus ernsthaften Beweggründen mit großer Hingabe betrieben.

Selbst eine materialistische Kultur wie unsere, in der die ursprünglichen Traditionen über viele Jahrhunderte unterdrückt wurden, fand also ihre Wege, mit anderen Wesenheiten zu arbeiten. Es scheint, dass wir einfach nicht anders können. Die geistige Seite braucht uns und wir brauchen sie. Dem gerecht zu werden war, wie bereits angesprochen, nicht immer einfach. Die alten Okkultisten mussten ihre Arbeit ins Gewand christlich-kabbalistischer Traditionen oder der antiken Philosophie hüllen. Doch selbst dann konnte schnell der Vorwurf der Ketzerei im Raum stehen.

Ganz ähnlich war es in der Spiritualität der einfachen Leute. Der heilige Petrus zum Beispiel war im Brauchtum lange Zeit ein nur knapp versteckter Donar bzw. Thor. Bis heute fällt Himmelfahrt immer auf einen Donnerstag (den Wochentag des Donar) und war im Brauchtum auf vielfältige Weise mit Ziegen, den heiligen Tieren des Gottes, verbunden. Die enge Verbindung zum Biertrinken hat sich sogar bis heute erhalten, auch wenn sich die meisten Vatertags-Feiernden dieser Hintergründe nicht mehr bewusst sind. Petrus mit dem Himmelsschlüssel oder Donar mit dem himmlischen Hammer, fürs Wetter waren sie beide zuständig, das ließ sich gut vereinen.

Hier und anderswo

Vieles zu unserem Thema hier lässt sich noch herausfinden und recherchieren, manche Bräuche werden bis heute gelebt oder erneut ins Leben gerufen. Vieles ist aber auch verloren gegangen, besonders das Wie und das Warum der alten Traditionen sind manchmal schwer zu ergründen. In Sagen, Überlieferungen und in der Brauchtumsforschung finden sich zahlreiche wertvolle Hinweise. Manchmal kann man das große Ganze dahinter erahnen, manchmal bleibt es vage.

Es macht einen Unterschied, ob man weiß, wie ein Baumgeist, ein Bergwesen oder die mächtigen Geister des Wassers angesprochen werden wollen, oder ob man es eben nicht weiß. Eine Freundin beispielsweise erzählte einem traditionellen Schamanen, dass sie ihre Opfergaben in die Mitte eines Flusses geworfen hatte, damit sie die Wassergeister gut erreichen. Der Schamane winkte ab und meinte: So lieber nicht. Stell es dir so vor, als würdest du den Flussgeistern damit von oben etwas an den Kopf werfen. Leg die Opfergaben besser am Ufer ab … Scheinbar nur ein kleines Detail, das aber einiges verändert. Wir finden solche Hinweise selten, wenn wir zu hiesigen Wegen der Verehrung von Wesenheiten recherchieren, was uns meist zu alten Büchern führt. In ihnen wurde das alte Wissen bewahrt, zum Glück, aber man kann Büchern keine Fragen stellen und sie kommen auch nicht auf einen zu und sagen: Hier machst du etwas falsch, so wird das nichts.

Wenn es um die gelebte Praxis geht, hatte ich oft das Gefühl, vor Rätseln zu stehen. Als würde ich hier und da ein paar kostbare alte Stofffetzen finden, aber um sie zu einer schönen neuen Decke zusammenzunähen, die auch wirklich wärmt, brauchte ich einen starken verbindenden Stoff, der die Fetzen halten kann. Diesen tragenden festen Stoff – um in diesem Bild zu bleiben – fand ich durch die Unterstützung von Menschen, die aus traditionellen Kulturen stammen oder eng mit ihnen zusammengelebt haben.

Denn machen wir uns nichts vor:

Auch wenn sich viele von uns spirituellen Ideen öffnen (was wunderbar ist), stehen wir am Anfang.

Anderswo werden die Menschen in Kulturen groß, in denen das Spirituelle das Normalste der Welt ist. Die Existenz von Göttern und Göttinnen, Geistwesen, Naturgeistern und einem lebendigen Universum als großem Ganzen sind dort Alltagswissen. Die Leute wachsen mit einer Kosmologie und spirituellen Konzepten auf, die sie dann tief in sich tragen. Und der vielleicht größte Unterschied zu uns: Ihre Mitmenschen teilen diese Konzepte.

Spiritualität ist bei uns oft an Gefühle des Unverstandenseins gekoppelt. Man hat vielleicht Freunde, die sich ebenfalls dafür interessieren, aber sonst?

Stell dir vor, du läufst durch deinen Alltag und jeder, der dir begegnet, hat seine eigenen Schutzgottheiten. Und das nicht erst seit gestern, schon seine und auch deine Vorfahren vor vielen hundert Jahren haben sie verehrt. Deine Arbeitskollegen haben, genau wie du, einen Hausaltar, der täglich mit Blumen und duftenden Räucherungen bedacht wird. Auf dem Weg zur Arbeit kommst du an mehreren Schreinen vorbei und weil du heute ein wichtiges Gespräch hast, zündest du an einem deiner Lieblingsschreine ein Licht und ein Räucherstäbchen an. Es ist dieser eine kleine Schrein, dessen gute Geister dir bisher immer geholfen haben, sie werden es auch diesmal wieder tun.

Abends findet die jährliche Prozession zu Ehren der Schutzgottheit deiner Stadt statt. Eine Verkäuferin vom Aldi ist unter den Frauen, die Blumen streuen, deine Kinder freuen sich seit Tagen auf die Süßigkeiten, die in die Menge geworfen werden, und dein Mann hat im nächsten Jahr vielleicht die Chance, als Träger der Figur der Gottheit besonderen Segen zu erwirken. Du entdeckst deinen Hausarzt vorn unter den Fahnenträgern. Morgen hast du einen Termin bei ihm und ihr werdet sicher auch über die gelungene Prozession reden.

Du hast dir über die Göttinnen und Götter deiner Region kein Wissen anlesen müssen, sie stehen in Saft und Kraft vor dir, seit du denken kannst, als lebendige Tradition, die dir von deinen Eltern und deiner ganzen Umgebung vermittelt wurde. Du giltst nicht als esoterischer Sonderling, weil du dich mit spirituellen Dingen beschäftigst, weil das jeder in deiner Umgebung tut, die einen mehr, die anderen weniger.

Wenn du in die falsche Richtung abbiegst und in energetische Stromschnellen gerätst, gibt es erfahrene Praktikerinnen und Praktiker, die dir helfen, zurück ans sichere Ufer zu kommen. Du musst nicht auf eigene Faust rätseln, wie es im Fall von Herausforderungen besser gehen könnte. Es ist kein Problem, erfahrene Personen zu finden, die auf den ersten Blick erkennen, wo es hakt, und dir weiterhelfen können.

Wie klingt das für dich?

Wenn man diesen Blickwinkel erwähnt, kommen manchmal Argumente, wie: Ja, das mag in rückständigen Ländern vielleicht ganz nett sein, aber für uns als rationale Menschen ist das unmöglich und würde einen kulturellen Rückschritt in abergläubische Zeiten bedeuten. Doch was ist zum Beispiel mit Japan? Ein Hochtechnologie-Land, in dem niemand etwas dabei findet, an berühmten Tempelanlagen zu beten und Glücksbringer für die ganze Familie mitzubringen. Zumal immer offensichtlicher wird, wie sehr uns das spirituelle Element hierzulande fehlt. Die Liste der seelischen Leiden wächst beständig, während die Lebensumstände deutlich komfortabler sind als noch vor ein paar Jahrzehnten. Kann es sein, dass uns etwas Tiefergehendes abhandengekommen ist, das weit über äußerliche Annehmlichkeiten hinausgeht?

Wo wir mit diesem Buch einsteigen

Über die Jahre wurde mir immer klarer bewusst, an wie vielen Ecken und Enden uns – um auf dieses Bild zurückzukommen – der tragende, stabile Stoff fehlt. Einiges wurde mit Hingabe, Erfindergeist und Inspirationen der guten Geister wieder auf die Beine gestellt. Und doch fehlt viel. Der springende Punkt ist: Wir wissen noch nicht einmal, dass es fehlt. Man kann auch Älteste, die einen anleiten und korrigieren, nicht einfach aus dem Boden stampfen.

Also machte ich mich auf die Suche nach Ältesten unterschiedlicher Kulturen, die auf eine Art und Weise lehren, die authentisch ist, aber gleichzeitig auch darauf abzielt, uns mit unseren eigenen Wurzeln zu verbinden. Auf meinen Wegen konnte ich direkt von einem nepalesischen und mongolischen Lehrenden und einer Lehrerin, die eng mit der Tradition der Ultschen verbunden war, lernen. Und wer weiß, wo mich die guten Geister noch hinschicken, um mehr zu verstehen und mein Bild vom großen Ganzen zu erweitern. Aber natürlich weiß ich auch, wer ich bin und wo ich herkomme. Es bringt nichts, wenn wir blind die Traditionen von anderswo nachspielen. Um authentisch zu sein, müssen wir mit dem arbeiten, was wir sind und was uns umgibt. Dann können wir »zwischen den Kulturen« lernen.

Wie ein solches Lernen funktionieren kann? Ein traditioneller Lehrer drückte es so aus: Hinter allen Schleiern sitzt dasselbe Göttliche. Glaubt ihr wirklich, meinte er scherzhaft, im Himmel sitzen zehn verschiedene Götter nebeneinander und je nach Religion fühlt sich einer zuständig? Es gibt nur eine Quelle. Auf unserer menschlichen Ebene spielen die unterschiedlichen Traditionen eine Rolle, aber wir sollten nicht vergessen, dass wir in dasselbe Universum schauen.

Womit wir beim Sinn dieses Buches angekommen wären: Es möchte dazu anregen, unsere eigenen Traditionen wertzuschätzen und neu zu beleben. Es möchte dazu beitragen, die Löcher und Lücken in dieser »Decke« mit bewährtem Wissen zu füllen, das andere mit uns teilen.

Im Mittelpunkt stehen hier gute und verlässliche Beziehungen zu den Spirits, weil sie der Mittelpunkt einer lebendigen Spiritualität sind.

Wir hier im Westen lenken unseren Fokus schnell auf Techniken oder die verwendeten Gegenstände eines spirituellen Weges. Die erste Frage, wenn sich jemand für einen spirituellen Weg interessiert, lautet oft: Was brauche ich für Zubehör?

Natürlich hat das seine Berechtigung, aber das Wichtigste ist das Herz. Dort fangen die Beziehungen zur geistigen Welt an, die uns tragen. Man kann noch so viele spirituelle Techniken stapeln, Einweihungen hamstern und die teuersten authentischen Ritualgegenstände aus aller Welt sammeln: Ohne die Verbindung zu den Spirits ist das nur Fassade.

Es geht darum, die Leere zu füllen, und diese spirituelle Leere ist in der westlichen Welt mit Händen zu greifen. Wir werden mit dem Gedanken groß, dass die Welt aus Dingen besteht. Tote Materie, wohin man schaut. Vor nicht allzu langer Zeit hat man noch nicht einmal Tieren eine Seele zugestanden, von Pflanzen und anderen Wesenheiten der Natur ganz zu schweigen. Nachdem wir die ganze Welt für tot erklärt haben, wundern wir uns, warum uns so unbehaglich zumute ist.

Mittlerweile verstehen immer mehr Menschen die wahren Zusammenhänge und interessieren sich aufrichtig dafür. Der nächste Schritt ist die Praxis, dass wir auf greifbare, gelebte Art und Weise damit arbeiten, damit wir uns als Teil dieser lebendigen Welt auch wieder aktiv in das große Geflecht des Lebens einbringen. Damit wir sozusagen nicht mehr nur die große Zehe eintauchen, sondern mit unserem ganzen Wesen eingebunden sind.

Die Beziehungen zur spirituellen Ebene sind, wie alle anderen Beziehungen, aktives Teilnehmen am Leben. Kein Mensch lebt in einem Goldfischglas. Wir sind auf so viele Arten miteinander und mit allen nur denkbaren Wesen verbunden! Wir stecken jederzeit mittendrin im großen Ganzen. Wir müssen nur noch aufwachen und uns dessen bewusst werden.

Gedanken, Hinweise und Herangehensweisen dazu liefert dieses Buch. Es behandelt damit ein großes Thema mit vielen Facetten. Damit wir uns nicht verzetteln, habe ich die Dinge in den Mittelpunkt gestellt, an die wir hierzulande authentisch und gut anknüpfen können. Suche und finde, was dich ruft. Hier zu lesen, ist vielleicht der Beginn einer lebenslangen Entdeckungsreise.

Kurz zu Begriffen und Formulierungen

Zunächst ein Wort zu den Geschlechtsbezeichnungen: Ich verwende der Einfachheit und Lesbarkeit halber abwechselnd mal das eine und mal das andere Geschlecht, wenn bestimmte Rollen von beiden Geschlechtern ausgeübt wurden und werden.

Zu den Begriffen wie Geist, Wesen, Gott, Spirit und so weiter: Wir schauen uns die Gemeinsamkeiten und Unterschiede verschiedener Geistwesen in diesem Buch natürlich genau an. Ich benutze abwechselnd verschiedene Begriffe, um sie zu bezeichnen, weil es sich schnell eintönig liest, wenn ich immer nur von »Wesenheiten« rede. Für unser Empfinden stehen Gottheiten oft eine Etage über den Spirits, aber streng genommen sind sie eine Erscheinungsform von bewusster Energie unter vielen – so gesehen sind auch sie Spirits. Um unserer hiesigen Denkweise Rechnung zu tragen, benutze ich das Wort Gottheiten, wenn direkt sie gemeint sind.

Verhältnismäßig selten verwende ich das Wort »Geister«, weil wir dabei schnell alle möglichen lustigen Ideen im Kopf haben, die mit dem Eigentlichen wenig zu tun haben. Vermutlich wäre für die meisten, die in unserer Kultur groß geworden sind, eine Beschreibung wie »Energie mit Bewusstsein in verschiedenen Größenklassen und Ausprägungen« am leichtesten zu fassen. Wir sind manchmal ganz schöne Kopftierchen – in gewisser Weise sind das die Geister, die uns am nächsten sind.

So viele Wesenheiten – und du mittendrin

Die Arbeit mit Wesenheiten ist das Herz so gut wie aller spirituellen Wege. Und auch bei uns fragen sich immer mehr Menschen: Wenn ich zum Beispiel meine Wünsche ins Universum sende, wer hört sie dann eigentlich? Wer oder was sind die Kräfte, die darauf reagieren? In welchen Beziehungen stehen sie zu mir und zueinander? Gibt es eine Systematik dahinter - und wenn ja, wie sieht sie aus?

Lass uns solche Themen genauer betrachten.

Warum mit Wesenheiten arbeiten?

Solche Fragen beschäftigen uns Menschen seit uralten Zeiten: Wer sind diese unsichtbaren Anderen im großen Spiel des Lebens und wie kann man mit ihnen umgehen? Wie und wo fließen ihre Energien, wie gehen sie ineinander über? Welche Kräfte sind miteinander verträglich und welche gegensätzlich?

Sich etwas beim Universum zu wünschen, gilt in »fortgeschrittenen« spirituellen Kreisen als oberflächliche Mainstream-Spiritualität. Darüber kann man streiten. Ich finde, dass sich etwas ganz Wesentliches in dieser Praxis wiederfindet, nämlich das alte Wissen darum, dass alle Dinge miteinander verbunden sind. Die alten Germaninnen bezeichneten dieses alles verbindende Netz des Lebens als *Wyrd*, als »das, was wird«.

Dieses Netz des Lebens ist keine anonyme Energieautobahn. Es lebt, denn es *ist* das Leben. Und was lebt und wirkt, das hat auf die eine oder andere Art auch eine Persönlichkeit (wir werden bei den Seelenbegriffen noch dazu kommen). Wenn wir in diesem Zusammenhang von Energie reden, geht es also um Kräfte mit Bewusstsein. Das ist gerade in unserem Kulturkreis eine gedankliche Herausforderung. Schnell steht man vor Fragen wie: Bilde ich mir dieses mögliche Gegenüber nur ein oder ist es Realität? Wie kann ich herausfinden, was eher meiner Fantasie entspringt und was wirklich Hand und Fuß hat? Manchmal sind da auch Bedenken: Wenn ich anfange, mit Geistwesen zu arbeiten, öffne ich damit vielleicht die sprichwörtliche Büchse der Pandora und ziehe Dinge an, die ich gar nicht in meinem Leben haben möchte?

Das sind wichtige und berechtigte Fragen und wir werden sie in diesem Buch näher beleuchten, denn viele hegen den Herzenswunsch, tiefer in diese Materie einzusteigen. Die unverbindliche Konsumkultur à la »Manifestieren Sie schnell all Ihre Wünsche« macht eben nicht wirklich satt. Es geht um mehr als nur Unterstützung in Krisenzeiten oder in den Wechselfällen des Lebens. Es geht darum, getragen zu werden und jeden Tag diesen Halt zu spüren.

Es geht darum, nicht durch ein kaum durchdrungenes Netz der Möglichkeiten zu kullern, sondern zu wissen, wo wir hingehören und wer uns verlässlich zur Seite steht, und damit eine allgemeine Standfestigkeit im Leben zu entwickeln, mit der uns so schnell nichts umhaut.

Nach spirituellem Verständnis befinden wir uns ohnehin mittendrin im großen Netz, im Wyrd. Die Frage ist, ob wir bewusst damit umgehen oder uns von den Umständen hin und her werfen lassen. Wollen wir ewig im rationalen Kopf bleiben und das große Netz des Lebens zwar immer mal erahnen, aber bestenfalls die besagte große Zehe in dieses Thema eintauchen? Oder wollen wir uns auf die Kräfte der Natur einlassen – eben auch auf ihre subtilen Kräfte – und das Leben vollumfänglich bewusst gestalten?

Kopf und Herz oder Seele schließen einander dabei nicht aus. Der rationale Kopf braucht das spirituelle Empfinden der Seele als Ausgleich, genau wie die Seele die klugen Gedanken des Kopfs braucht. Es geht bildlich gesprochen darum, nicht mehr auf einem Bein durchs Leben zu hopsen, sondern gut ausbalanciert mit beiden Beinen zu gehen. Dann wirft uns so schnell nichts um.

Geisterbeschwörung ist alltäglich – wir nennen es bloß nicht so

Normalerweise scheint die archaische Welt der Geisterbeschwörung ziemlich weit weg von unserem Alltag zu sein. Möglicherweise ist das aber nur eine Frage des Blickwinkels. Nehmen wir zum Beispiel Musik und Performance, die seit den ersten Schamaninnen und Animisten zur menschlichen Kultur gehören, um Geister zu beschwören, Stimmungen zu fördern und den Geist empfänglich für eine bestimmte Form von Energie zu machen.

Heute passiert das Ganze meist über Bühnenshows mit allem Drum und Dran. Ich sehe da wenig Unterschied zu den traditionellen Geisterbeschwörungen, außer dass das Heilige (in dem Fall die Musik) auch hier mittlerweile hochkommerziell ist und seine heilenden Aspekte eher diffus in Richtung tröstender Liebessongs und Ähnlichem gehen. Niemand wird bestreiten, dass bei einem Konzert von Rihanna eine andere Energie beschworen wird als beim deutschen Schlager. Taylor Swift oder Depeche Mode – alles nur eine Frage der Energie. Die Menschen gehen zu Konzerten, weil sie in einer bestimmten Energie baden und sie in sich aufnehmen wollen. Das Image einer Band oder eines Stars (inklusive »schamanischer« Verkleidung in Form des typischen Looks der Performer) ist die visuelle Beschreibung der Geister, die sie mit ihrer Musik beschwören.

Auch die Erfahrungen, die Künstler machen, sind in gewisser Weise ähnlich tiefgreifend wie die von Schamanen. Über Jimmy Page von Led Zeppelin ist beispielsweise bekannt, dass er bei einem Konzert bis zu zwei Kilo Gewicht verloren hat. Anschließend war er einerseits ausgelaugt und andererseits so aufgedreht, dass er Stunden gebraucht hat, um wieder runterzukommen – ein Phänomen, von dem viele Künstler berichten. Die Energie der Masse, die während der Konzerte zu ihnen auf die Bühne strömt, kann einerseits süchtig machen, ist andererseits aber nicht leicht auszuhalten.

Viele Schamaninnen werden nach einer großen Performance mit Trommel sofort von ihren Helfern abgeschirmt, um sich erholen zu können. Fragen können frühstens am nächsten Tag gestellt werden. Auch wenn sich die Performance heutiger Musiker selten an eine einzelne Person oder Familie richtet, um zu heilen oder Dinge in Erfahrung zu bringen, bewegen sie etwas in den Leuten. Fast jeder hat bestimmte Stilrichtungen oder Künstler, deren Musik ihn wieder aufbaut, wenn es ihm gerade nicht so gut geht.

Die Musik ist nur ein Beispiel unter vielen. In der Kunst, aber auch in der Werbung finden sich viele Methoden, mit Bildern, Emotionen und Stimmungen einen gewünschten Effekt zu erzielen. Auch wenn die Absichten nicht tiefgründig sind, geht es dabei letztendlich um die Beschwörung und Lenkung von Energie, und wenn's nur zu dem Zweck ist, das Geld der Kundinnen in die Taschen eines Kosmetikkonzerns zu leiten. Dir würden dazu interessantere Dinge einfallen? Dann lass uns weitergehen und ein paar grundsätzliche Begriffe unter die Lupe nehmen.

Ein weites Feld: Schamanismus, Animismus, Spiritismus, Geisterglaube

Es gibt unterschiedliche spirituelle Wege, die den Themenbereich dieses Buches streifen, sodass ein kleiner Überblick nicht schadet. Da wäre zuerst der Animismus, also der Glaube, dass alles im Universum auf seine eigene Art und Weise beseelt und lebendig ist. Er wird oft als erste Religion der Menschheit bezeichnet. Dabei ist »auf eigene Art und Weise« entscheidend: Wir Menschen werden uns in einen Stein vermutlich niemals so ganz hineindenken können.

Auch die Moderne ist für diese Weltanschauung kein Hindernis. In Japan kommt schon mal der Shinto-Priester, wenn die Großrechneranlage unerklärliche Mucken macht. Die Ultschen am Amur-Fluss sehen in den Stromleitungen die »elektrischen Leute« am Arbeiten und das nicht, weil sie nicht verstehen würden, was Strom ist, sondern weil sie neben den physikalischen Phänomenen immer auch die geistige Ebene sehen.

Sie haben eine 8000 Jahre alte Tradition in der Arbeit mit Geistern. Wer sollte hier also von wem lernen?

Wir Westler stolpern in diesem Zusammenhang oft über unsere tief verinnerlichte Trennung von Geist und Materie. Hier ist das Heilige und dort der Alltag. Auf dieses Thema werden wir noch öfter im Buch zurückkommen, weil es wichtig ist, sich aktiv damit auseinanderzusetzen. Man kann leider nicht einfach vom Kopf her beschließen, es von nun an anders zu machen. Die Vorstellung von toter Materie ist tief in unserer kulturellen DNA verankert und es braucht ein paar Anläufe, bis man dem Leben aus tiefstem Herzen mehr Facetten zugestehen kann.

Du kannst es auch als verschiedene Ebenen derselben Situation betrachten, so wie es beispielsweise die isländische Elfenbeauftragte Erla Stefansdottir beschrieben hat: Die Ebene der Geistwesen ist wie ein anderer Kanal im Radio, den man wählt. Wenn man seine Antennen nicht darauf ausrichtet, könnte man denken, es gäbe ihn gar nicht, aber sobald man auf Empfang ist, kommen die Signale deutlich an.

Der Animismus geht zudem davon aus, dass nicht nur sicht- und greifbare Phänomene beseelt sein können. Sonst würde es keinen Ahnenglauben geben, der in diesen Traditionen besonders gepflegt wird. Die Verstorbenen wären mit ihrem Ableben einfach verschwunden, worauf das materialistische Weltbild ungeachtet unzähliger anderslautender Erfahrungen beharrt. Gerade die Beseeltheit bringt es mit sich, dass eben jene Seele nach dem Tod zu neuen Abenteuern weiterzieht.

Der Begriff des Schamanismus wird mittlerweile nicht mehr so lose verwendet, wie das früher üblich war. Vor nicht allzu langer Zeit hat man alles in diesen Topf geworfen, was irgendwie mit Geistwesen und Natur zu tun hatte. Mittlerweile sieht die Forschung deutliche Unterschiede und nicht zuletzt werden die Stimmen der indigenen Praktizierenden endlich selbst gehört. Der bis heute zum Thema viel zitierte Forscher Mircea Eliade hat zum Beispiel in seinem ganzen Leben keinen einzigen Schamanen gesehen, geschweige denn mit einem gesprochen.

Schamanismus wird nun deutlich klarer gesehen. Er umfasst Traditionen, in denen manche Menschen von Geistwesen zum Vermittler auserwählt wurden. Diese Menschen können geistige Reisen unternehmen und werden bei Bedarf von ihren verbündeten Geistwesen in Besitz genommen (Besessenheitstrance), die auf diese Weise durch sie hindurch arbeiten. Diese Geistwesen sind in den meisten Fällen die Geister früherer Schamaninnen und Schamanen.

Dabei teilt der Schamanismus die animistische Weltsicht. Man kann also Animist sein, ohne schamanisch zu wirken, aber kein Schamane sein ohne Animismus. Übrigens ist nicht eines besser als das andere. Wir sind so sehr an den unscharf definierten Begriff des Schamanismus gewöhnt, dass viele annehmen, das wäre das große Ziel, da geht es auf jeden Fall hin, wenn man mit guten Geistern arbeiten will. Doch der Schamanismus ist nur eine animistische Tradition unter vielen und sie alle haben ihren Wert und ihre Kraft.

Der Spiritismus befasst sich vor allem mit der Arbeit mit Geistern von Verstorbenen. In dieser Hinsicht steht er dem klassischen Schamanismus nahe, denn im klassischen Schamanismus arbeiten wie gesagt vor allem die Geister schamanischer Ahnen durch die Praktizierenden hindurch. Es gibt auch Tier- und Naturgeister, aber im Gegensatz zum westlichen Neoschamanismus sind traditionell meist die Ahnen die entscheidende Quelle der Kraft, was erklärt, warum schamanische Begabung meist Familienlinien folgt.

Ich denke, wir mussten hierzulande auf Natur- und Tiergeister ausweichen, weil genau diese Ahnen bei uns fehlen. Wir haben eben keine Schamaninnen-Großmutter und keinen Schamanen-Urgroßonkel, die nach dem Tod rituell eingebunden wurden, sodass sie später geistig durch uns hindurch wirken können. Wieder bei der Natur anzufangen war da nur folgerichtig.

Auch im Spiritismus gibt es Formen der (kompletten oder teilweisen) Übernahme des Körpers des Mediums durch die geistige Welt, wodurch Botschaften hörbar gemacht oder über das »automatische Schreiben« und Ähnliches offenbart werden können. Ähnlich wie im Schamanismus dreht sich diese Arbeit um Heilung und Balance. Allerdings muss ein Spiritist nicht unbedingt an Naturgeister glauben.

Umgekehrt ist der klassische Schamanismus ausgesprochen vorsichtig, wenn es um die Zusammenarbeit mit (kürzlich) Verstorbenen geht. Das erinnert an alte germanische Vorstellungen, nach denen man Angst hatte vor Verstorbenen, die nicht loslassen und sich an die Lebenden heften, um durch sie hindurch weiter an der Welt der Lebenden teilhaben zu können, was die Lebenskraft der Betroffenen schwächt. Wer ernsthaft Spiritismus betreiben will, tut also gut daran, von erfahrenen Personen zu lernen.

Geistwesen-Klassen: Unterschiede und Gemeinsamkeiten von Gottheiten, Geistwesen und anderen

Geistwesen in unterschiedliche Klassen zu unterteilen ist nie ganz einfach. Es fühlt sich ein bisschen so an, als wollte man eine Wolke mit einem Lineal vermessen. Trotzdem brauchen wir etwas zum Anfassen, wenigstens einen Umriss, denn verschiedene Größenklassen und Einflussbereiche gibt es durchaus und die liegen oft ganz wörtlich in der Natur der Sache.

Nicht jede Wesenheit kann in jedem Bereich wirken. Der Geist eines Berges kann durchaus auch an anderen Orten zu Hilfe kommen (oder jemandem, wenn er verstimmt ist, eine Lektion erteilen), aber er wohnt primär in genau dem Berg, dessen geistig-materielle Dimension er durchwirkt. Eine Liebesgöttin wirkt im Bereich der Liebe, jemand wie Thor beherrscht das Wetter und schlägt sich mit den Kräften der Riesen herum. Wobei er selbst zur Hälfte Riese ist, was zeigt, wie fließend diese Dinge sein können. Einem Gott des Handels und der schnellen Kommunikation, wie Merkur, sollte man nicht mit melancholischem Tiefgang kommen.

In Japan kennt man den Ausdruck *kami*, der Gottheiten, aber auch lokale Naturgeister oder die Seelen von Verstorbenen umfasst. Zudem gehört alles dazu, was ein starkes Gefühl in uns weckt, wie große Freude, Angst, einen Schreck oder emotionale Ergriffenheit. Das ist eine runde Sicht der Dinge, denn letztendlich geht es um bewusste Energie in verschiedenen Ausprägungen und Größen, die für uns unterschiedlich relevant sein kann.

Nicht immer müssen zum Beispiel die großen Göttinnen die richtigen Ansprechpartnerinnen sein. Aus der Geschichte weiß man, dass so etwas im nordischen Kulturkreis sehr praxisbezogen gesehen wurde. So erklärt der britische Archäologe Neil Price in Bezug auf Magie und Mentalität der Wikinger, dass für die Menschen die Naturgeister rund um ihr Gehöft wichtiger sein konnten als die großen Götter. Es kam (und kommt) immer darauf an, wie man lebt und was im eigenen Leben wichtig ist.

Da gibt es zum Beispiel die überlieferte Geschichte einer Völva, die erfolgreich den Spirit der Heringsschwärme zurück in einen Fjord ruft, damit die Menschen wieder etwas zu fischen haben, was ihre Lebensgrundlage war. Alles ist auf seine Art wichtig. Die Menschen brauchten in diesem Moment eben nicht den großen Thor oder die strahlende Freya, sondern einen wohlgesonnenen Herings-Spirit.

Wir neigen aufgrund unserer kulturellen Prägung dazu, entweder die eine große Kraft suchen zu wollen, die alles für uns regeln kann, oder ein Pantheon von Göttern im Blick zu haben, wie man es aus der klassischen Antike kennt. Die klassische Antike war aber auch noch um einiges vielfältiger, damals wusste man neben den Göttern um jede Menge Naturgeister auf unterschiedlichen Ebenen.

Wenn wir auf die nordische Gedankenwelt der Wikingerzeit zurückkommen, gab es nach Neil Price im Wesentlichen die Asen und die Wanen als Göttergeschlechter und dazu sechs Geistwesen-Klassen:

- Diener der Götter (wie Odins Raben Hugin und Minin, Freyas Katzen oder Thors Ziegen);
- Wesenheiten von kosmischer Dimension, wie die Nornen, die über allem stehen;
- Riesen als Urkräfte der Natur und Vorgänger der Götter;
- lokale Naturgeister wie Trolle, Zwerge und Elfen;

- Geister, wie die Disen, die magiekundigen Personen zur Verfügung stehen;
- Geister des Menschen, wie Fylgjur, Harmingjur, Hamr und Hugr, die bezüglich des Glücks auf dem Lebensweg, dem Schicksal eines Menschen und als Schutzgeister eine Rolle spielen. Auch Verstorbene fallen in diese Kategorie, beispielsweise als Draugr, als unruhige Tote und Wiedergänger, die wir heute als erdgebundene Seelen oder Ähnliches bezeichnen würden.

Obendrein konnten die Übergänge ziemlich fließend sein, so ist Freyas Bruder Freyr auch als Elfenkönig bekannt und die Wanen als ältere Naturgötter stehen generell den Naturwesenheiten sehr nahe.

Das ist nur ein mythologisches Beispiel unter vielen und es zeigt, dass man nicht versucht hat, am Reißbrett ein bestimmtes System zu entwerfen. Man hat die Natur und das Leben beobachtet und daraus Schlüsse darauf gezogen, welche Kräfte am Werk sein müssen. Der Grundgedanke dahinter ist, dass alles auf seine Art belebt ist und seine eigene Art hat zu wirken. Götter und Wesenheiten sind nicht *er*funden, sondern *ge*funden. Jeder, der in ihren Wirkkreis kommt, erfährt sie.

Man könnte damit auch sagen, dass Götternamen Bezeichnungen für bestimmte Lebensthemen und Kräfte sind.

Den meisten ist heutzutage der Schutzengel geläufig, wobei Engel deutlich älter sind als unsere kirchlichen Vorstellungen davon, das ursprüngliche griechische Wort *angelos* bedeutet einfach nur »Bote«.

Auch die Geister von Verstorbenen und die Ahnen spielen eine wichtige Rolle, wobei die Ahnen älter sind. Sie sind die kollektive Kraft der geläuterten Vorfahren, während die Verstorbenen oft noch nicht lange gegangen sind. Mit Verstorbenen arbeitet man eher, um alte Konflikte und energetische Verstrickungen zu lösen und ihnen ein gutes Weiterziehen zu ermöglichen. Sie haben in gewisser Weise noch mit sich zu tun und werden erst später zu Ahnen, die man um Rat fragen kann.

Wobei die klassische Ahnenverehrung durchaus mehrdeutig ist. Da schwingen nicht nur Liebe und Unterstützung mit. In traditionellen Kulturen gibt es auch den Aspekt, dass man sie beschwichtigen will und sich mit ihnen gut stellen möchte. Erzürnte oder vergessene Ahnen gelten als gefährlich und können die Quelle vieler Leiden sein, die sich erst legen, wenn die Ahnen wieder auf angemessene Weise in die Welt der Lebenden einbezogen werden. Ein Gedanke, der sicher auch in unserer Kultur eine Überlegung wert ist.

Das Konzept der vergöttlichten Ahnen kennt man auf der ganzen Welt. Herausragende Personen wurden auch nach dem Tod um Hilfe gebeten. Wenn sie diese gewährt haben, wurden die Anfragen häufiger und mit der Zeit bekamen sie den Status von Gottheiten. Der westafrikanische Shango war ein König, der auf diese Weise zum Orisha wurde (eine Mittlergottheit zum höchsten Göttlichen). Auch Jesus passt gut in das Konzept der vergöttlichten Ahnen, genau wie die Heiligen, die eine Art Halbgott-Status haben.

Daneben finden sich die Elfen und Naturgeister als Kräfte der Natur. Auch die Herrengeister von Orten spielen eine wichtige Rolle. In Bezeichnungen wie Vater Rhein finden wir bis heute Anklänge daran, dass unsere Beziehungen zur Natur nicht immer unpersönlich waren. Herrengeister oder Herrinnengeister sind die »Leute«, die für ein Gebiet oder eine bestimmte Sache zuständig sind, sie können sowohl männlich als auch weiblich sein. Das ist ein Konzept, das bei uns oft übersehen wird, dabei kennen wir es vom Gefühl her ebenfalls. Nehmen wir nur das Lebensgefühl, das man mit bestimmten Städten verbindet, wie Paris, Berlin, London oder Los Angeles.

Wer in einem Stadtteil wohnt, kennt die Mentalität der Menschen dort, die sich von denen aus anderen Stadtteilen unterscheidet. Aber warum wohnt vor allem diese Sorte Menschen dort und nicht woanders? Weil es bestimmte lokale Gegebenheiten gibt – und diese sind auch geistiger Natur, es ist nicht nur die mehr oder weniger schöne Aussicht. Letztendlich ist die vielzitierte Gentrifizierung ein Zeichen für sich wandelnde Spirits von Stadtvierteln. Was zuvor einen Geist der Arbeit und Plackerei hatte, wie zum Beispiel alte Fabriken, wird auf einmal zum hippen Loft der Schickeria. Ich bringe dieses Beispiel hier bewusst ein, weil wir in unserer Kultur ständig unterscheiden in »das ist spirituell« und »das ist doch nur Alltag«. Aber es ist alles eins, nur auf unterschiedlichen Ebenen.

Auch Urlaubsregionen sind ein gutes Beispiel, um diese Kräfte zu verdeutlichen. Diese Gegenden haben starke Ortsgeister, deren Vibrationen ihre Besucher aufladen oder sie entspannen lassen. Aus spiritueller Sicht ist es kein Zufalsl, dass sich der eine Ort zur Partyhochburg mausert und ein anderer Ort Menschen mit Entspannungsbedürfnis anzieht.

Im Kleinen sieht man das zum Beispiel bei Geschäften. Manchmal gibt es Läden, in denen sich ein Geschäft nach dem nächsten versucht, aber keines hält sich lange. Irgendwann kommt die richtige Person mit der richtigen Idee und dieser Laden bleibt bestehen. Natürlich spielen da auch andere Themen hinein, wie der Zeitgeist, Moden oder Interessen für bestimmte Dinge. Doch es ist auch der Geist des Ortes, wenn in demselben Laden drei Restaurants nacheinander aufgeben und das vierte rappelvoll ist. Vielleicht mochte der Geist des Ortes die ersten Betreiber nicht oder sie passten einfach nicht an den von diesem Spirit geprägten Platz.

Schauen wir weiter zu den klassischen Geistwesen, dann landen wir schnell bei den Feen. Die Worte Fee und Elfe werden oft synonym gebraucht, aber Fee kommt von *fatum*, »Schicksal«. Sie sind den Nornen sehr ähnlich. Bis heute gibt es Sagen, in denen am dritten Tag nach der Geburt drei Feen am Bett eines Babys erscheinen, um sein Schicksal zu verkünden.

Wenn du dich auf die Reise machst, die Wesenheiten zu erkunden, zu denen du eine Verbindung spürst, schau auch in Mythen, Märchen und Sagen aus deiner Region: Was passiert da genau? Wer tut was? Was wäre, wenn die Gräfin oder der dunkle Reiter, die da erwähnt werden, in Wirklichkeit Naturwesenheiten oder alte Gottheiten sind, die mit diesen Begriffen unverdächtig getarnt wurden? Beobachte, mach dir deine eigenen Gedanken, achte auf deine Empfindungen beim Lesen.

Vieles wurde verschlüsselt und es braucht ein bisschen Zeit, bis man des Rätsels Lösung findet.

Viele haben auch zu Krafttieren, Familiaren oder in früheren Zeiten zu Fylgja eine wichtige spirituelle Beziehung.

Fylgja bedeutet »Folgender«. Es ist eine Art tierische Seele, die einen Menschen seit der Geburt begleitet und ihn über zukünftige Ereignisse informiert, zum Beispiel in Träumen. Es ist also mehr eine Art Schicksalsgestalt, ein Geist, der einem etwas zuraunt und in den man sich verwandeln kann, zum Beispiel bei kämpferischen Auseinandersetzungen, die früher nicht selten waren.

Dieses Motiv findet man ganz ähnlich im Familiar der Hexen, das ebenfalls ein Geisttier-Begleiter ist, der wie ein Kundschafter oder eine Art tätige Seele für eine Hexe aktiv werden kann. Wobei – wie im Schamanismus – einer Hexe Leid widerfahren kann, wenn ihrem Familiar auf seinen spirituellen Reisen Schaden zugefügt wird. Hier handelt es sich also um eine Art schamanischen Hilfsgeist, was uns zur heutigen Vorstellung vom Krafttier führt.

Im Neoschamanismus steht dabei die Idee eines hilfreichen Verbündeten im Vordergrund. Im klassischen Schamanismus sind bis heute geistige Kämpfe an der Tagesordnung (zum Beispiel um einen Krankheitsdämon zu vertreiben), was der Idee der nordischen Fylgja sehr nahekommt. Die Details mögen unterschiedlich sein, aber im Kern haben sich bestimmte Vorstellungen über lange Zeit erhalten.

Ich hoffe, diese kurze Erkundung besonders häufiger Geistwesen konnte deinen Blick für die Vielfältigkeit des Themas öffnen. Bestimmte Erfahrungen zeigen sich in unterschiedlichen Kulturen und Epochen erstaunlich gleichbleibend, anderes ist regional geprägt und so nur in bestimmten Gegenden zu finden. Der wichtigste Punkt dabei ist: Geistwesen wurden nicht erfunden, wie das heute einige denken. Sie sind keine Fantasieprodukte, sondern beruhen auf der Beobachtung des Lebens und seiner Wege, sich zu entfalten. Den entdeckten Kräften oder Phänomenen hat man Namen gegeben und sie mit Dingen in Verbindung gebracht, die analog zu ihnen passen – typisches Beispiel: eine Liebesgöttin mit Rosen und Turteltäubchen.

Letztendlich geht es immer um die Arbeit mit bewusster Energie. Man braucht nicht viele theoretische Konstrukte, es muss zum Schluss Sinn ergeben. Ein bisschen platt gesagt: Wenn da wirklich dieser Fluss ist, wird da auch ein Flussgeist sein. Die Arbeit mit Geistwesen ist kein Fantasy, sie beruht auf Beobachtung, Wahrnehmung und dem Finden von Bildern und Namen für die jeweiligen Energien, die man entdeckt, um damit einen Ansatzpunkt zu schaffen, über den man sich mit ihnen austauschen kann.

Besonders deutlich wird das bei den Geistern der vier Elemente, sie werden bei uns traditionell als Salamander (Feuer), Sylphen (Luft), Nixen oder Undinen (Wasser) sowie Gnome oder Zwerge (Erde) bezeichnet. Diese vier Kräfte sind praktisch die Basis der hiesigen Spiritualität. Wie ein Mandala oder Medizinrad verweisen sie auch in die vier Himmelsrichtungen und bilden ein System, in das man alle weltlichen und spirituellen Erscheinungen einordnen kann.

Das wurde nicht nur theoretisch gedacht. Noch in der frühen Neuzeit finden sich Holzschnitte, auf denen diese Kräfte personifiziert werden, beispielsweise auch die (damaligen) sieben Planeten. Da sind nicht einfach nur Symbole abgebildet, da sieht man zum Beispiel beim Saturn einen grimmigen alten Mann, beim Jupiter einen wohlgenährten König und bei der Venus eine Frau mit sanften Rundungen, die ein flammendes Herz in ihrer Hand hält. Oft sind sie umgeben von Symbolen der Sternzeichen, die von ihnen regiert werden, der kosmische Bezug ist also gleich mit dabei.

Im traditionellen Schamanismus, beispielsweise in Nepal, werden die vier bzw. fünf (mit Äther) Elemente bis heute als lebendige Gottheiten verehrt, die man mit Ritualen direkt ansprechen kann, wenn man eine Situation wieder in Balance bringen will. Dort stellt sich die Frage gar nicht, ob sie ein »etwas« oder ein »jemand« sind, weil es eine ganz persönliche Verbindung zu ihnen gibt.

Praxistipp: Setze das Wissen um

Schau dir auch unsere Mythen einmal mit dieser Perspektive an. Wenn es zum Beispiel heißt, dass Brigid die Elemente Feuer und Wasser vereint, was bedeutet das in Bezug auf ihre Natur und die Einflussbereiche, in denen sie helfen kann? Sie kann zum Beispiel helfen, das innere Feuer wieder anzufachen. Da zu ihr aber auch das Wasser gehört, kann sie übermäßiges Feuer ausgleichen, sie steht für Balance in ihrer tiefsten Form.

Das ist nur ein Beispiel unter vielen, um zu zeigen: Dieses ganze Wissen ist keine graue Theorie. Manchmal sind wir ein bisschen kopflastig, aber all die Definitionen und Beschreibungen drehen sich um die spirituelle Realität dahinter. Sie sind kein Selbstzweck, um nett zu philosophieren (wobei das auch Spaß machen kann). Sie sind Be- und Umschreibungen einer Ebene des Lebens, die wir nicht direkt anfassen können.

Vieles, was wir als »symbolisch« bezeichnen, ist in der spirituellen Realität einfach nur da. Ich sage gern: Lass einfach mal das Wort »symbolisch« weg und sieh der

Kraft, die da wirkt, ganz real in die Augen. Keine traditionelle Schamanin würde sagen: Die Milch, die ich opfere, symbolisiert Nahrung im universellen Sinne. Die geopferte Milch *ist* die Nahrung für die Geistwesen, die damit erfreut werden. Da gibt es keinen doppelten Boden.

Es gibt in diesem Sinne keine symbolischen Handlungen. Alles ist echt auf seiner jeweiligen Ebene.

Das mag wie ein kleines Detail aussehen, kann in unserer kopflastigen Umgebung aber kaum genug betont werden. Für viele ist dieser Punkt der Game Changer zwischen einer irgendwie theoretischen Spiritualität hin zu einem Weg, der vor Kraft strotzt.

Unsere hiesigen Traditionen der näheren Geschichte bauen im Wesentlichen auf den vier Elementen und den sieben Planeten auf. So kennt die alte Volksmedizin vier Temperamente (sanguinisch, phlegmatisch, cholerisch und melancholisch) und ordnet ihnen verschiedene Heilpflanzen zu, die ausgleichen können.

Früher dachte man in die Richtung, dass wir alle Planetenkinder sind. Da waren zum Beispiel die Kinder des Mondes (alles rund um die Familie), des Jupiters (Menschen, die mit Recht und Glaube zu tun hatten), da waren die Kinder der Venus (Menschen, die sich mit Schönheit und Kunst befasst haben). Man sieht daran, dass der kosmische Gedanke und die Eingebundenheit ins große Ganze nie vergessen wurden. Der alte Grundsatz der Magie »wie oben, so auch unten« war Alltagswissen. Ich werde im Praxisteil dieses Buches speziell auf die sieben Planeten und die vier Elemente eingehen.

Archetypen oder eigenständige Wesen?

Der Begriff Archetypen in seiner heutigen Verwendung geht auf C. G. Jung zurück, das Wort bedeutet wörtlich »Grundprägung«. Er hatte einen großen Einfluss auf das heutige Verständnis spiritueller Kräfte, weshalb ich näher darauf eingehe. Ein spiritueller Archetyp ist beispielsweise die Muttergöttin und ihre individuellen Ausprägungen sind zum Beispiel Demeter, Isis, Iemanja und Maria.

Es gibt viele Diskussionen darüber, ob Wesenheiten in Wirklichkeit diese übergeordneten Wirkkräfte sind, die in der jeweiligen Kultur ihr individuelles Gesicht bekommen haben. Oder ob sich Gottheiten umgekehrt zwar bei bestimmten Archetypen einsortieren lassen, aber grundsätzlich individuelle Wesenheiten sind. Das hört sich wie ein unbedeutendes Detail an, verändert aber die gesamte Weltsicht. Bei der ersten Variante wäre es egal, ob man Demeter, Isis, Iemanja oder Maria anruft, sie alle sind Muttergöttinnen und damit im Kern gleich. Bei der zweiten Variante sind die besagten Göttinnen sehr wohl sie selbst und lassen sich auf keinen Fall in einen Topf werfen.

Hinzu kommt, dass die Forschung rund um C. G. Jung mittlerweile vermutet, dass er sehr wohl »schamanische« Erlebnisse hatte. Er war sich darüber bewusst, dass die verschiedenen Wesenheiten, die er erlebte, eigenständig wirkende Kräfte sind. Er war sich aber auch darüber bewusst, dass niemand seine Forschung ernst nehmen würde, wenn er das so formuliert. Daher sein Kunstgriff mit den Archetypen, als eine Art Brückenschlag, um über diese Phänomene reden zu können, ohne als verrückt abgestempelt zu werden.

In gewisser Weise stand er damit vor demselben Problem, vor dem wir heute noch stehen: Rationalisiert man das Phänomen, schafft man es, darüber zu reden, ohne als »verrückt« zu gelten. So kann man von archetypischen Wesenheiten sprechen, ohne salopp gesagt, als jemand zu gelten, »der diesen Unsinn wirklich glaubt«. Öffnet man sich der Realität dahinter, wird es schon vielschichtiger. Für traditionelle Praktiker wäre es nicht denkbar, ihre Wesenheiten als austauschbar zu betrachten. Mit wachsender Erfahrung stellen auch immer mehr Praktiker bei uns fest, dass Wesenheiten oder Götter keine austauschbaren Gesichter haben.

Für den persönlichen Weg empfehle ich eine behutsame Herangehensweise, denn für viele ist die Idee der Archetypen noch immer eine gute Brücke zu einem tieferen Verständnis von Kräften und Wesenheiten. Wenn du bei dir Gedanken bemerkst, wie »Bilde ich mit das alles bloß ein?«, können Archetypen sozusagen eine sichere Arbeitsgrundlage bilden, die die weit entfernten Gebiete zwischen rationalem Materialismus und spirituellem Animismus verbindet, ohne dass du gleich das Gefühl bekommst, dass dir alles wegrutscht.

Jeder hat einen anderen Ausgangspunkt und es ist selten hilfreich zu rennen, bevor man laufen kann. Nutze die Vorstellung von Archetypen, wenn du das Gefühl hast, dich damit auf sicherem Boden zu bewegen. Alles Weitere wird sich von selbst ergeben. Die Gottheiten und Wesenheiten sind schließlich auch nicht untätig und wenn sie dich erreichen wollen, werden sie dich erreichen.

Die Seele als Geistwesen

Nachdem wir die Spirits im Äußeren betrachtet haben, drängt sich die Frage nach den Spirits im Inneren auf: Wer sind wir eigentlich? Was belebt uns und wirkt durch uns hindurch? Wenn ein Mensch stirbt, ist er nicht mehr lebendig, so einfach und doch so komplex ist es. Wer oder was kommt und geht da? Warum kommt und geht es?

Diese Fragen haben Menschen von alters her beschäftigt. Viele Systeme, Erklärungen und Überlegungen wurden gefunden. Ihnen allen ist gleich, dass sie um die Seele kreisen, und es ist sehr interessant, sich damit zu befassen. Nicht um das eine »richtige« Konzept zu finden, denn sie haben alle ihren Wahrheitsgehalt. Sondern um zwischen den Zeilen zu lesen und ein verfeinertes Gespür für den eigentlichen Kern hinter all den Systemen zu entwickeln.

In unserer hiesigen Vorstellung wohnt die Seele im Herzen und der Geist eines Menschen im Kopf (was dann im Grunde schon zwei Seelen sind). In der chinesischen Medizin kennt man hingegen fünf verschiedene Seelen, die in unterschiedlichen Organen wohnen. Da ist der Hun, der temperamentvolle General des Körpers in der Leber, der bei fehlender Balance auch mal übers Ziel hinausschießt und sich zum Beispiel als Wutanfall oder Migräne manifestieren kann (auch wir kennen die Frage: Was ist dir denn über die Leben gelaufen?). Da ist Shen, der Geist der Lebensfreude, der im Herzen wohnt und dessen Fehlen die Ausstrahlung eines Menschen verblassen lässt. Da ist der sanfte Po-Geist in der Lunge, die zarte Künstlerkraft in uns. Der Yi in der Milz übernimmt die Organisation, aber wenn er überlastet ist, grübeln wir nur noch und haben das Gefühl, nur noch für eine endlose To-do-

Liste zu leben. Der Zhi in den Nieren schließlich ist die Überlebenskraft, die uns Durchhaltevermögen und Ausdauer schenkt, bei Überlastung aber zu ständiger Ängstlichkeit führt.

Es gibt nach chinesischer Vorstellung also fünf Seelen und sie schweben nicht einfach nur in uns, sie sind eng mit unserer körperlichen Gesundheit und Balance verbunden. Deshalb muss (genauer gesagt: kann) man nach der chinesischen Philosophie nicht einfach positiv denken, wenn man niederschlagen ist. Es braucht sehr oft auch Hilfestellungen für den Körper, wie Kräuter, Akupunktur oder Veränderungen in der Lebensweise, damit die Organe und damit auch die Seelen wieder ausgewogen arbeiten können.

Von den nordischen Traditionen ist überliefert, dass man sich die Seele dreigeteilt vorgestellt hat. Die Lebensseele war mit dem Atem verbunden, sie verließ den Körper mit dem Tod und ging wieder ins Universum ein. Eine Art freie Seele konnte in Träumen und auf geistigen Reisen auf Wanderschaft gehen und die dritte Seele war das, was wir als Geist und Seele bezeichnen würden, in ihr waren unser Bewusstsein und unsere Gefühle beheimatet.

In der nepalesischen Tradition kennt man wiederum vier Seelen. Es gibt die unsterbliche Seele eines Menschen, die all seine Erfahrungen, Wünsche und Träume in sich trägt. Eine weitere Seele ist das, was wir als Geist eines Menschen bezeichnen würden, sie ist mit der himmlischen Welt verbunden. Die dritte Seele wohnt im Herzen, sie ist mit der hiesigen, der »mittleren« Welt verwoben und verbindet uns mit unserem primären Geistlehrer (dem Spirit, der für uns am wichtigsten ist). Die vierte Seele wohnt im Bauch und ist mit der unteren Welt im schamanischen Weltbild verbunden. In ihr wohnen unsere Leidenschaften, aber auch unser Leiden, wie Wut, Neid und Ablehnung. Es ist der Bereich der rohen Gefühle, die einerseits ein starker Antrieb sind und andererseits genau deshalb gemeistert werden müssen, damit sie nicht uns meistern und unter der Fuchtel haben. Nur so können wir ein wirklich selbstbestimmtes Leben führen, ohne den ganzen Tag unserer inneren Getriebenheit hinterherzulaufen.

Wenn man es so anschaut, lässt sich jedes Seelenkonzept auf seine Art gut nachvollziehen. Wir können an dieser Stelle festhalten: Offensichtlich sind wir bewohnt. Unser Körper und die Spirits darin bilden für die Zeit unseres Lebens eine mehr oder weniger feste Einheit. Was allen Kulturen gemeinsam ist, ist der Gedanke, dass Kräfte für eine Zeit zusammenfinden, den Körper beleben und sich eines Tages wieder zurückziehen und anderweitig ihre Wege gehen.

Neben dieser Grundausstattung gibt es auch noch das Drumherum, sozusagen die Mitbewohner im Geiste. Der Volksmund kennt einige Redensarten in diese Richtung, wie »Was hat dich denn da geritten?«. Doch umgekehrt sollte man auch nicht »von allen guten Geistern verlassen« sein. Es gibt Ausdrücke wie »wes Geistes Kind man ist«, um die Einstellungen und Eigenarten eines Menschen zu beschreiben. Man kann auch »im Geiste« von anderen Personen handeln und sollte besser nicht »seinen Geist aufgeben«. Wenn etwas »über meinen Geist geht«, verstehe ich es nicht.

Die Geister können sich scheiden, wenn man unterschiedlich über etwas denkt, und wer »arm im Geiste« ist, dem ist selten zu helfen. Da ist es schon besser, man hat einen »wachen Geist«. Auch für materialistische Menschen ist es nicht schwer, etwas vor ihrem »geistigen Auge« zu sehen, selbst wenn sie vehement abstreiten würden, dass so eine Ebene existiert. Dieser kleine Ausflug in unsere Sprache zeigt bereits, dass auch wir uns auf einer tieferen Ebene dieser Wirkmechanismen bewusst sind.

Seele da – Seele weg

Wenn Seele und Geist bewegliche und beeinflussbare Kräfte sind, muss man gut auf sie achtgeben. Ein Freund von mir zitiert gern die buddhistische Weisheit: Bewache deinen Geist wie eine Burg. In Zeiten unbegrenzter digitaler Zerstreuung ist das aktueller als je zuvor. Dass der Spruch Hunderte Jahre alt ist, zeigt aber auch, dass es diese Probleme schon etwas länger gibt.

Viele kennen das Gefühl, dass man sich nach einem langen Arbeitstag selbst davongeflogen ist. Man fühlt sich müde, abgespannt und wie entkernt – eine Art Seelenverlust im Alltag. Er lässt sich in den meisten Fällen mit Ruhe ausgleichen, in der die Seele ausreichend Zeit hat, zurückzukommen. Ein Burnout ist so gesehen der Punkt, an dem die Seele nicht so bald zurückkommt, weil man ihr zu weit vorausgeeilt ist. Manchmal entfernt sich die Seele auch, weil sie schon weiß, was ihr blüht, wenn sie wieder da ist. Dann braucht es viel Geduld und ernst gemeinte Veränderungen, um sie wieder anzulocken.

Die Seele ist in gewisser Weise konsequenter als wir, ihr kann man nichts schönreden.

Gerade das Phänomen des Seelenverlustes zeigt, dass wir tatsächlich Geister in einem Körper sind. Wenn traditionelle Kulturen von einem Seelenverlust als Ursache von äußeren und inneren Problemen sprechen, sind sie nicht so weit von unseren Alltagserfahrungen entfernt, wie manche denken. Auch wir kennen das Phänomen, dass die Augen vieler Leute schon lange nicht mehr leuchten.

Mein Spirit füllt meinen Körper ganz aus

Dies ist eine Visualisierungsübung für den Alltag. Mach dir ruhig eine Erinnerung in deinem Handy oder Planer, damit du sie regelmäßig ausführst. Ideal wäre zwei Wochen lang täglich, um ein Gefühl dafür zu bekommen, wie sie wirkt.

Es ist ganz einfach. Du sagst dir: Mein Spirit füllt meinen Körper ganz aus. Dabei stellst du dir bildlich vor, wie dein Geist deinen Körper vollständig ausfüllt, von innen bis an die Haut als deiner äußeren Grenze heran. Da sind keine Löcher oder Schlupfwinkel für schwierige Mitbewohner, du bist Herrin oder Herr der Lage. Halte diese Visualisierung so lange, wie sie sich stark anfühlt, und lass sie dann verblassen.

»Was hat dich denn da geritten?« Die Seele und ihre Besucher von auswärts

Die Stimmungen, in denen du dich befindest, sagen viel über die Geister aus, die dich umgeben. Sie *sind* es gewissermaßen. Jemand, der ein extrovertiertes, schnelles Naturell hat, wird andere Geister um sich haben als jemand, der eher introvertiert ist und sich stundenlang in Themen hineinarbeiten kann.

Wesenheiten sind nicht nur reine Energie, sie haben auch ein eigenes Bewusstsein, das sich manchmal sehr von unserem unterscheiden kann. Es gibt positive Zustände des Vereintseins mit guten Geistern. Ich habe zum Beispiel keine Ahnung, wie man Bücher schreibt. Es passiert einfach, sobald ich damit anfange. Ähnlich ist es, wenn Künstlerinnen ein Bild malen oder Schauspieler auf die Bühne treten. Da kommt etwas hinzu, man ist nicht mehr nur man selbst. Andere erleben dieses Getragenwerden von guten Geistern bei ihren Hobbys oder Interessen. Dabei geht es nicht darum, ob die Tätigkeiten »spirituell« sind oder nicht, die Spirits unterscheiden das nicht. Sie zeigen sich in allen Bereichen, in denen wir über unseren Alltags-Autopilot-Modus hinauswachsen, in denen wir be-geistert (im wahrsten Sinne des Wortes) sind und uns erfüllt fühlen.

Allerdings gibt es auch Schattenseiten. Nicht alle Bewohner im Geiste sind hilfreich und inspirierend. Wenn beispielsweise Menschen mit Essstörungen über ihre Empfindungen sprechen, erwähnen sie oft ein Gefühl der Fremdbestimmung. Als wären das nicht wirklich sie, sondern eine innere Stimme oder Wesenheit, die von ihnen ein bestimmtes Verhalten einfordert und sie so lange tyrannisiert, bis sie sich entsprechend verhalten. In manchen psychotherapeutischen Ansätzen wird diese Empfindung aufgegriffen und Magersüchtige werden zum Beispiel ermutigt, dieser geistigen Kraft in ihnen einen Namen zu geben, um sie besser greifen und schließlich überwinden zu können.

An dieser Stelle möchte ich eines betonen: Es geht nicht darum, alles nur noch von der spirituellen Seite zu betrachten und einseitig zu werden. Dann hüpft man schon wieder auf einem Bein herum, anstatt mit beiden Beinen zu laufen. Oft gibt es die besten Heilergebnisse, wenn

Medizin, Spiritualität und Therapien kombiniert werden. Für viele Menschen ist es hilfreich, wenn sie zusätzlich zu medizinischen und therapeutischen Ansätzen auch noch einen spirituellen Einblick in die Thematik bekommen, damit sie in ihre Mitte finden.

Nicht immer muss es so dramatisch sein, auch vermeintlich kleine Angewohnheiten kann man mal genauer anschauen: Bin das wirklich ich? Denke *ich* so? Oder ist das nur eine Gewohnheit? Ein Spirit, der sich in meinem Geist niedergelassen hat und den ich da eigentlich gar nicht haben will? Es gibt diesen alten Spruch, dass man aufpassen soll, welchen Dingen man hinterherjagt, denn möglicherweise jagen uns die Dinge ja auch. Die Besessenheit von (in diesem Fall: Konsum-)Geistern zeigt sich zum Beispiel, wenn es unbedingt ein bestimmter Markenartikel sein muss. Wenn man unbedingt das neueste angesagte Ding haben muss und gar nicht mehr im Blick hat, dass man gerade in eine Falle tappt.

Natürlich hat jede von uns auch schöne und inspirierende Dinge, denen wir gern hinterherlaufen, weil sie uns weiterbringen. Es geht nicht darum, den totalen Verzicht zu predigen, das wäre weltfremd. Aber man sollte hinschauen, dass es auch wirklich der eigene Geist ist, der bei der Suche nach Erfüllung die Führung übernimmt, und nicht das, was einem eingeredet wurde.

Auch bei Ärger und Missgunst lohnt es sich, genauer hinzuschauen. Nehmen wir an, jemand ärgert sich ständig über eine andere Person (Nachbarin, Ehemann, Kollegen, undankbare Kinder, andere Autofahrer …). Das bedeutet, dass diese anderen die ganze Zeit »in ihm drin« sind, weil er ihnen den zentralen Raum im eigenen Geist zuweist. Diesen Raum gibt er auf. Nicht der eigene Geist wohnt darin, sondern diese Personen. Das kann zu einem enormen Kraftverlust führen.

Die landläufige Meinung ist, dass Menschen, die sich über andere aufregen, in einer Art Machtposition sind, weil sie wütend sind. Aber das Gegenteil ist der Fall, sie sind völlig fremdbestimmt und können nur schwer davon ablassen. Ich denke, wir alle waren schon mal richtig sauer auf jemanden und können gut nachfühlen, wie hartnäckig der Griff dieses Gefühls sein kann und wie ferngesteuert man dann plötzlich ist. Man macht die andere Seite groß und sich selbst klein.

Ärger gehört zu den Dingen, die fremde Geister schnell und stark in das eigene System ziehen. Deshalb wird er so gern instrumentalisiert, wenn Menschen schnell und ohne groß zu hinterfragen von Ideen überzeugt werden sollen. Wer wütend ist, ist nicht mehr in der eigenen Mitte und lässt sich deutlich leichter in die gewünschte Richtung schubsen.

Wer wohnt gerade bei dir?

Mach an mehreren Tagen hintereinander immer wieder stichprobenartig eine Bestandsaufnahme der Dinge, an die du gerade denkst. Schreib sie dir auf oder sprich sie als Sprachmemo in dein Handy. Was regt dich auf? Was beflügelt dich? Gibt es was zu lachen? Stresst dich etwas? Wo spürst du Enge und wo Weite?

Es können große oder kleine Themen sein, alltäglich, spirituell oder scheinbar völlig banal, das spielt keine Rolle, denn was den Geist besetzt, ist nun einmal das, worum man sich zuerst kümmern muss.

Setz dich dann in einem ruhigen Moment hin und analysiere deine Stichproben. Identifiziere die Themen und Muster darin. Gibt es einen oder mehrere rote Fäden, die sich durchziehen? Und magst du diese Fäden oder willst du etwas daran verändern?

Solche vermeintlich einfachen Übungen bringen oft die besten Ergebnisse, wenn es darum geht zu erkennen, was gerade los ist, welche geistigen Mitbewohner (wie Wut, Trauer, Harmonie, Frust, Freude …) du zu Besuch hast und ob du etwas ändern möchtest.

Der weit verbreitete Wunsch nach Exotik und seine spirituellen Ursachen

Schon ein gewisser Jesus meinte: Nirgends hat ein Prophet so wenig Ansehen wie in seiner Heimat und in seiner Familie. Im Zen-Buddhismus nimmt man es leichter und sagt verschmitzt: Wenn du wissen willst, wie dein Zen-Meister wirklich tickt, frag seine Frau.

Es ist leicht, das Unbekannte, das Exotische und Erstaunliche zu mystifizieren und auf ein Podest zu heben. Natürlich geht der Blick oft in Richtung anderer Kulturen, wenn wir uns mit Geistwesen befassen, weil dieses Thema dort noch gelebtes Erfahrungswissen ist. Trotzdem hat das so seine Fallstricke. Meist kennen wir nur das Offensichtliche, die Dinge, die nach außen hin gezeigt werden. Als Westler neigen wir dazu, uns auf Äußerlichkeiten zu konzentrieren. Da wird das magische Gewand bewundert, man schaut auf die Werkzeuge einer traditionellen Heilerin, trägt Amulette von weit her und will eine möglichst authentische Schamanentrommel haben, ungeachtet der Tatsache, dass viele Schamanen in ihrer Arbeit eher die Maultrommel verwenden oder zum Beispiel Mantren nutzen.

Sind wir also unheilbar oberflächlich? Nur zum Teil. Es steckt etwas Tieferes hinter der westlichen Sehnsucht nach dem Archaischen. Ich bezeichne es als das instinktive Erkennen von Kraft. Wir dürfen dabei nicht außer Acht lassen, dass wir in einer speziellen Situation stecken:

> **Nach einer langen Phase der spirituellen Monokultur, in der es lebensgefährlich sein konnte, einen anderen als den vorgeschriebenen Weg zu gehen, sind wir ausgehungert.**

Und doch haben wir – wie alle Menschen – diese tiefe, instinktive Ebene in uns, die erkennt, dass die Spirits aus ungebrochenen Traditionen eine besondere Energie haben. Sie stehen in Saft und Kraft, wurden über Jahrhunderte und Jahrtausende gut umsorgt. Es gibt erprobte Protokolle und Rituale, um mit ihnen in Kontakt zu sein.

Da müssen wir erst wieder hinkommen und das wird noch ein paar Generationen brauchen. Man kann Traditionen nicht einfach erfinden. Sie wachsen und mit der Zeit bekommen auch die Spirits Kraft, es etablieren sich bewährte Umgangsformen zwischen Menschen und Geistwesen und so entstehen valide neue Wege. Wir sind so etwas wie zukünftige Ahninnen und wenn wir es gut anschieben, können nachfolgende Generationen darauf aufbauen. Lassen wir unsere Wege also nicht von oberflächlichem Trend-Denken untergraben, beschützen wir sie. Sie sind zu kostbar, um in Wellness-Trivialitäten unterzugehen.

Wir können nicht einfach mit Konsummentalität anderswo wildern gehen. Da ziehen Leute mit dem entsprechenden Kleingeld in den Urwald und lassen sich allerlei Tränke verabreichen. Aber was haben sie damit wirklich gewonnen? Wo ist die Basis, die dann auch im Alltag trägt? Das tiefere Wissen um die Zusammenhänge?

Wir spüren instinktiv, wie vibrierend und stark diese authentischen Wege sind. Viele von uns sind spirituell so ausgehungert, dass sie blindlings nach allem greifen, was diese Kraft ausstrahlt. So rennen sie übereilt in eine Tradition hinein, weil sie dort endlich etwas fühlen können, selbst wenn dieser Weg als solcher vielleicht gar nicht passend ist. Irgendwann dämmert es ihnen und meist ist dann auch schon der nächste Trend angesagt, dem sie nun hinterherlaufen.

Es ist mühselig, die eigenen Traditionen wiederzubeleben. Man muss sich mit dem Gedanken abfinden, dass man ihre Blüte (wenn es gelingt) nicht mehr in diesem Leben erleben wird, weil diese Prozesse einfach ihre Zeit brauchen. Aber es hilft nichts, wir sind nun einmal hier und können nicht einfach so tun, als wären wir etwas anderes oder an einem anderen Ort. In einem etwas traditionelleren Verständnis würde man sagen:

> **Wir sind genau deshalb hier, um diese Dinge wieder anzuschieben. Es ist kein Zufall, krempeln wir also die Ärmel hoch.**

Es gibt tiefere Ursachen für die spirituellen Hopper, die heute diesen Weg toll finden und morgen jenen, die niemals wirklich ankommen und oft selbst unzufrieden sind mit der Situation. Vielfach wird ihr Verhalten auf eine spirituelle Konsumhaltung geschoben und dieser Aspekt kann hineinspielen, aber es ist eben auch der Hunger auf das Authentische, der Hunger nach einer Kraft, die man wirklich spüren kann und die wir als Westler natürlich ebenfalls fühlen, wenn wir sie wahrnehmen. Da will man zugreifen, das will man auch haben. Ich glaube, das ist nur menschlich. Dahinter steht ein ehrliches, unerfülltes Bedürfnis nach lebendiger, kraftvoller Spiritualität. Das ist etwas Gutes, wenn es nicht auf dieser blinden Ebene stehenbleibt, sondern zur Triebfeder wird, um zu lernen.

Viele sind leider nicht bereit, das auf sich zu nehmen, was authentische Wege erfordern. Immer wieder Mantren rezitieren, ernsthafte und langfristige Arbeit am Altar, Gebete, Pilgerreisen zu Naturplätzen … Wer macht das wirklich?

Viele sind ehrlich ausgehungert und gleichzeitig findet in unserer Kultur so gut wie alles in einem kommerziellen Umfeld statt, auch die Spiritualität. So kommt es, dass viele im Hamsterrad verloren gehen, nach immer neuen »authentischen« Trends greifen und nie wirklich ankommen. Es ist schwer, die authentischen Leute vom Kommerz zu trennen, wenn man den Unterschied nicht kennt.

Das Gute ist, dass man aus diesem Hamsterrad jederzeit aussteigen kann. Dazu braucht es vor allem zwei Dinge. Zuerst einmal ist es wichtig, nicht auf alles sofort anzuspringen. Damit meine ich nicht, dass man nicht mehr über den Tellerrand hinausschauen soll. Aber einige sehen etwas, spüren die Kraft dahinter und wollen es dann gleich sein, ohne die dazugehörige Arbeit zu machen. Hier hilft der zweite Schritt: Zieh dich raus, reflektiere, gib dir Zeit. Wir spüren sehr genau, was zu uns gehört und was nicht, *wenn* wir uns die Zeit nehmen, es herauszufinden. Manchmal ist ein Weg interessant, kraftvoll und authentisch – aber da klingelt trotz ernsthafter Bemühungen einfach kein Glöckchen im eigenen Herzen. Der Kopf ist interessiert und sieht die Chance, das Herz sagt: Da sehe ich uns nicht. Höre in so einem Fall immer auf das Herz.

Was ist Einbildung, was ist echt?

Viele Anfänger treibt die Frage um, was sie sich eventuell nur einbilden und was echt ist. Auch in traditionellen Kulturen ist das ein Thema und es wird immer wieder darauf hingewiesen, dass zwischen Fantasie und klarer Wahrnehmung der geistigen Welt nur ein schmaler Grat ist. Ich muss an dieser Stelle an die Worte des klassischen Magiers Lon Milo DuQuette denken: *It's all in your head but you have no idea how big your head is.* »Alles findet in deinem Kopf statt, du hast nur keine Vorstellung davon, wie groß dein Kopf ist.«

In der Magie geht man davon aus, dass nichts rein symbolisch ist. Alles ist auf seine Art real, findet auf seiner eigenen Ebene statt, sogar Wunschträume und Illusionen. Es geht also nicht so sehr darum, was echt ist und was nicht. Es geht vielmehr darum, was hilfreich ist und was vielleicht ganz nett anzuschauen ist, aber – bildlich gesprochen – nie den siebten Himmel der Imagination verlassen wird, um irgendjemanden zu unterstützen.

Man kann da nicht immer scharfe Grenzen ziehen. Nehmen wir an, jemand hat eine schöne Illusion, aber diese Illusion gibt ihm Kraft, sie beflügelt und führt ihn an eine andere Stelle seines Weges, die dann wirklich trägt. So etwas passiert gar nicht so selten. Mir hat zum Beispiel eine Frau über ihre Anfänge mit den Elfen berichtet. Sie hatte alle Klischees und Fantasien dazu im Kopf, die man nur haben kann. Trotzdem haben diese Klischees und schönen Vorstellungen dafür gesorgt, dass sie sich für das Thema interessiert und geöffnet hat. Mit der Zeit wurde ihr klar, dass die Welt der Elfen und Naturgeister deutlich vielschichtiger ist. Sie nahm den Faden auf und hat heute eine tiefgehende Beziehung zu ihnen.

Da gibt es etwas, das ich als hilfreiche Illusion bezeichne. Das sind die Schwärmereien und Tagträume, die uns hin zum eigentlichen Thema ziehen. Sie locken und verzaubern uns, damit wir dranbleiben und dadurch Stück für Stück das Eigentliche entdecken, die Wirklichkeit hinter den Klischees und Fantasien.

Die Frage ist also nicht, ob etwas echt ist. Alles ist echt, auch wenn es eine echte Illusion ist. Die Frage ist, ob es dich voranbringt und Entwicklung ermöglicht.

Führt es hin zu Klarheit und tieferer Erkenntnis oder ist es nur ein Spiegelsaal der Fantasie? Nicht immer kann man diese Frage gleich beantworten. Oft braucht man Zeit, um es zu bewerten, und manchmal wird man falsch abbiegen. Man sagt, Umwege erhöhen die Ortskenntnis, und da ist etwas dran. Solange du dir immer wieder die Zeit nimmst, um zu reflektieren und in Ruhe zu bewerten, ob dich die aktuellen Wege weiterbringen, kann wenig schiefgehen. Ein bisschen Bescheidenheit ist auch nicht verkehrt. Erfahrungsgemäß rasselt man am ehesten in Illusionen hinein, wenn man sich ganz besonders sicher ist, alles richtig zu machen.

Etikette im Umgang mit Geistwesen

Es ist bemerkenswert, dass Schamanismus und naturverbundene Spiritualität bei uns als besonders intuitive Wege gelten, während alle traditionellen Schamaninnen und Schamanen, die ich kenne, in komplexen Systemen denken, die unter anderem eine ausgefeilte Elementelehre, astrologische Erwägungen im Umfang eines mittleren Mathematikstudiums, eine reiche Götter- und Geisterwelt mit festen Protokollen im Umgang, korrespondierende Trommelrhythmen, Orakelkunde und vieles mehr umfassen. Sie sind wandelnde Bibliotheken und Praktiker in einem.

In dieser Hinsicht sind sie der alten Zeremonialmagie mit ihren festen Protokollen manchmal näher als unserer heutigen Vorstellung von einem individualistischen Weg. Wir müssen uns an dieser Stelle gut vor unterschwellig kolonialistischem Denken hüten, das den »edlen Wilden« einen magisch-archaischen Instinkt zuschreibt, aber nicht besonders viel theoretisches Wissen. Bis heute betrachten manche ein solches Wissen und intuitive Erfahrung als

Gegensätze. Sie tun das oft mit den besten Absichten. In unserer kopflastigen Kultur war es schließlich überfällig, dass wir dem Herz und dem Bauchgefühl wieder den Platz geben, der ihnen zusteht. Trotzdem muss man eine gute Balance finden. Betrachten wir das genauer.

Wie man gute Beziehungen zu den unterschiedlichsten Wesenheiten pflegt

Realistisch betrachtet kann die Zusammenarbeit mit Wesenheiten nicht völlig individuell sein, einfach weil es da ein Gegenüber gibt: Die jeweilige Wesenheit, mit der man es zu tun hat. Sie hat ihrer Art entsprechend bestimmte Vorlieben und Abneigungen, die man für eine gute Zusammenarbeit beachten muss. Unsere Vorfahren weltweit haben diese Erfahrungen gesammelt und in Form von Überlieferungen und Korrespondenzen weitergegeben. Auch bei uns haben viele daher ein instinktives Empfinden dafür. Selbst wenn so einiges an altem Wissen weggebrochen ist, denken wir bei einer Liebesgöttin an Rosen, Herzen und romantische Täubchen und bei Themen wie Schutz und Verteidigung an Dornen und harte Abwehrmaßnahmen. Wenn man den Begriff »Mutter Erde« in den Raum wirft, haben viele Leute ähnliche Vorstellungen.

Die magischen Korrespondenzen sind Gedankenstützen und gesammelte Erfahrungen unserer Ahnen, die den Weg vor uns gegangen sind. Das bedeutet nicht, dass Intuition, spontane Eingebungen und manchmal auch Improvisation unwichtig wären. Wie gesagt: Es sind keine Gegensätze. Es ist nur wichtig, dass man im richtigen Film ist, wenn man eine bestimmte Wirkung seines Handelns anstrebt, und es gibt immer auch das Gegenüber. Der individualistische Weg kreist nur um uns selbst. Die Wesenheiten haben gefälligst zu tun, was uns gerade durch den Kopf schießt. Wir reduzieren sie auf Westentaschen-Götter, die bei Bedarf hervorgeholt werden und auf die man seine Vorstellungen projiziert. Eine echte Verbindung kommt so kaum zustande.

Die bewährten Korrespondenzen und Umgangsformen beschützen uns auch vor Projektionen und oberflächlichen Verbindungen, die nicht wirklich tragen. Wenn wir einfach nur uns selbst in eine Verbindung hineingießen, wo ist dann Raum für das Gegenüber?

In diesem Kapitel schauen wir genauer hin. Es geht um bewährte Herangehensweisen aus unseren heimischen Traditionen, die ich hier und da um bewährtes Wissen von anderswo ergänzt habe, wo Dinge bei uns weggebrochen sind.

Geben und Nehmen – Das Gesetz der Gegenseitigkeit in traditionellen Kulturen

Reziprozität ist ein ziemlicher Zungenbrecher. Die alten Römer nannten dieses Prinzip schlicht *do ut des,* »Ich gebe, damit du gibst«. Es geht also um Gegenseitigkeit. Wir verstehen dieses Prinzip manchmal falsch, sodass es gut ist, von Traditionen zu lernen, bei denen dieses alte Wissen nicht abgerissen ist.

Zu den unterschwellig kirchlich geprägten Vorstellungen bei uns gehört zum Beispiel die Idee, dass es unmoralisch wäre, in diesem Reziprozitätssinne mit Geistwesen umzugehen. Da schwingt der Gedanke mit, dass die Verbindung zu ihnen auf diese Art zum schnöden Tauschgeschäft verkommt. An dieser Stelle sieht man die kirchliche Idee der Getrenntheit sehr deutlich: Es gibt »die da oben« und uns »hier unten« und weil »denen da oben« sowieso alles gehört und sie allmächtig sind, haben wir nicht viel zu sagen und erst recht nichts zu geben. Diese Grundannahme geht von einer Form von Göttlichkeit aus, die getrennt über allem schwebt.

Das ist natürlich nur eine Weltsicht unter vielen und schon die indische Grußformel »Namaste« (sie bedeutet: »Ich grüße das Göttliche in dir«) zeigt, dass es auch anders geht. Was im christlichen Kontext verständlicherweise wie unlautere Geschäfte wirken muss, wird aus einem anderen Blickwinkel zu Respekt und Gegenseitigkeit. Wenn ich etwas haben möchte, bin ich auch bereit, etwas dafür zu geben. Beide Seiten bringen sich ein. Man gestaltet auf diese Weise gemeinsam Veränderungen und hat auch als Bittender die Möglichkeit, aktiv mitzuwirken und etwas beizutragen. Wir würden sagen: Wir können eigenverantwortlich unseren Teil beisteuern.

Je nach Tradition sind Opfergaben und Geschenke eine Respektsbezeugung oder auch ein direkter Ausgleich für etwas, was uns die Wesenheiten geben. Wenn wir es praktisch ausdrücken: Damit sie Energie haben, um für dich zu wirken, machst du ihnen erst mal ein kräftiges Frühstück. Die Gottheiten und Wesenheiten, mit denen man in animistischen und schamanischen Kulturen arbeitet, schweben nicht über allem, sie sind nicht bedürfnislos oder unerreichbar. Genau deshalb können sie auch für uns wirken. Sie sind vertraut mit unseren Themen, sie kennen selbst Freud und Leid, die Mythen der Welt sind voller Berichte darüber. Es gibt auch in alten Traditionen unerreichbare Wesenheiten, die zu groß für menschliche Belange sind und sich beispielsweise mit der Schöpfung an sich befassen, aber nicht mit jedem einzelnen Wesen darin. Da gibt es durchaus unterschiedliche Konzepte, aber das sind selten die Wesenheiten für die alltägliche Praxis, sie werden oft nur allgemein geehrt.

> **Ganz praktisch bedeutet das für uns, nicht nur zu besonderen Anlässen und bei Wunschritualen an unsere Verbündeten zu denken, sondern auch im Alltag.**

Du möchtest ja auch nicht, dass deine Beschützer nur alle paar Tage mal an dich denken. In traditionellen Kulturen gehören tägliches Gebet, Meditation, kleine Rituale am Morgen und am Abend fest in den Alltag. Wir kommen gleich noch zu ein paar Praxisideen in dieser Hinsicht.

Ich möchte auch darauf eingehen, dass nicht nur die unterschwellige kirchliche Prägung echte Verbundenheit erschweren kann. Auch das kapitalistisch geprägte Denken kann für Herausforderungen sorgen. Machen wir uns an dieser Stelle nichts vor, wir alle lernen von klein auf: Klug ist, wer bei minimalem Einsatz das Maximum herausholen kann. Wer sich mehr Mühe macht, wird gern als ein bisschen naiv betrachtet. Entsprechend sieht man auch im spirituellen Bereich viele Methoden und Ansätze, die versprechen, schnell und mit wenig Aufwand maximale Erfolge zu erzielen.

Wenn wir das zu Ende denken, ist eines klar: Auf diese Weise wird man die entsprechenden Umstände und Wesenheiten anziehen, nämlich solche, die selbst auf diese Weise denken und handeln. Das mit der Verbundenheit wird schwierig, wenn jede Seite nur auf ihren Vorteil bedacht ist. So trifft man sicher nicht auf die Sorte Spirits, die aus Mitgefühl und Liebe im richtigen Moment schützend die Hand über uns hält. Schau dir nur mal an, mit wie viel Aufwand und Hingabe Wesenheiten in anderen Kulturen geehrt werden: Da gibt es Prozessionen, mehrwöchige Feiertage, Feste und Zeremonien, üppige Tempel und tägliche Rituale am Hausaltar.

Manchmal habe ich den Eindruck, die hiesige Zurückhaltung dabei, sich wirklich einzubringen, hat auch etwas damit zu tun, dass ein Teil von uns unsicher ist. Nicht dass es doch nur Einbildung ist … Dieser Teil in uns will auf der sicheren Seite bleiben. Doch damit verhindert er eine wirkliche Öffnung des Herzens und Vertrauen in die spirituellen Helfer.

Ich denke, am besten fährt man, wenn man diesem inneren Teil eine konstruktive Aufgabe zuweist. Nachdem er so gern auf die Bremse tritt und Zweifel sät, ernennt man ihn beispielsweise zum »Wächter des gesunden Menschenverstands«. Ich halte wenig davon, sich umzukrempeln und plötzlich so zu tun, als wäre man in einer anderen Kultur aufgewachsen, als das der Fall ist. Wir sind in einem Umfeld groß geworden, in dem es offiziell nur das gibt, was man anfassen kann. Das ist unsere grundsätzliche Programmierung, von klein auf. Ich habe manche gesehen, die jede Bodenhaftung verloren haben, als sie sich mit aller Macht davon befreien wollten. Daher halte ich mehr vom Ansatz: Was nun schon mal da ist, kann sich auch nützlich machen.

Benutze deine Zweifel und Einwände als Helfer, die dich beschützen, wenn es schwierig wird und die Dinge verschwimmen. Rede mit deinem inneren Skeptiker, zeige ihm deine Wertschätzung. Denn im Grunde meint er es gut. Er versucht, dich sicher durch eine materialistische Kultur zu manövrieren, in der die anderen leicht denken könnten, du wärst ein bisschen wunderlich oder verrückt.

Gib deinem inneren Skeptiker eine Aufgabe. Er soll sich melden, wenn etwas nicht ganz koscher ist oder wenn es gut wäre, Dinge nicht allzu sehr nach außen zu tragen.

Der Gedanke der Gegenseitigkeit ist übrigens auch ein Grund dafür, dass Medizinleute oder Schamaninnen in traditionellen Kulturen für ihre Arbeit bezahlt werden müssen. Das Gesetz der Gegenseitigkeit gilt in allen Bereichen und auch hier zeigt sich, dass das Spirituelle nicht abseits des restlichen Lebens steht. Wenn nur eine Seite etwas gibt, nämlich die Schamanen den Ratsuchenden, wird das Gleichgewicht gestört. Das bewirkt einen Energieverlust und kann zu Problemen, bis hin zu Krankheiten, führen. Nachdem Schamaninnen oft für eine größere Gemeinschaft verantwortlich sind, will niemand der Grund dafür sein, dass sie schwach oder krank werden und nicht mehr für die Gemeinschaft arbeiten können. Es wird klar gesehen, dass der Gedanke »Wie kann ich mit möglichst kleinem Einsatz das meiste für mich selbst herausholen?« am Ende der ganzen Gemeinschaft schadet. Ist es bei uns nicht ganz genauso?

Zudem ist den Leuten bewusst, dass hinter großen Menschen große Geister wirken. Schamaninnen und Schamanen sind nur die Vermittler zu diesen Kräften, sie besitzen nicht selbst die magische Kraft und ihre Hilfsgeister führen durchaus ein Eigenleben. Respektiert man die Praktizierenden nicht, respektiert man damit auch die hilfreichen Geister nicht, die durch sie hindurch wirken. Diese könnten sich gegen Ratsuchende wenden, die respektlos mit ihnen umgehen (Geistwesen aus traditionellen Kulturen haben eine eher kurze Zündschnur, wie man sie auch aus alten Sagen bei uns kennt).

Die Bezahlung ist also ein Lohn für die Arbeit, sie dient aber auch der Versorgung der hilfreichen Geister. Der Schamane arbeitet schließlich jederzeit mit ihnen und für sie, nicht nur, wenn ein Ratsuchender vorbeikommt. Man begleicht also in gewisser Weise die allgemeinen Unterhaltskosten, damit die Geistwesen über die jeweiligen Praktiker der ganzen Gemeinschaft zur Verfügung stehen. Wobei das eine sehr mechanische Beschreibung der Dinge ist. In Wirklichkeit geht es um Respekt und Hingabe, man kann es auch schlicht und einfach als Anstand bezeichnen.

Wenn man auf diese Weise denkt, entsteht ein neues Gefühl der Verbundenheit, die Einstellung zur Natur verändert sich. Man wird nur noch selten ohne wenigstens ein kleines Geschenk an die guten Geister vor die Tür gehen. In der schamanischen Kultur der Ultschen, die am Fluss Amur leben, sagt man: Sobald du vor die Tür gehst, betrittst du die Wohnungen anderer Leute (= Wesenheiten), also sei lieber respektvoll. Auch bei uns gibt es im Brauchtum noch Erinnerungen daran, zum Beispiel wenn die Schwelle eines Hauses mit magischen Zeichen oder Glücksbringern geschützt wird. Unseren Vorfahren war sehr bewusst, dass dahinter eine andere Welt anfängt.

Falls sich draußen ein besonderer Moment ergibt, ist es schön, wenn man ein paar Nüsse oder Samen in der Tasche hat, die man geben kann. Die Dankbarkeit wächst und das Vertrauen in das Gehaltenwerden und Verbundensein, das vorher schon da war, aber noch nicht gelebt wurde. Viele fühlen sich wie rausgefallen aus dem großen Netz des Lebens. Diese kleinen Rituale haben oft eine erstaunliche Wirkung, wenn es darum geht zu erkennen, dass man gar nicht rausfallen kann und immer verbunden ist: über die Luft, die du atmest und die von Pflanzen mit Sauerstoff angereichert wurde. Über die Nahrung, in die das Licht der Sonne eingeflossen ist. Über das Wasser, das du ebenso in deinem Körper hast, wie es überall in der Natur zu finden ist. Es ist unmöglich, nicht verbunden zu sein. Wer diese Gegenseitigkeit lebt, erinnert sich immer wieder daran.

Praxistipp: Sei großzügig

An dieser Stelle noch ein praktischer Tipp, den ich von einem traditionellen Schamanen gelernt habe. Nehmen wir an, du möchtest einem bestimmten Baum in deiner Umgebung kleine Geschenke mitbringen. Wenn du sie verteilst, kannst du dir sicher sein, dass die anderen Spirits im Umfeld das mitbekommen. Gerade bei uns, wo die guten Geister von der Breite der Bevölkerung vernachlässigt werden. Schamaninnen aus alten Traditionen berichten immer wieder, dass sich hiesige Geister förmlich auf sie stürzen, weil sie endlich mal jemand wahrnimmt.

Wenn du deinen Verbündeten etwas mitbringst, kann es also sein, dass die Geistwesen drumherum ein langes Gesicht machen und grummelig werden, weil sie nichts bekommen (und aufgrund unserer Kultur auch wenig Chancen haben, dass jemand anderes an sie denkt). Das kann für Spannungen und Misstöne sorgen. Es ist im Sinne der Harmonie immer gut, wenn man auch allgemein die Geistwesen vor Ort ehrt, nicht nur seine speziellen Freundinnen und Freunde. Das muss keine große Sache sein, du kannst neben den Opfergaben für deinen Verbündeten zum Beispiel noch einen kleinen Kreis aus Keksen, Körnern, Blüten oder Ähnlichem für die Geister der Ortes auslegen.

Manchmal gehen in solchen Momenten ungeahnte Türen auf und man spürt eine überwältigende Resonanz. Manchmal merkt man erst eine Veränderung der Atmosphäre, wenn man später erneut an diesem Ort vorbeikommt. Spirits, die lange Zeit nicht gesehen wurden, können zögerlich oder verwundert sein und sich erst einmal in Zurückhaltung üben, bevor sie sich auf die Sache einlassen. Das hat nicht unbedingt etwas mit dir zu tun oder damit, ob du deine Sache gut machst. Die andere Seite braucht auch ihre Zeit, um sich die Neuerung anzuschauen und zu überlegen, ob und wie sie darauf eingehen will.

In Ähnlichkeiten denken

Für den guten Umgang mit Wesenheiten ist es wichtig, in Ähnlichkeiten zu denken. Diese zu erkennen, zu beschreiben und für nachfolgende Generationen festzuhalten, damit sie das Rad nicht jedes Mal neu erfinden müssen, war eine Arbeit, der sich unsere Ahnen intensiv gewidmet haben.

Noch in der Renaissance und später in den magischen Orden wurden spirituelle Korrespondenzen zu einer echten Kunst. Auch in der Volksmagie wurde nicht einfach so drauflos gearbeitet, sondern systematisch gedacht. Dabei ist die Beobachtung der Natur der Schlüssel. Die vier Elemente bilden die Grundlage, alles Weitere baut darauf

auf. Agrippa schrieb um das Jahr 1500 herum: »Wer deshalb in diesem Gebiet des Wissens (Anm.: gemeint sind hier die Ähnlichkeiten) etwas zu leisten wünscht, der muss vor allem im Auge haben, dass eine jede Sache nach ihrem ganzen Vermögen, sowohl in ihrer Eigentümlichkeit oder verborgenen Kraft als in ihrer Beschaffenheit oder elementaren Kraft, sich zu dem ihr Ähnlichen kehrt und es zu sich zieht.« Was sich ähnlich verhält und ähnliche Eigenschaften hat, gehört in dieselbe Energieklasse und verstärkt sich gegenseitig. Umgekehrt kann man gegensätzliche Energien nutzen, wenn ein bestimmter Einfluss reduziert werden soll.

Alle Kulturen haben auf diese Art Systeme geschaffen, von denen die meisten eine Mischung aus universellen Wahrheiten sind, die überall auf der Welt Gültigkeit haben, und zusätzlichen regionalen Besonderheiten, die auf der Art der umgebenden Natur beruhen. Ein Fischer im Nordmeer hat im Alltag mit anderen Einflüssen zu tun als ein Nomade in der Steppe. Wir haben in unserem häufig urbanen Umfeld mit anderen Geistern zu tun als jemand, der im Regenwald lebt. Natürlich kann man in den Regenwald fahren, exotische Tränke zu sich nehmen und dabei die unterschiedlichsten Erlebnisse haben. Aber die Pflanzen, aus denen diese Tränke gebraut werden, gehören in den Regenwald. Am Ende des Abenteuers kehrt man wieder nach Hause zurück und dort sitzen – bildlich gesprochen – immer noch die heimischen Geistwesen und fragen sich, wann sie eigentlich mal beachtet werden.

Natürlich gibt es universelle Wahrheiten, die überall auf der Welt große Ähnlichkeiten haben. So wird die Lebenskraft der Natur, speziell auch der Wasser- und Erdwesen, oft als Schlange oder Drachen personifiziert. Bei uns zum

Beispiel in Form der Krönchennattern aus alten Sagen, als Schlangenkönig im Spreewald oder als uralte Drachen, die in Bergen und Hügeln wohnen. In Nepal, Indien und im nordasiatischen Schamanismus findet man dieselbe Kraft als Nagas wieder.

Genauso findet man auch den Kräfteausgleich zwischen himmlischen Wesen (der Adler im Weltenbaum, Garuda in Asien und so weiter) und den irdischen Schlangenkräften (der Drache an den Wurzeln von Yggdrasil, die Nagas, die von den Garudas zurückgehalten werden können). Schaut man auf die mexikanische Flagge, sieht man einen Adler mit einer Schlange kämpfen. Im asiatischen Raum ist es dasselbe: Das Adlerwesen Garuda ist mit seiner wärmenden Kraft der Sonne der natürliche Gegenspieler zu den feuchten Naturkräften, den Nagas. Auch bei uns streitet sich der Adler in den Wipfeln des Weltenbaumes Yggdrasil mit dem Drachen an seinen Wurzeln. Das Eichhörnchen Ratatösk trägt die Botschaften der beiden hin und her und hat seinen Spaß daran, immer mal etwas zu verdrehen.

Das ist ein Beispiel für universelle Erfahrungen und Beobachtungen, die es ähnlich in vielen Kulturen gibt, weil wir alle vom Zusammen- oder Gegenspiel der wärmenden Kräfte der Sonne und der wässrigen Kräfte der Fruchtbarkeit abhängig sind. Dabei gibt es kein Gut oder Schlecht, die Balance muss stimmen.

In unserer Kultur wurden die Schlangenkräfte wortwörtlich verteufelt und dämonisiert. Der Drachentöter wurde zum Ideal. Sogar die heilige weibliche Kraft, Maria, muss auf manchen Abbildungen auf eine Schlangen treten, um »das Böse« zu vernichten. Oft findet sich auch noch ein Mond im Bild, ebenfalls ein Symbol der weiblichen, mit dem Wasser verbundenen Kräfte. Das bildliche Niedertreten dieser Dinge galt seit der Zeit der Kreuzritter als Sinnbild der Überwindung des Heidentums, also einer naturverbundenen Spiritualität, die noch um diese Zusammenhänge wusste.

Was aber passiert, wenn die feuchten Schlangen-Kräfte der Erde zu sehr von den wärmenden Kräften des Himmels dominiert werden, sehen wir gerade am Klimawandel, der maßgeblich von der Wärme der Verbrennung fossiler Rohstoffe herrührt. Es ist zu viel Hitze im System. Wir greifen mit unserem ehrgeizigen Streben ständig nach dem Himmel und vergessen dabei die Erde, die uns trägt. Für diese Dinge wurden und werden die passenden Bilder gefunden: Mythen, Geschichten und magischen Systeme.

Diese poetische Art, in Bildern und Geschichten darüber zu reden, sollte uns nicht davon ablenken, dass es sich um grundlegende Beobachtungen handelt. Wir sind so sehr die nüchtern-naturwissenschaftliche Sprache gewöhnt, dass wir selten erkennen, was gemeint ist, wenn Erkenntnisse in Legenden und Gleichnisse verpackt werden, die dem westlich konditionierten Geist wie nette, aber völlig unglaubwürdige Geschichten vorkommen.

Spirituelle Arbeit ist in diesem Sinne energetische Naturwissenschaft.

Es gibt leicht übertragbare Dinge, wie die gerade dargestellte notwendige Harmonie zwischen den männlichen Elementen Feuer und Luft und den weiblichen Elementen Erde und Wasser. Neben diesen elementaren (im wahrsten Sinne) Dingen, verfeinern sich die Zusammenhänge in viele Richtungen. Auch unsere Kultur hat bewährte Systeme gefunden, die Kräfte des Lebens in Korrespondenzen zu beschreiben – wie die sieben Planeten, an denen sich sowohl die Volksmagie als auch die Hochmagie orientieren.

Am Ende dieses Buches findest du ausführliche Tabellen für deine eigene Praxis, ich möchte an dieser Stelle aber noch ein wenig auf die Naturbezüge als solche eingehen, damit das Ganze nicht zu einer theoretischen Übung wird. Wenn du auf der Suche nach einem passenden »Gleich und gleich« bist, achte auch auf Mythen, Sagen und Legenden. Da wäre zum Beispiel der (Mond-)Bogen der Artemis, da sind die Tränen aus Bernstein, die Freya weint. Thor schwingt seinen Hammer und Frau Holle sind der Holunder und der Wacholder heilig. Viele Legenden geben einiges her, wenn man die magische Brille aufsetzt, während man sie liest.

Achte auch auf die üblichen Verdächtigen, wie eben den Rosen für die Liebesgöttinnen. Manchmal sind uns Dinge so vertraut, dass wir sie für selbstverständlich halten und gar nicht mehr ihre Bedeutung spüren. Das ist bei Steinen ganz ähnlich, wie zum Beispiel bei »Hühnergöttern« und rundgeschliffenen Strandsteinen für Meeresgottheiten, rotem Granat für die leidenschaftliche Liebe, grünen Steinen für Wohlstand und Heilung. Alles schon tausendmal gehört? Das mag sein, aber das macht die Korrespondenzen nicht weniger wirksam.

Wir müssen gut aufpassen, nicht ständig etwas Neues haben zu wollen, denn wir werden von klein auf zu dieser Denkweise erzogen: Das kenne ich doch schon, wo ist etwas Neues? In spirituellen Traditionen ehrt man althergebrachte Dinge, man vertraut auf das Bewährte. Ein nepalesischer Jhankri (Schamane) erklärte einmal: Bei ihnen ist die Schildkröte das Symbol der Erinnerung. Sie wollen nicht ständig etwas Neues, sie wollen aus ihren Erfahrungen lernen. Dazu brauchen sie eine gute Erinnerung, damit sie Fehler nicht wiederholen.

Das Neue wird auf traditionellen Wegen oft kritisch beäugt, weil es sich noch nicht bewährt hat. Ein Arzt der Traditionellen Chinesischen Medizin sagte mir, dass Methoden, die man seit etwa fünfzig Jahren kennt, noch als experimentell gelten: Interessant, aber definitiv nichts, auf das man zurückgreifen würde, wenn es um etwas Wichtiges geht. Ich denke, dass wir von dieser Herangehensweise lernen können. Unseren Vorfahren waren diese Dinge auch bewusst, es ist die Konsumkultur, die sich dazwischengeschoben hat und uns einredet, dass neu automatisch besser ist und wir noch lange nicht genug haben.

Aber kommen wir zu den Korrespondenzen zurück. Beliebte Opfergaben sind auch Essen und Trinken. Met, Bier oder Wein – all das hängt mit Kulturtechniken zusammen, die vor langer Zeit entwickelt wurden und von denen man sagt, dass die Götter sie den Menschen geschenkt hätten (Dionysos, Bacchus, Hathor, Osiris, Sucellus, die Gestalt des Gambrinus, Isis, Heidrun …). Überall hier gab es einen Zusammenhang zwischen oben und unten. Die hohen Wesen haben die Inspiration zur Erfindung gegeben, nun können wir uns an diesen Dingen erfreuen und sie ebenfalls damit bedenken.

Im modernen Denken geht man davon aus, dass Einfälle eher mit einer Form von persönlichem Genie zusammenhängen. Dabei kommt das Wort Inspiration wörtlich von *in-spirito*, also einem Geist, der in den eigenen Geist gefahren ist, um den Einfall zu bewirken. Und sogar das Wort Genie stammt von *genius* ab – das war der persönliche Schutzgeist der römischen Männer (die Frauen hatten ihre persönliche Juno). Die untrennbare

Verbundenheit zur geistigen Ebene zeigt sich schon in der Sprache.

Auch Musik ist ein wichtiges Thema, man redet nicht ohne Grund von Schwingungen, wenn man spirituelle Phänomene beschreiben will. Im Schamanismus sind Rhythmen eine Form der Kommunikation. Im Gegensatz zum westlichen Neoschamanismus, wo man mit monotonen Trommelrhythmen arbeitet, gibt es im traditionellen Schamanismus einen reichen Fundus an Rhythmen, die sich an spezielle Wesenheiten und Energien richten. Auch in den westafrikanischen und afroamerikanischen Traditionen der Orisha sind Rhythmen wie Zugangscodes, die bestimmte Wesenheiten herbeirufen.

Selbst wenn Musik bei uns meist in kommerzieller Hinsicht betrieben wird, gibt es diese tiefere Verbindungen. Romantische Balladen, Soul und R'n'B beschwören die Liebe und ihre Wesenheiten. Studiere diese Dinge einmal ohne vorgefasste Erwartungen, einfach nur als Rhythmus und Wirkung, als wärst du eine Forscherin aus einem anderen Kulturkreis. Welche Wirkung hat eine bestimmte Musikrichtung? Welches Erscheinungsbild der Künstler und Fans geht damit einher? Was sagt das über die Spirits aus, die in diesen Frequenzen mitschwingen?

An solchen Punkten muss man Farbe bekennen zum häufig geäußerten Satz, dass es keine wirkliche Trennung zwischen spirituell und weltlich gibt. Diesen Satz sagen zwar viele, aber nicht alle verstehen ihn. Einige würden zum Beispiel Techno automatisch als unspirituell bezeichnen. Aber wie soll das gehen? Hat diese Musik keine Schwingung? Alles hat seinen Geist. Der Rest sind persönliche Vorlieben – und es passiert häufig, dass Dinge als unspirituell bezeichnet werden, die nicht dem eigenen

Geschmack entsprechen. Manche gestehen nur den Dingen spirituelle Tiefe zu, die sie selbst gern mögen. Das ist eine Herangehensweise, die viele Fallstricke hat. Zumal beispielsweise Techno ausgesprochen trance-induzierend sein kann und wer sich ein bisschen mit traditionell schamanischer Musik auskennt, weiß, wie ähnlich manche Lieder von Maultrommel-Virtuosen klingen.

Lebendige Verbindungen

Alle spirituellen Traditionen betonen die Praxis. Egal ob Meditation, Gebet, spirituelle Zusammenkünfte, Rituale, Tänze, Gesänge, rituelle Räucherungen, Mantra-Rezitation, Rosenkranz-Beten, Geistreisen, Retreats oder Visionssuche: Da wird nicht nur geredet, da wird gemacht. In unserer Kultur kommen einige auf die Idee, sie wären bereits dieses oder jenes, weil sie sich dazu informiert haben und ein bisschen schwärmerische Energie mitbringen. Damit würde sie kein traditioneller Praktiker durchkommen lassen – oder etwas verschmitzter gesagt:

Spiritualität ist kein Trockenschwimmen.

Die nötigen Zusammenhänge für unsere Praxis finden wir in der Verknüpfung von Mythen mit dem echten Leben. Das ist es, was der Sámi Noaide (Schamane) Ailo Gaup meint, wenn er sagt: »Die Mythen sind die Ideologie der Rituale. Die Rituale sind die Handlungen der Mythen.«[1]

---

1 Ailo Gaup: Das Herz des Nordens. Ein Sami-Schamane erzählt, Veth Verlag 2016, Seite 176.

Etwas praktischer ausgedrückt: Passende Taten bewirken gute Veränderungen. In der vedischen Astrologie Indiens wurde diese Erkenntnis zu einem komplexen System von remedies (»Gegenmittel«) ausgebaut. Dort ist die Astrologie keine passive Wissenschaft, in der man lediglich kommende Einflüsse abfragt. Stehen die Sterne ungünstig, gibt es zahlreiche Gegenmittel (zum Beispiel die Rezitation von Mantren, der Verzicht auf Fleisch an bestimmten Tagen, das Tragen von Kleidung in bestimmten Farben oder Spenden für passende Zwecke), um diese Einflüsse abzufedern.

Auch in unseren Mythen finden sich Verbindungen. Ganz sicher freut sich eine Liebesgöttin über ein Gedicht, das für sie geschrieben wird. Wer die tatkräftige Hilfe von Mars braucht, könnte im Gegenzug an eine Organisation spenden, die sich für die psychische Gesundheit von Soldaten einsetzt. Eine Muttergöttin kannst du nicht nur mit Kerzen und Räucherwerk ehren, sondern auch, indem du befreundeten Eltern einen freien Nachmittag verschaffst und die Kinder hütest. Diese Herangehensweise hat auch den positiven Nebeneffekt, dass sie die tief verinnerlichte Sicht einer Getrenntheit von spirituellem und greifbarem Leben weicher werden lässt.

Wer auf diese Weise an die Dinge herangeht, wird bemerken, dass auch die geistige Ebene auf uns zukommt, und das in Formen, die klar erkennbar sind. Auch deshalb ist ein bisschen Grundwissen in Sachen Mythologie nie verkehrt. Achte zum Beispiel auf die klassischen Tiere der Gottheiten, wie Freyas Katzen, Aphrodites Tauben oder den Specht des Mars. Das ist hilfreich, um Zeichen zu erkennen, die dir diese Gottheiten im Alltag zukommen lassen, was in allen möglichen und auch gern in scheinbar unmöglichen Situationen passiert. Vor einer Weile habe ich einen guten Freund in einem Isolierzimmer im Krankenhaus besucht. Ich durfte nur in voller Montur zu ihm, mit Maske, Handschuhen, Einwegkittel und allem Drum und Dran. Als wir so redeten, tauchte an einem Baum vor dem Fenster unvermittelt ein Specht auf. Ich wusste, das ist Zeichen von Mars, dem Kämpferischen. Die Krankheit wird besiegt – und so kam es auch.

In meinen Kursen habe ich viele solche Geschichten gehört und sie passieren nicht nur spirituell erfahrenen Menschen. Ich denke da zum Beispiel an einen Bekannten, der mittlerweile intensiv mit Freya zusammenarbeitet. Aktuell sendet sie ihm Zeichen durch Falken und Katzen, die in allen möglichen und unmöglichen Situationen auftauchen. Das ging bis hin zum Vorstellungsgespräch. Er schaute während des Gesprächs aus dem Fenster und sah im Haus gegenüber eine große weiße Katze am Fenster sitzen, die ihm direkt in die Augen blickte. Ein Zufall? Jedenfalls war das Gespräch ein Erfolg.

Auch die Vorgeschichte ist interessant. Bevor es zu dieser Art der Verbindung kam, hat er wenig auf Zeichen von Tieren gegeben oder generell auf Gottheiten und die spirituelle Ebene des Lebens. Da er in einem technischen Beruf arbeitet, wusste sich Freya zu helfen: Sie fing an, über Schnapszahlen auf sich aufmerksam zu machen. Die Uhr zeigte 16:16 Uhr an, der wichtige Anruf kam um 14:14 Uhr, auf der Rechnung standen genau 22,22 Euro. Wenn einem das zum fünften Mal am selben Tag passiert, wird man langsam aufmerksam. Wenn wir sie nicht verstehen, versuchen uns die Götter und Wesenheiten oft auf den Wegen entgegenzukommen, die wir am ehesten wahrnehmen.

Gute Opfergaben

Beim Thema Opfergaben steht in unserem Teil der Welt schnell die Frage im Raum: Warum sollen wir überhaupt materielle Opfergaben für spirituelle Wesenheiten geben? Reichen nicht gute Gedanken, Meditationen und dann und wann ein Räucherstäbchen aus? Nun, es kommt darauf an, was man will. Wenn es um freundliche, aber im Grunde unverbindliche Bekanntschaften zur spirituellen Welt geht, ist nicht viel mehr notwendig. Das ist ein bisschen so, wie man eine entfernte Bekannte auf der anderen Straßenseite im Vorbeigehen grüßt. Man nickt sich zu, man würde aufeinander zukommen, wenn es ein spezielles Anliegen gibt, aber wenn gerade nichts ansteht, ist es angemessen, mit einem kurzen Gruß weiterzugehen. Da du aber dieses Buch liest, ist es wahrscheinlich, dass du mehr als oberflächliche Beziehungen zu den Wesenheiten anstrebst, und dann wird die Sache etwas verbindlicher. Anders ausgedrückt: Wenn dir die guten Geister in der Not auch praktisch helfen sollen, kann eure Beziehung nicht nur von Luft und Liebe leben.

In vielen Traditionen sagt man, dass die guten Geister nicht die materiellen Opfergaben selbst, sondern ihre spirituelle Essenz konsumieren. Das ist ein wichtiger Punkt, es geht aber noch weiter. Hier kommt der Spruch »Taten sprechen lauter als Worte« ins Spiel. Je nach Tradition befindet man sich in einer bestimmten Kosmologie oder Weltsicht. Zu hiesigen Traditionen in diese Richtung kommen wir später im Buch noch mit den vier Elementen und den sieben Planeten als grundlegenden Prinzipien, an denen man sich orientieren und auf denen man aufbauen kann.

Gute Beziehungen zu spirituellen Wesenheiten sind nicht beliebig. Es ist wie bei guten Freunden. Du würdest zur Geburtstagsparty deiner besten Freundin nicht mit leeren Händen erscheinen und verkünden: Ich habe lieb an dich gedacht, das muss reichen. Du würdest ein Geschenk mitbringen, nicht wahr? Dabei wäre dir bewusst, dass es nicht um ein Tauschgeschäft geht, nach dem Motto: Hier ist ein Geschenk, nun gib mir weiterhin deine Freundschaft. Das Geschenk ist eine liebevolle Selbstverständlichkeit, die man von Herzen gibt und ehrliche Freude daran hat, wenn es das Gegenüber glücklich macht.

Das ist die Einstellung, um die es geht. Es geht um Wertschätzung und liebevolle Verbindung. Du zeigst deinen spirituellen Verbündeten, dass von dir nicht nur Lippenbekenntnisse zu erwarten sind, sondern dass du sie wirklich wertschätzt. Du gibst ihnen etwas, das von Wert ist: deine Zeit, deine Energie und eben auch schöne Dinge, an denen sie sich erfreuen können. Das schließt Meditation, gute Gedanken und geistige Verbindungen nicht aus – und es wäre umgekehrt auch nicht ausreichend, schnell etwas Teures wie Gold und Edelsteine zu opfern und zu meinen, damit wäre alles erledigt.

Weltweit betrachtet ist Nahrung eine beliebte Opfergabe. Bei uns ist das vielen nicht so bewusst, doch ohne Essen würden auch wir schnell unruhig werden. Wir sind in dieser Hinsicht manchmal auch geprägt von älteren Generationen und deren Hungererfahrungen im Krieg. Mit Essen spielt man nicht! In der Praxis höre ich immer wieder von Lernenden, dass sie anfangs Probleme damit haben, Essen als Opfergabe zu verwenden, was letztendlich von dieser Prägung herrührt.

Etwas selbst zuzubereiten, wie eine Mahlzeit oder Gebäck, und es den guten Geistern zu geben, kann große Kraft entwickeln. Wobei wir aufpassen müssen, dass wir die Dinge nicht überhöhen. Ich habe traditionelle Schamanen Kekse aus der Packung und Milch aus dem Tetrapack opfern sehen. An dieser Stelle macht es die gesunde Mischung. Wenn es dir wichtig ist, alles von Hand zuzubereiten, dann tue es. Wenn das zeitlich nicht geht oder du das, was bei dir aus dem Ofen kommen würde, niemandem anbieten möchtest, mit dem du weiterhin gute Kontakte pflegen willst (wir haben nun mal alle unterschiedliche Talente): Mach dir keine Gedanken, wenn du etwas fertig kaufst. Wir neigen im westlichen Kulturkreis dazu, die Äußerlichkeiten so hoch zu schrauben, dass wir das Wesentliche nicht mehr sehen.

Es ist auch wichtig, wie du gibst. Nimm dir die kleinen fünf Minuten, um es in Ruhe zu machen. Wenn du in der Hektik des Alltags nur mal schnell etwas hinstellst, hat das nicht dieselbe Wirkung, wie wenn du es in Ruhe machst und dabei zuvor noch eine Kerze anzündest. Das hat auch eine Wirkung auf dich selbst – du hältst im Alltag inne. Im Detail werden wir zu all dem Praktischen und auch dazu, *wem* speziell du geben möchtest, noch kommen.

Gemeinsame Verabredungen finden

Es kommt manchmal vor, dass Praktiker sehr gläubig an ihre Verbindungen zu den guten Geistern herangehen. Wir befinden uns in einer christlich geprägten Region und sind zumindest unterschwellig daran gewöhnt, Geistwesen als übermächtig zu betrachten. In traditionellen Kulturen hat man natürlich auch Respekt und schaut sehr genau, wen man gerade vor sich hat und welches Protokoll das erfordert. Aber man weiß auch, dass man ein Wörtchen mitzureden hat. Verhandlungen mit Geistwesen sind nicht nur möglich, sondern oft auch nötig. Geistwesen kommen aus ihren jeweiligen Sphären (Frequenzen, Bereichen … – wie du es nennen magst). Sie haben nicht immer unsere begrenzten menschlichen Möglichkeiten auf dem Schirm, wenn sie mit uns kommunizieren. In den meisten Fällen ist es kein Problem, wenn man sie daran erinnert und nach einem guten Mittelweg sucht. Man kann gemeinsame Absprachen treffen und nicht jede Beziehung muss gleich aussehen.

Ich habe zum Beispiel eine freundschaftliche Beziehung zu einer Wesenheit, die sehr intensiv ist. Zu intensiv für jeden Tag. Irgendwann entstand ein Spannungsfeld aus der freundschaftlichen Verbundenheit ihrerseits und meinem Gefühl, dass es zu viel wird. Wir entwickelten etwas, das man als On-Off-Beziehung bezeichnen könnte. Dabei wusste ich, dass dieses ständige Hin und Her unsere Verbundenheit eines Tages ernsthaft beschädigen würde. Tiefe und Verbundenheit waren da, gleichzeitig war ihre Präsenz aber so anders als mein eigener Grundton, dass sie mich manchmal überforderte.

Es musste Klarheit her. Ich setzte mich an einem ruhigen Abend zum Meditieren, kapitulierte innerlich, versuchte nicht mehr an irgendeinem Konzept festzuhalten, wie ich es richtig machen könnte, und bat einfach um ihren Rat. Sie schien nur darauf gewartet zu haben und antwortete direkt: »Ich weiß, dass ich groß bin. Mach dir deshalb keine Sorgen. Ehre mich mit einem Altar, wenn ich dich rufe, und baue ihn wieder ab, wenn es zu viel wird. Ich habe ein Zuhause in deinem Herzen, von dort aus blühe ich auf, wenn meine Kraft gebraucht wird, und dorthin gehe ich zurück, wenn du Zeit und Ruhe brauchst.«

So halten wir es seitdem und das Hin und Her zwischen uns hat aufgehört. Wichtig ist: Besprecht es gemeinsam. Dein spirituelles Gegenüber ist in den meisten Fällen älter und erfahrener als du. Außerdem ist es unhöflich, einfach etwas vom Zaun zu brechen, ohne nachzufragen oder sich abzusprechen. In solchen Momenten ist es gut, alle vorgefassten Erwartungen und Bewertungen fallenzulassen und sich auf das einzulassen, was sich als gemeinsame Absprache entwickelt.

Gesunde Grenzen wahren

Gerade zu Beginn der Arbeit mit Geistwesen kann es faszinierend sein, dass da wirklich etwas zurückkommt und spürbare Veränderungen möglich werden. Manchmal entsteht sogar der Wunsch, ständig in Verbindung zu sein und in einer Art spirituellem High zu leben. Ich habe nicht erst eine Person kennengelernt, die regelmäßig die spirituelle Ausrichtung wechselt, wenn die anfängliche Begeisterung nachlässt. Das erinnert an Leute, die Beziehungen fallenlassen, sobald sich die erste Verliebtheitsphase legt, dabei würde genau dann der spannende Teil beginnen. Aus der Verliebtheit wird Liebe. Man spiegelt sich nicht mehr selbst im Gegenüber, sondern entwickelt einen gemeinsamen Blick nach vorn.

Nun sind Menschen etwas anderes als Geistwesen. Auch wenn man nicht mit jedem kompatibel ist, sind unsere grundsätzlichen Schwingungen menschlich. Anders bei unseren spirituellen Helfern: Mit ihnen verbinden uns eher Schnittmengen, nicht das gesamte Sein. Es gibt diesen Teil in uns und in ihnen, der kompatibel ist, aber aufgrund unserer Verschiedenartigkeit gibt es auch einen ziemlich großen Teil, der in unterschiedlichen Sphären weilt.

Versucht man dauerhaft in Verbindung zu sein, wird das ziemlich schnell zu Problemen führen. Wir sind, technisch ausgedrückt, nur für eine gewisse Zeit kompatibel, danach sollte man die Verbindung wieder lockern. Das ist der Grund dafür, dass seit Menschengedenken große und kleine Rituale gefunden wurden, mit denen man klar den Beginn und das Ende der jeweiligen Zusammenarbeit signalisiert. In Traditionen, die Besessenheits-Trance umfassen (wie man sie in westafrikanischen und karibischen Wegen, aber auch im klassischen sibirischen und asiatischen Schamanismus findet), sieht man das auf den ersten Blick. Diese direkte Verbindung zu den Spirits kostet viel Kraft, ist intensiv und jedem ist klar, dass man nicht unbegrenzt in so einem Zustand verweilen kann.

Bei den sanfteren Wegen ist das aber ebenfalls wichtig. Nicht nur, weil eine dauerhafte Verbindung mit der Zeit sehr anstrengend würde, sondern auch, weil dann die Linien verschwimmen und der Energiefluss unklar wird. Die Verbundenheit kann sogar geschwächt werden, wenn man ständig ankommt. Das ist wie bei einer Freundschaft: Hängt man zu viel miteinander rum, fehlt irgendwann der frische Wind. Aber bei einer menschlichen Freundschaft gibt es nicht diese grundsätzliche energetische Verschiedenartigkeit.

Egal, ob man sich für ein Gebet hinsetzt und die Hände faltet, eine kleine Zeremonie gestaltet, morgens eine Opfergabe für die guten Geister auf den Altar stellt, mit einer

Gebetskette Mantren aufsagt oder was auch immer an Alltagsritualen auf deinem Weg üblich ist: All diese Handlungen haben einen Anfang, sie werden durchgeführt und am Ende abgeschlossen. Sie haben einen konkreten Rahmen und das ist gut so. Wenn man diffus dauerverbunden ist, schwächt das die Verbindung (es gibt keinen Unterschied mehr zwischen »das ist jetzt wirklich wichtig« und »das läuft halt so vor sich hin«) und deine gesunde Eigenschwingung, weil die der Wesenheit ständig dazwischenfunkt.

Der Kontakt zu Geistwesen sollte also bewusst gestaltet werden. Natürlich werden sie sich hin und wieder spontan bei dir melden, um dir Hinweise zu geben oder dich auf etwas aufmerksam zu machen. Es geht nicht darum, die Schotten dicht zu machen und außerhalb der geplanten gemeinsamen Zeit unerreichbar zu sein. Aber es sollte gesunde Grenzen geben.

Ich denke da an eine Malerin, die ihren spirituellen Weg in ihre Kunst einfließen lässt, aber im Grunde ist ihr Beispiel auf uns alle übertragbar. Sie meinte, dass sie in den ersten Jahren ihres Schaffens oft an der Grenze der Belastbarkeit stand. Ihre guten Geister sind stark und haben sie zu immer neuen Bildern angeregt. Aber sie selbst konnte irgendwann nicht mehr. Es wurde zu viel und hat, technisch ausgedrückt, ihr System überlastet, es kam zu Abstürzen. In unserer Kultur lernt man nicht, wie man mit so etwas umgeht. Erst mit der Zeit wurde ihr klar, dass sie gesunde Grenzen ziehen kann und muss und dass das ihre Kreativität nicht schmälert, sondern in gesunde Bahnen lenkt. Anfangs hatte sie die Sorge, dass es die guten Geister ihr übel nehmen und ihr die Inspiration entziehen würden. Als Künstlerin ist sie auf diese Verbindung angewiesen, die Entscheidung für klare Grenzen erschien wie ein unkalkulierbares Risiko. Doch so kam es nicht, im Gegenteil: Beide Seiten fanden zu größerer Klarheit und die Verbundenheit wurde gestärkt.

Es war auch gar nicht viel erforderlich, sie zündet eine Kerze und etwas Räucherwerk in ihrem Atelier an, wenn sie beginnt zu arbeiten, und löscht die Kerze wieder, wenn sie aufhört. Das ist das Signal für ihre guten Geister, dass es genug ist und sie beim nächsten Mal weitermachen. Auch hier ist das keine harte Grenze, natürlich hat sie, wie die meisten Künstler, zwischendurch spontane Ideen und Einfälle. Das ist eine leichte Verbindung im Alltag. Aber die energetisch stärkere Arbeit, wenn es wirklich in die Tiefe geht, findet in einem festen Rahmen statt, sie hat einen definierten Anfang und ein definiertes Ende.

Wie bereits gesagt haben Geistwesen unsere menschlichen Beschränkungen nicht immer auf dem Schirm. Wir stecken in den Rahmenbedingungen, die man nun einmal hat, wenn man Geist in einem materiellen Körper ist. Sie hingegen sind freifliegend, beweglich und in vielerlei Hinsicht unbegrenzt. Wenn sie dich wirklich mögen und unterstützen, verstehen sie deine Begrenzungen und respektieren sie. Sie sind interessiert daran, dass ihr gute gemeinsame Wege findet, sie möchten durch dich hindurch in die Welt hinein wirken, was ihnen sonst nicht möglich wäre (denn sie haben keinen Körper, der ihnen das erlauben würde).

Bei einer Malerin passiert das über ihre Bilder, aber letztendlich hat jede und jeder von uns seine Art, das Geistige in die materielle Welt zu tragen. Damit wir das auf eine gute und konstruktive Weise tun können, sind gemeinsame Absprachen da A und O.

Praxistipp: Ideen für Signale dafür, dass du bereit bist

Kleine Alltagsrituale sind eine schöne Form, unsere Zusammenarbeit mit der spirituellen Ebene zu pflegen. In den meisten Traditionen gibt es sie bereits auf die eine oder andere Weise. Es kann eine Kerze sein, die man anzündet, oder eine Klangschale, die man anschlägt, um zu signalisieren: Das ist jetzt unsere gemeinsame Zeit, ich bin auf Empfang eingestellt, bitte gesellt euch zu mir. Kleine Glocken läuten, etwas Räucherwerk anmachen oder die Duftlampe, manchmal Gesang, Rezitation von Mantren, das Spiel der Maultrommel, eine Rassel oder Trommel benutzen, all das sind Techniken, sich zu verbinden, den Alltag beiseitezuschieben und Offenheit für die Spirits zu signalisieren.

Wenn man mit Lehrerinnen und Lehrern aus traditionellen Kulturen redet, geht es schnell um präzise Techniken. Das Spirituelle ist nicht, wie es bei uns die landläufige Meinung ist, eine unberechenbare oder irrationale Ebene. Wie in jedem anderen Handwerk braucht man die innere Bereitschaft, die richtigen Techniken und muss wissen, wie man sie anwendet. Das erfordert Übung und ein wenig Erfahrung. Man muss lernen, was bei einem selbst am besten funktioniert.

Im hektischen Alltag neigen wir leider dazu, solche kleinen Zeremonien als Erstes zu streichen. Versuche diesen Fehler möglichst nicht zu machen. Eine ordentliche Eröffnung und auch ein ordentlicher Abschluss deiner Meditationen, der Rituale oder einfach nur der bewussten Verbindung zur spirituellen Ebene (verbunden sind wir natürlich immer, hier geht es um die bewusste Arbeit damit), wird deine Praxis so viel stärker werden lassen. Du kannst dir das wie einen Rahmen vorstellen, der alles zusammenhält. Das geht in beide Richtungen: Du selbst gewöhnst dich an diese kleinen Rituale und wirst dadurch automatisch offen für die geistige Ebene. Aber auch die geistige Ebene sieht, auf welche Weise du dich meldest, und wird dadurch klarer reagieren, als wenn sie nur lose in den Alltag eingebunden wird.

Ehrlichkeit und Respekt

Wichtig ist auch, dass man ehrlich ist. Man muss nicht die ganze Zeit lächeln und sich innerlich verkrampfen. Manche Philosophien, wie ein übertrieben positives Denken, sorgen dafür, dass sich die Leute zum Schluss gar nicht mehr trauen, ehrliche Gefühle zu empfinden. Man muss nicht performen, wenn man mit Wesenheiten redet. Man darf einfach nur man selbst sein, mit allen schwierigen und allen schönen Seiten.

Natürlich ist es wichtig, den nötigen Respekt zu haben. Wenn eine Wesenheit ihrer Natur nach keine Therapeutin ist, dann weine dich nicht bei ihr aus. Sie sind nicht alle gleich und auch nicht alle therapeutische Helferlein, das wird manchmal vergessen. Manchmal kann das trotzdem funktionieren, einfach weil es der richtige Moment ist. Niemand ist sein eigenes Klischee, auch Wesenheiten nicht, aber im Kern sind sie das, was sie eben sind. Und wenn man ständig versucht, sie aus ihrem Kernbereich herauszuziehen, haben sie irgendwann die Nase voll.

Es ist in Ordnung, mit schwankendem Vertrauen zu beginnen, wenn man noch nicht viel praktiziert hat und eben noch nicht so richtig aus eigener Erfahrung weiß, ob es wirklich trägt. Aber sei nicht oberflächlich. Wenn etwas nicht funktioniert, sind einige schnell dabei zu sagen: »Ach, ich hab ja eh nicht so richtig daran geglaubt.« Mach das nicht, denn die Spirits sehen, was du denkst und wie du dich verhältst. Versuche lieber herauszufinden, warum es nicht geklappt hat. Nicht immer findet man so etwas schnell heraus, manchmal dauert es Jahre. Trotzdem ist es wichtig, mit der Einstellung heranzugehen, dass man es herausfinden will und nicht alles von sich weist, was im ersten Moment nicht funktioniert. Du musst nicht perfekt sein, du musst nicht alles wissen, aber du musst signalisieren, dass es dir wichtig ist und dass du offen bist zu lernen. Lieber ehrlicher Mut zur Lücke, als ein schnelles Drüberwegwischen.

Du gehst deinen Weg mit den Geistwesen, nicht allein. Das bedeutet: Die Spirits spüren, wie wichtig sie dir sind und auch, ob ihr wirklich kompatibel seid und genügend Übereinstimmungen für eine gute Zusammenarbeit habt. Manchmal ist eine scheinbare Zurückweisung nur die ehrliche Feststellung, dass es nicht passt.

Diskretion ist Ehrensache

Manche werden sich an das Motto der alten Okkultisten erinnern: Wissen, wagen, wollen, schweigen. Dass die Sache mit dem Schweigen damals schon erwähnt werden musste, deutet darauf hin, dass es noch nie ganz leicht war.

Was sich in früheren Zeiten im Freundes- oder Bekanntenkreis und vielleicht auch über Bücher verbreitet hat, kann heute in der vernetzten Welt ganz andere Kreise ziehen. Seit einer Weile weise ich immer mal darauf hin, dass es nicht klug ist, alles online zu posten und auch nicht über alles zu reden. Zum einen streut das die Energie. Zum anderen kann sich jeder, der einen Post sieht, gedanklich in ihn einklinken. Es muss nicht mal böse Absicht sein und doch kann jeder Gedanke wie ein kleiner Haken an der Flugbahn der gesendeten Energie ziehen und sie so vom Ziel abbringen.

Im traditionellen Schamanismus denkt man noch einen Schritt weiter: Die Spirits eines Rituals können über ein Foto zu den Betrachtern gelangen und in ihrem Leben Dinge auslösen, die sie nicht gebrauchen können. Der Umgang mit Fotos ist in diesen Kulturen viel bewusster und das nicht, weil sie aus Aberglaube heraus nicht wüssten, was ein Foto ist.

> **Es ist genau umgekehrt: Sie wissen im Gegensatz zu uns noch sehr genau, wie Bilder energetisch funktionieren.**

Allein schon ein Foto zu machen (selbst wenn man es nicht veröffentlicht), verändert die Energie. Sie ist nicht mehr ungeteilt, es gibt ein Abbild. Das Ritual ist dann, bildlich gesprochen, an zwei Orten. Einmal im echten Leben und dann noch mal in Form des konservierten Augenblicks. Das kann schön und hilfreich sein, wenn man es als Brücke zu diesem besonderen Moment nutzt (wie bei einer bestärkenden Zeremonie, deren Bild dir immer wieder Kraft gibt). Aber sobald es den eigenen Orbit verlässt, ist Behutsamkeit angebracht. Ich sage manchmal scherzhaft: Wenn schon magisches Denken, dann richtig. Der Ausdruck »etwas teilen« ist aus spiritueller Sicht für das Posten von Inhalten im Netz mehr als treffend. Es ist dann keine Einheit mehr, sondern verstreut sich über die Augen aller, die es anschauen. Die wiederum ihre Gedanken und Energien haben, die in Verbindung dazu gehen.

Praktisch ausgedrückt: Du würdest dein Ritual nicht von wildfremden Menschen anfassen lassen, oder? Warum sollten sie es dann mit den Augen abtasten dürfen? Über die Augen geht viel Kraft, man denke nur an die Fülle der Überlieferungen zum Bösen Blick. Ich bin nicht gegen Vernetzung und sehe viel Gutes darin, aber sei behutsam mit dem, was du unter Umständen wortwörtlich (zer-)teilst.

Praxistipp: Meditation

Dieser Abschnitt könnte in einem Satz zusammengefasst werden: Deine Verbindungen zur spirituellen Ebene werden nur so stark und gut sein, wie du selbst innerlich aufgeräumt bist. Wie will man tiefe Verbindungen eingehen, wenn man innerlich voller Störgeräusche ist? Wie will man Wunschdenken und Realität unterscheiden, wenn der Geist trübe ist wie aufgewühltes Wasser? Man muss es zur Ruhe kommen lassen, der aufgewühlte Schlamm setzt sich ab, das Wasser wird klar – um dieses bekannte Bild zu zitieren.

Du musst es nicht kompliziert machen. Die gute, alte Atemmeditation ist nicht ohne Grund ein Klassiker. Manche meditieren gern zu Musik oder Naturgeräuschen, auch das ist eine schöne Sache. Das Ziel einer Meditation ist nicht, dass man plötzlich keine Gedanken mehr hat. Das wird kaum funktionieren, da unser Geist immer neue Gedanken ausspuckt. Das Ziel ist, dass sie dich nicht mehr an den Haken kriegen. Dass du Luft zwischen die Gedanken, die dich mitreißen wollen, und deinen eigentlichen Kern bringst, der unberührt davon voller Klarheit ist.

Die Traditionen, aus denen Meditation in den gebräuchlichsten Formen stammt, gehen vom grundsätzlichen Gutsein des Menschen aus. Es mag verschüttet sein, aber es ist da. Es gibt also mit einer Meditation nichts zu reparieren, denn grundsätzlich sind wir bereits geistig klar, menschlich gut und innerlich wach. Wir müssen uns nur wieder daran erinnern – und dabei hilft die Meditation. Ich glaube, diesen Aspekt muss man sich verdeutlichen: Wir kommen aus einer Kultur, die unterschwellig von der Idee einer Erbsünde geprägt ist, das könnte kaum gegensätzlicher sein. Wenn man diese Grundidee nicht versteht, meditiert man vielleicht, um besser zu werden, aber das ist nicht der Kern der Sache. Man muss sich nicht verbessern, nur freischaufeln.

Und das macht Arbeit. Versuche wenigstens zehn Minuten Meditation am Tag unterzubringen. Ideal wäre eine halbe Stunde, aber das ist nicht immer machbar. Viel wichtiger ist, dass du eine Gewohnheit entwickelst. Dass du nach Möglichkeit jeden Tag meditierst und wenn es nur fünf Minuten sind. Manchmal ist das Wichtigste einfach nur, nach einer Pause wieder anzufangen.

Erfahrungsgemäß ist das erste halbe Jahr am schwierigsten, in dieser Zeit muss man sich manchmal wirklich überreden, um dranzubleiben. Danach wird es zu etwas, nach dem man sich förmlich sehnt. Ich habe mal einen schönen Vergleich gehört:

Meditation ist wie tägliches Duschen für die Seele. Sie ist Seelenhygiene im wahrsten Sinne des Wortes.

Wenn du dir Sorgen um den Zeitverlust durch die Meditation machst, verstehe ich das gut. Als ich mit einer regelmäßigen Praxis begonnen habe, ging mir genau dasselbe durch den Kopf. Dabei übersieht man aber etwas Wichtiges: Die Zeit, die man in die Meditation steckt, spart man im Laufe des Tages locker wieder ein, weil man innerlich aufgeräumter ist und sich nur noch selten in Nebensächlichkeiten verstrickt.

Der Fehler Nr. 1 in der Zusammenarbeit mit Wesenheiten

Nachdem wir uns all das angeschaut haben, möchte ich auf den häufigsten Fehler zurückkommen, den ich in der Zusammenarbeit mit Wesenheiten sehe: Wir vergessen, um Hilfe zu bitten. So viele Praktiker, egal, wie erfahren sie auch sind, kämpfen sich manchmal durch den Alltag, ohne sich Hilfe zu holen. Vielleicht hat das mit unserer tief verinnerlichten Trennung von alltäglichem und spirituellem Leben zu tun. Ich denke es manchmal fast, weil es so oft vorkommt und auch bei Leuten, die schon lange dabei sind. Wenn du Unterstützung brauchst: Scheue dich nicht, darum zu bitten. Die guten Geister kommen uns gern entgegen, aber sie hängen sich selten ungefragt rein.

Die verschiedenen Möglichkeiten, in Kontakt zu sein

»Die Ultschen fragen nie, was du denkst. Stattdessen fragen sie, wie du dich fühlst. Instinkte, Gefühle (sowohl körperlich als auch emotional) und Intuition sind die grundlegenden Prinzipien der Praxis. Das sind keine Techniken, die erlernt werden müssen, sondern mühelose Aufmerksamkeit und Bewusstsein für einen natürlichen Zustand des menschlichen Befindens.«

Jan Van Ysslestyne[2]

Ich habe diesem Kapitel ein Zitat einer meiner Lehrerinnen vorangestellt, der wunderbaren Jan Van Ysslestyne, die leider nicht mehr unter uns weilt. Sie forschte über

---

2 Zitiert von ihrer Website: www.2pathfindercounseling.com/resources/cultural-foundations zuletzt abgerufen am 13. März 2024.

dreißig Jahre bei den Ultschen, einer schamanischen Kultur am Amur-Fluss. Sie sprach als wohl einzige westliche Person fließend ihre Sprache und war eng mit Schamaninnen und Schamanen dieser Tradition befreundet. Einer Tradition, in der manche Lieder noch von Mammuts handeln, weil sie, wie genetische Tests ergaben, auch bis in die Zeit der Mammuts zurückreicht.

Der Kern ihrer Aussage ist auch für unsere Arbeit mit den Wesenheiten von Bedeutung. Wenn wir einen spirituellen Weg beginnen, fragen wir nicht selten, welche Gegenstände wir dafür besorgen müssen. Wir sind materialistisch geprägt, das ist nun einmal so – besser, man gesteht es sich ein, als man übersieht es. Spiritualität wird bei uns oft so präsentiert, dass jede Richtung einen bestimmten optischen Stil hat und mit bestimmten Techniken und Werkzeugen gleichgesetzt wird. Wir bemerken manchmal gar nicht, worum es wirklich geht. Das Wichtigste sind gute Wahrnehmung und klares Bewusstsein. Alles andere mag hilfreich sein, ist aber wirklich nur Beiwerk. Ich sage es mal so: Wenn du Bewusstsein hast, kannst du auch mit improvisierten Hilfsmitteln alles erreichen. Wenn Bewusstsein fehlt, werden auch perfekte Ritualgegenstände nichts bewirken.

Unsichtbar, aber nicht immer Freunde

Die ersten Erfahrungen mit der geistigen Welt machen einige schon in jungen Jahren. Doch wenn Kinder von unsichtbaren Freunden berichten, werden sie oft belächelt. Wenn sie sich an bestimmten Orten nicht wohlfühlen und scheinbar grundlos weg möchten, wird ihnen gesagt, »dass da doch gar nichts ist«. Wenn sie einen eindrücklichen Traum haben oder sich beispielsweise davor fürchten, dass nachts etwas durchs Fenster in ihr Zimmer schauen könnte, wird ihnen klar gemacht, dass sie sich nicht so anstellen sollen und ihre Wahrnehmungen falsch sind. So ist die Kultur, in der wir groß werden.

Ich habe keine traditionelle Kultur kennengelernt, die das so dürftig handhabt, und auch bei uns wurden solche Dinge vor einigen Jahrzehnten noch genauer reflektiert und man suchte nach Abhilfe, damals meist im kirchlichen Rahmen oder bei traditionellen Heilerinnen und Heilern.

Kinder kommen gerade erst aus dem Jenseits, daher ist ihre Verbindung zur geistigen Welt stark. Sie sind frisch in der Materie angekommen. Sie nehmen mehr wahr, sind feinfühliger und stoßen in unserer Kultur auf eine Mauer aus Schweigen und Ablehnung, wenn sie von ihren Erfahrungen berichten. Viele Menschen prägt das bis ins Erwachsenenalter, weshalb ich es an dieser Stelle anspreche, denn es kann auf vielfältige Weise die spirituelle Entwicklung blockieren.

Da ist zuerst einmal die Angst vor Bewertung: Du spinnst doch! Du bist ja verrückt! Manchmal geht es auch um negative Erfahrungen und innere Nöte. Mir berichten immer wieder Menschen, dass sie als Kind Verstorbene sehen konnten. Das ist etwas, womit man ein Kind in einer traditionellen Gesellschaft niemals allein lassen würde. Die Verstorbenen suchen ihrerseits nach Hilfe und irgendwem, der sie wahrnehmen kann, um ihnen zu helfen, weil sie feststecken. In unserer Gesellschaft werden sie oft nur von feinfühligen Kinder wahrgenommen, aber das sind die Letzten, die es einordnen, geschweige denn lösen könnten oder sollten.

Zur inneren Not und Überforderung in so einer Situation kommen auch noch Erwachsene, die den Kindern sagen, dass sie sich das alles nur einbilden. Die Ängste und Nöte, die daraus entstehen, führen manchmal dazu, dass sich Menschen völlig vom Spirituellen abwenden und Angst davor haben – ihre ersten Erfahrungen damit waren zu eindringlich und belastend.

Nicht verrückt, nur verbunden

Es ist ein großer Meilenstein, innerlich zu den eigenen spirituellen Erfahrungen zu stehen und sich nicht mehr davon beeindrucken zu lassen, was andere sagen. Für viele (mich eingeschlossen) war und ist der Blick in andere Kulturen und Epochen eine große Hilfe, wenn es darum geht zu verstehen, dass eine vielschichtige Wahrnehmung das Normalste der Welt ist.

Nehmen wir die klassische Antike. Waren damals alle Menschen verrückt, als Götter und Geistwesen ganz normaler Alltag waren? Schauen wir nach Asien, wo es völlig normal ist, wenn ein Geschäftsmann morgens eine Puja (Ritual) macht, um sich mit der Energie des neuen Tages zu verbinden, oder eine Mutter am örtlichen Tempel einen Glücksbringer für die Schulprüfungen ihrer Kinder besorgt. Sind diese Menschen alle verrückt? Natürlich nicht, denn was wir manchmal vergessen: Es ist eine kulturelle Frage, ob etwas als Verrücktheit oder als natürliche Verbindung mit der spirituellen Ebene des Lebens betrachtet wird.

Höre auf den gesunden Menschenverstand. Ergeben die Antworten, die du auf deinem Weg erhältst, Sinn? Helfen sie dir? Wenn du dein sonstiges Leben gut auf die

Reihe kriegst, warum solltest du an dieser Stelle plötzlich verrückt sein? Es ist immer in Ordnung nachzudenken, Dinge auf sich wirken zu lassen und zu hinterfragen. Niemand hetzt dich, du hast Zeit. Reflektiere, lass es innerlich ankommen. Du musst keine schnellen Entscheidungen treffen, nicht gleich eine Bewertung parat haben oder dir im Klaren sein, wohin die Reise geht. Der spirituelle Weg besteht zu einem großen Teil eben auch aus Suche und Geduld.

Die Verbundenheit pflegen: Grundgedanken

Es gibt unzählige Varianten, die persönliche Verbundenheit zu den Wesenheiten zu pflegen. Daher möchte ich an dieser Stelle ein paar konkrete Grundsätze zusammenfassen, die dich unabhängig vom jeweiligen Weg weiterbringen werden.

Sei verlässlich

Wenn du dir zuverlässige Unterstützung wünschst, sei selbst zuverlässig. In der Zusammenarbeit mit den Wesenheiten schafft ihr ein gemeinsames Feld, in dem sich die Energien bewegen. Wenn sich einer plötzlich nicht mehr meldet, ist das für die andere Seite verstörend, das ist auf der geistigen Ebene nicht anders als im sonstigen Leben auch. Wer nach dem Motto »Komm ich heut nicht, komm ich morgen« an die Sache herangeht, braucht sich nicht zu wundern, wenn es das Gegenüber genauso angehen lässt.

Tägliche Praxis

Womit wir bei der täglichen Praxis wären. Es gibt diesen schönen Vergleich: So wie du deinen Partner, die Kinder oder allgemein den Tag am Morgen begrüßt, begrüßt du auch deine Spirits. Das kann in einer fünfminütigen Zeremonie am Altar sein, in der du kleine Geschenke machst (zum Beispiel ein paar Kekse, etwas Kaffee, Milch, Rosen- oder Duftwasser …), ein Gebet sprichst oder eine Kerze entzündest.

Wenn du einem traditionellen Weg folgst, werden dir deine Lehrerinnen und Lehrer die passende Vorgehensweise beibringen. Wenn du freie Wege gehst, wird sich über kurz oder lang zwischen dir und deinen Spirits herauskristallisieren, was besonders gut ankommt.

Du verbringst dein gesamtes Leben mit deinen Wesenheiten, es ist also gut, der Sache einen angemessenen Rahmen zu geben. Wie alle engen Beziehungen müssen sie gepflegt werden. Es geht dabei nicht um Wünsche oder Rituale, mit denen man einen speziellen Zweck verfolgt, es geht erst einmal um die Basis des Ganzen: Und das ist die gute Beziehung zueinander.

Lass dir Zeit

Gib nicht zu früh auf. Viele sind schon wieder weg, bevor die Sache richtig angefangen hat. Manche Wesenheiten prüfen dich erst erstmal. Sie wollen sehen, dass du es ernst meinst, und du musst zeigen, dass sie dir wirklich wichtig sind, indem du ausdauernd bist. In der Praxis kann das bedeuten, dass du manchmal eine starke Verbindung fühlst und dann wieder weniger. Das kann auch daran liegen, dass du dich mit Meditation und ähnlichen Methoden innerlich erst besser aufräumen musst, bevor ein klarer »Funkkontakt« möglich wird.

Bei uns gibt es manchmal die Denkweise: Wenn man erwählt wäre, würde alles wie von allein funktionieren. Manche machen das zu ihrem Credo: Nur wenn ich mich ständig gut fühle, ist der spirituelle Weg, den ich gehe, der richtige für mich. Das macht viel kaputt, weil man versucht, eine Art »spirituelles High«, das dauerhaft anhält, zu finden, und das gibt es nicht. Nach einer anfänglichen Initialzündung folgt im Normalfall die Arbeit. Ich denke da an ein oft gehörtes Zitat von Picasso: »Die Inspiration existiert, aber sie muss dich bei der Arbeit finden.« Das lässt sich eins zu eins auf die Spiritualität übertragen. Wenn es dich beruhigt: In den meisten Traditionen gilt man mit ein paar Jahren Erfahrung noch als Anfänger. Es war nie als Wettrennen gedacht. Man kann Beziehungen nicht im Schnellverfahren aufbauen und der spirituelle Weg basiert nun einmal auf Beziehungen von hüben nach drüben. Das braucht Zeit.

Lange Rede, kurzer Sinn: Versuche jeden Tag zu praktizieren. Notfalls in Form eines innerlich gesprochenen Gebets, wenn der Tag sehr stressig ist. Im Idealfall an deinem Altar oder heiligen Ort daheim oder in der Natur. Zehn Minuten hat jeder, man muss sich nur dafür entscheiden. Sobald du das tust, wird deine Entwicklung ungeahnt an Fahrt aufnehmen. Wenn die Arbeit an einem Altar nicht dein Ding ist, grüße morgens die Sonne und abends den Mond, wenn er sich zeigt. Wenn du daraus eine Gewohnheit machst, werden sich die Dinge entwickeln. Viele unterschätzen den Wert der Praxis, aber gelebte Praxis macht den Unterschied.

Verschiedene Arten der Kontaktpflege

An dieser Stelle ein erster Überblick über bewährte und gut umsetzbare Methoden, die Verbindung zur spirituellen Ebene zu stärken. Mit den Jahren wird deine Praxis immer persönlicher und du hast herausgefunden, was dir liegt und worauf du gut verzichten kannst. Es ist also völlig in Ordnung, wenn das bei jedem ein bisschen anders aussieht.

Meditative Betrachtung

Meditation ist ein weites Feld und kann die unterschiedlichsten Techniken und Herangehensweisen umfassen. An dieser Stelle meine ich meditative Betrachtungen, also dass man sich in Ruhe hinsetzt und über ein Thema nachdenkt. Dabei macht man sich keinen Druck, sondern lässt die Gedanken einfach fließen. Manchen fällt es leichter, wenn sie ihre Gedanken dabei aufschreiben, andere sitzen gern in Ruhe da und lassen ihre Gedanken schweifen. Diese Form der Meditation kann nahtlos in eine leichte Trance übergehen. Manchmal merkst du dabei, dass Sätze oder Ideen nicht von dir selbst kommen, sondern dir von hilfreichen Geistwesen eingegeben werden.

Das wird ganz unterschiedlich beschrieben, manche empfinden diese Gedanken als schwerer oder als hätten sie eine andere Dichte als die normalen Alltagsgedanken. Typisch ist, dass sie völlig unvermittelt kommen und in eine Richtung gehen, in die man selbst beim besten Willen nicht gedacht hätte. So einfach diese Methode auch scheint, man sollte sie nicht unterschätzen. Sich mal wirklich Zeit zu nehmen und zum Nachsinnen hinzusetzen, kann eine der stärksten Formen spiritueller Verbindung sein.

Geistige Reisen

Geistige Reisen sind mittlerweile gut bekannt. Es gibt angeleitete Reisen und Visualisierungen und spontane Reisen, die sich während des Erlebens entwickeln. Im traditionellen Schamanismus wird diese Methode seltener gebraucht als im westlichen Neoschamanismus. Dort ruft man eher die Geistwesen zu sich und bittet sie um ihre Unterstützung, als dass man den eigenen Geist losschickt. Immerhin entfernt er sich damit vom Körper, was als nicht ganz ungefährlich gilt.

Wir hier bewegen uns in einem anderen Umfeld, unsere Umgebung ist nicht so aufgeladen mit engen Verflechtungen von Menschen, Spirits und möglichen Konflikten, die auf der geistigen Ebene ausgetragen werden. Die neoschamanischen Techniken der geistigen Reise sind also relativ sicher, wenn man zuerst einen guten Kontakt zu vertrauensvollen geistigen Helfern, wie zum Beispiel Krafttieren, aufbaut.

Träume

Die Verbindung zur geistigen Welt über Träume ist weit verbreitet. In den meisten Fällen kommt sie mehr von der anderen Seite zu uns. Die Spirits entscheiden, wann und wo sie in Träumen auftauchen wollen. Man kann nicht auf

Abruf träumen und meist beziehen sich Träume auf wichtige und größere Dinge im Leben.

In der Antike gab es Tempel, in denen man übernachtete, um wegweisende Träume zu erhalten. Ganz ohne Möglichkeiten sind wir von der menschlichen Seite aus also nicht. Wer mit Träumen arbeitet, kann zum Beispiel abends vor dem Einschlafen um eine Lösung für anstehende Themen bitten und sich am nächsten Tag genau notieren, an welche Sequenzen seiner Träume er sich noch erinnern kann.

Manchmal kommen die Träume auch ein, zwei Tage später. Es ist keine Methode für ungeduldige Menschen oder um Informationen für dringende Angelegenheiten zu erhalten. Trotzdem lohnt es, die Sache auszubauen, wenn man ein Händchen dafür hat. Dieses Detail ist wichtig, wir sind nicht alle gleich. Manchen fällt diese Methode leicht, manche haben hin und wieder einen Treffer und für andere ist es nicht der Weg. Nicht jeder muss (oder kann) alles können. Es ist wichtig, offen zu bleiben und zu experimentieren. Es gibt so viele Methoden, da wird jeder einen Weg zur Verbindung finden.

Tanz und Gesang

Tanz und Gesang sind uralte Wege, sich mit der geistigen Ebene zu verbinden. Sie haben zudem den Vorteil, über den Körper zu gehen, sodass sich nicht nur der schlaue Kopf seine Gedanken macht, sondern eine ganzheitliche Verbindung zustande kommt.

In unserer Kultur gehen sowohl Tanz als auch Gesang oft mit Hemmungen einher. Im Hinterkopf lauert die unvergessene Pein des Vorsingens vor der ganzen Klasse im Musikunterricht. Beim Tanz ist es ähnlich, wer nicht zufällig von klein auf einen positiven Zugang dazu hatte, wird sich als Erwachsener erst einmal unbeholfen vorkommen. Deshalb ist es wichtig, sich langsam heranzutasten, man kann sich sanft wiegen, man kann summen, es geht nicht darum, irgendetwas abzuliefern, sondern eine Verbindung zu spüren.

Es wäre schade, wenn man sich diese beiden wunderbaren Möglichkeiten entgehen lässt, ohne sie wenigstens einmal ausprobiert zu haben. Lass dich von den Spirits führen, es wird sich ganz natürlich entwickeln. Vielleicht singst du mal eine Anrufung, statt sie zu sprechen. Solche kleinen Schritte sind ideal.

Es bringt nichts, hierbei zu schauspielern oder sich zu überfordern. Am besten wächst man in kleinen Schritten hinein, dann wird es sich auch natürlich anfühlen. Für manche wird es nicht der richtige Weg sein, auch das ist okay. Aus genau diesem Grund gibt es seit Menschengedenken so viele spirituelle Methoden: Damit jeder das finden kann, was wirklich zu ihm passt.

Gebete

Bei diesem Begriff denken manche an kirchliche Traditionen und winken ab. Von mir aus kannst du auch von Anrufungen sprechen, wenn du dich damit wohler fühlst. In der alternativen Spiritualität steht dieses Thema eher im Hintergrund, was verblüffend ist, weil es in traditionellen Linien so zentral ist. Ich vermute, das muss mit der Prägung Gebete = Kirche zu tun haben. Wobei es auch bei uns

Vorstellungen gab, die weit über das brave Rezitieren vorgeschriebener Texte hinausgehen. Der Gelehrte Agrippa ist bereits bei der Verbindung zu den alten Traditionen zu Wort gekommen. Er schrieb um 1500 herum über die Kraft des Gebets: »Der Mensch kehrt durch das Gebet zu Gott zurück, und wenn er das Ziel erreicht hat, so hält er, wie Plato im Phädrus sagt, die Pferde an und nimmt an dem Gastmale teil, wo er Ambrosia isst und Nektar trinkt. Wer daher irgendeine Kraft zu erlangen wünscht, der muss oft zu demjenigen beten, welcher jede Kraft in sich enthält.«

Wenn du im letzten Satz »jede« durch »diese« ersetzt, bist du schon wieder bei den Geistwesen und ihren verschiedenen Einflusssphären. Agrippa musste so formulieren und immer wieder die Antike zitieren, wenn er in seiner Zeit nicht als Ketzer auf dem Scheiterhaufen enden wollte. Verfolgt wurde er oft genug. Es war lebensgefährlich, über diese Dinge zu schreiben, nur sein elegant-verschlungener Schreibstil (und manchmal auch einflussreiche Fürsprecher) verhinderten Schlimmeres als Konsequenz.

Ich denke generell, wir sollten unsere Ahnen aus dieser Zeit mehr würdigen. Sie haben unter Lebensgefahr altes Wissen weitergegeben. Heute werden schnell Dinge gesagt, wie: Das ist mir zu christlich, zu hochmagisch, zu zeremoniell, zu dualistisch, zu patriarchal … Ganz sicher sehen wir die Welt heute durch eine andere Brille. Allerdings sind diese Texte über fünfhundert Jahre alt und Agrippa, um bei diesem Beispiel zu bleiben, steckte voller progressiver und humanistischer Ideen, die ihn oft mit der Obrigkeit in Konflikt brachten. Er äußerte sich offen gegen kirchliche und politische Missstände seiner Zeit, kämpfte gegen die Hexenverfolgung, verfasste Abhandlungen über die Leistungen von Frauen. Er setzte sich neben vielem anderen für eine bessere medizinische Versorgung ein und behandelte als Arzt die Patienten notfalls auch kostenlos.

Es ist wichtig das ganze Bild zu kennen, bevor man über etwas urteilt. Wischen wir die »verstaubte« Magie unserer Vorfahren also nicht einfach so beiseite. Halten wir lieber die Augen offen für das, was zwischen den Zeilen gesagt wird.

Nach diesem kleinen Ausflug in die Geschichte zurück zu den Gebeten als solchen. Wie stellt man das am besten an? Wie strukturiert man ein Gebet? Darf man ablesen oder muss es frei gesprochen sein? Frei gesprochene spontane Gebete entwickeln oft eine große Kraft, aber auch abgelesene Anrufungen sind voller Energie, wenn wir sie hineinstecken. Es geht nicht um die äußere Form, es geht darum, was wir daraus machen. Im Folgenden stelle ich ein paar Eckpunkte vor, wie du erfolgreiche Gebete bzw. Anrufungen gestalten kannst.

Praxistipps für Gebete und Anrufungen

Rufe zuerst die größten und wichtigsten Wesenheiten an, wenn dein Gebet mehrere Wesenheiten umfasst. Man würde also zum Beispiel erst eine Göttin anrufen und später dann den Geist des Ortes, an dem man sich befindet.

Sei dabei ruhig charmant. Wir Deutschen sind manchmal sehr geradlinig, nicht wahr? Einer Wesenheit zu schmeicheln kann sich ungewohnt oder sogar falsch anfühlen. Hochfliegende Lobpreisungen sind uns suspekt, dabei enthalten Gebete der unterschiedlichsten Kulturen immer auch Lob und Wertschätzung. Aus diesem Grund spreche ich dieses Thema hier an, denn Komplimente und auch Dank für früher erhaltene Hilfe gehören in vielen traditionellen Anrufungen mit dazu. Ganz unrecht haben wir aber nicht mit unserer nüchternen Art, aufgeblasener Pathos wird auch nicht gern gesehen. Es geht also um die goldene Mitte. Mach ehrlich gemeinte Komplimente. Ein paar Beispiele: Wenn du den Spirit eines Flusses in eurer Umgebung anrufst, ist es schön, wenn du zum Beispiel sein Glitzern in der Abendsonne ansprichst (vorausgesetzt, du hast es gesehen und es hat dich berührt). Wenn du den Schutzengel deines Kindes für eine anstehende Herausforderung um besondere Aufmerksamkeit bittest, ist es gut, wenn du deinen Dank für seinen Schutz in einer Situation zum Ausdruck bringst, die auch hätte schiefgehen können (wie der Sturz vom Klettergerüst, der zum Glück glimpflich ausging). Berufe dich auf eure bestehenden gemeinsamen Erfahrungen, wenn es welche gibt, und sprich das Gute, Schöne und Kraftvolle aus, das du mit der jeweiligen Wesenheit verbindest.

Sprich auch deine Fehler an, wenn es passend ist. In vielen Kulturen wird im Gebet auch die Entschuldigung für mögliche Fehler eingeflochten, die man gemacht haben könnte. Dinge, die man möglicherweise übersehen hat, Tabus, die gebrochen wurden. Das ist bei uns selten üblich, aber sehr empfehlenswert, denn wir alle machen Fehler und es ist gut, das anzuerkennen und die Spirits um Entschuldigung zu bitten.

Jeder von uns wird zum Beispiel schon einmal unwissentlich einen Platz betreten haben, der nicht gestört werden wollte. Gerade in unserer Kultur, in der das alte Wissen erst langsam wieder erwacht, machen wir viele Fehler, schon aus Unwissenheit, weil wir diese Dinge erst wieder lernen müssen. Das bedeutet nicht, dass man ständig Asche auf sein Haupt streuen muss. Es bedeutet, dass man anerkennt, dass die Wesenheiten auch ihre Vorstellungen vom Leben haben, und man manchmal, ohne es zu ahnen, ihre Grenzen übertritt, was zu Verstimmungen führen kann.

Overshadowing

Im Deutschen hört sich der Begriff »Überschattung« ein bisschen sperrig an, weshalb ich hier bei der englischen Variante geblieben bin. Gemeint ist damit ein Zustand wie eine leichte Trance. Man ist voll und ganz da, überlässt aber gleichzeitig der geistigen Welt ein Stück weit die Führung.

Viele kennen diesen Zustand aus Meditationen, wenn man sich innerlich zum Beispiel mit einer Gottheit verbindet und Antworten von ihr erspürt. In den meisten Fällen ist das auch körperlich fühlbar, zum Beispiel in Form von einer Wärme, die sich ausdehnt, einer leichten Gänsehaut oder einem inneren Kribbeln. Es sind sanfte Empfindungen, in denen spürbar wird: Wir sind verbunden.

Es muss nicht immer die ganz große Zeremonie sein und die ganz großen Emotionen. Die kleinen, behutsamen und doch innig verbundenen Momente tragen oft langfristiger als der große Flash. Man darf an dieser Stelle nicht die Intensität mit der Nahrhaftigkeit der Erfahrung verwechseln.

Ich fand es bei meinen Erkundungen in anderen Kulturen interessant zu sehen, dass auch dort oft mit diesen sanften Methoden gearbeitet wird. Genau da, wo wir an jeder Stelle archaische Trommelrituale vermuten, bleibt die Trommel oft stehen und man löst die Dinge auf sanften und einfachen Wegen, wo immer möglich. Bei uns geht es oft um Effekte und tolle Bilder. In den Traditionen hingegen steht die Frage im Vordergrund: Womit kann ich erreichen, was gebraucht wird? Es geht nicht um Erlebnisse, sondern um Lösungen.

Rituale, Zeremonien, Opfergaben

Rituale spielen an vielen Stellen eine Rolle, im Grunde sind sie der Griff zum kosmischen Telefon, um es bildlich zu sagen. Mit Ritualen eröffnet man einen gemeinsamen Raum für sich und die Geistwesen, man schafft einen Begegnungsort. Im Ritual kreiert man eine neue Balance, man gestaltet die Wirklichkeit. Opfergaben sind das ausgleichende Element, sie sind wie eine greifbare Sprache zwischen den Welten. Zeremonien haben einen ehrenden Charakter, man erinnert an etwas und verbindet sich neu mit dem großen Netz des Lebens. Das ist wichtig, denn was nicht erneuert wird, wird mit der Zeit spröde und reißt irgendwann ab.

Wie geht das zusammen mit dem Gedanken, dass man nicht wirklich aus dem spirituellen Netz des Lebens herausfallen kann? Das ist eine gute und wichtige Frage. Der Unterschied liegt in der Bewusstheit. Lässt man sich unbewusst dahintreiben oder macht man aktiv mit und nimmt dadurch seine Gestaltungsmöglichkeiten wahr? Das ist wie der Unterschied zwischen wach und schlafend. Ein nepalesischer Lehrer meinte dazu: Wir sind immer verbunden, wir vergessen es nur manchmal.

Deshalb gibt es Rituale und Zeremonien, um sich zu erinnern. Dass es sie seit Jahrtausenden gibt, zeigt, dass das nicht nur in unserer schnelllebigen Zeit notwendig ist. Alles muss immer mal erneuert werden, braucht frischen Wind und manchmal auch einen Ausgleich, den man über Geschenke und Opfergaben erreicht.

Orakel

Zu den praktischen Möglichkeiten des Orakelns werden wir noch kommen, hier erst einmal die Hintergründe. Im Kontakt mit der geistigen Welt hat man natürlich nicht immer nur abgewartet oder auf Eingebungen gehofft. Man ist auch aktiv den Schritt auf die andere Seite zugegangen und hat in Form von mannigfachen Orakeln in Erfahrung gebracht, was man wissen wollte. Und so ist es bis heute geblieben.

Bei uns hat sich mit der Zeit die Vorstellung entwickelt, Rituale und aktive spirituelle Arbeit getrennt von Orakeln und der Befragung der geistigen Ebene zu betrachten. In Wirklichkeit gehören sie untrennbar zusammen. Wie will man herausfinden, ob die geplante spirituelle Arbeit stimmig ist? Ob vielleicht noch etwas fehlt oder man gerade Scheuklappen aufhat und etwas anderes viel wichtiger wäre als das, was einem vorschwebt.

Man prescht also nicht einfach los, sondern spricht sich ab. Man schickt ein Ritual nicht auf gut Glück irgendwo ins Nirgendwo. Bei uns sieht man oft das Muster: Ich wünsche mir etwas, also mache ich ein Ritual. Bei kleinen alltäglichen Dingen ist das auch in Ordnung – im Zweifelsfall verschwendet man seine Energie und Zeit, aber es stiftet keinen Schaden. Wenn es aber wirklich um etwas geht, wenn man ein echtes Herzensanliegen hat, sollte man sich die kleine Mühe machen und die spirituelle Ebene befragen, was sie dazu denkt. Schon aus Respekt, denn die geistigen Wesen sind immerhin diejenigen, die sich darum kümmern sollen.

Dazu muss man kein Orakelkenner werden, schon einfache, bewährte Wege geben klare Antworten. Nutze sie, du ersparst dir viele Umwege, wenn du dir vorher einen Überblick verschaffst.

Altäre

Ein Altar ist ein Ort der Verbindung, ein spiritueller Treffpunkt, eine Art kosmisches Telefon, um es humorvoll zu sagen. Was braucht es dafür? Die erste Frage ist: Möchtest du einen allgemeinen Altar oder einen für eine spezielle Kraft? Allgemeine Altäre sind universeller Natur und bilden auf die ein oder andere Weise das Universum der Praktizierenden ab. In unserem Kulturkreis sind Symbole der vier Elemente beliebt, Symbole für den Himmel und die Erde, Bäume als schamanische Verbindungskraft, Kerzen als verbindende Kraft zu den Spirits und natürlich Symbole für die Kräfte, die einem nahe sind. Das können Bilder, Statuen oder anderweitige Darstellungen sein. Viele verwenden gern Naturmaterialien, wie Steine, Wurzeln oder Blumen.

Es spricht aber auch nichts dagegen, einen Miniatur-Computer (Puppenstuben-Zubehör ist eine großartige Fundquelle für solche Dinge) auf dem Altar zu haben, wenn du viel am Rechner arbeitest. Jemand aus dem medizinischen Bereich könnte etwas aus seinem Arbeitsalltag verwenden, eine Kindergärtnerin ein kleines Spielzeug, eine Lehrerin einen hübschen Füller, ein Handwerker Schrauben & Co., eine Mutter und Hausfrau kleine Figürchen für ihre Familie und immer so weiter.

Du kannst auch generell die anderen einbeziehen, mit denen du zusammenwohnst, und für jeden ein kleines Symbol finden: Püppchen aus dem Eine Welt Laden, Filzfiguren, Kristalle in Farben, die zu den jeweiligen Charakteren passen … Hier kannst du deiner Kreativität freien Lauf lassen, auch kleine Äste, die mit etwas Stoff oder Wolle in passenden Farben »angezogen« werden, sind eine wunderbare Möglichkeit.

Das ist wieder eine dieser Stellen, an denen wir auf das echte Leben schauen und spirituelle Abgehobenheit außen vor lassen: Womit verdienst du dein Brot? Was machst du gern? Welche Interessen hast du? Wer umgibt dich jeden Tag? Warum sollte all das nicht auf deinem Altar vorkommen? Immerhin sind das die Energien, von denen du einen Großteil deines Lebens umgeben bist. Es ist nicht nur naheliegend, sondern nur folgerichtig, wenn du sie auf deinem Altar abbildest.

Wenn man einen Altar gestaltet, muss klar sein, was dazugehört und was nicht. Altäre sind in den meisten Fällen klar umrissen. Sei das durch die Fläche an sich: der Tisch, das Regal, die Kommode oder wo auch immer er gestaltet wird. Es kann sogar eine Box mit Deckel sein, wenn man diskret arbeiten will oder muss. Aber es ist klar: Hier ist der Ort für Kontaktaufnahme, Verehrung, Rituale. Das ist nicht beliebig. Auf größeren Kommoden kann eine Tischdecke oder sonstige Unterlage die Begrenzung der spirituellen Arbeitsfläche bilden. Altäre lassen sich auch wunderbar in Schalen und Tabletts gestalten, in der nepalesischen Tradition sind zum Beispiel runde Kupferschalen (thaal) zu diesem Zweck sehr beliebt.

Es sollte so sein, dass du deinen Altar gern anschaust. Er muss dir gefallen. Es geht dabei nicht um oberflächliche Dinge, nach dem Motto: Würde sich das gut auf einem Foto machen? Es geht um Harmonie und das Gefühl von Stimmigkeit. Nur dann kann sich eine gute Energie aufbauen. Nur dann wirst du dich ganz von selbst davor setzen wollen, um zu meditieren und Kraft zu tanken. Unser Gefühl ist in diesen Dingen sehr ehrlich. Wenn es nicht stimmig ist und die Kraft nicht fließt, wenn da einfach nichts rüberkommt, hat man auch keine Motivation, damit zu arbeiten.

> Ein stimmiger, gut gepflegter Altar zieht dich an wie ein Magnet.

Du spürst instinktiv, wenn es gerade hakt. Irgendwie strahlt der Altar nicht so, wie du es gewohnt bist. Du schaust ihn an und hast nicht das Gefühl, dass du bleiben möchtest. Dann ist es höchste Zeit, den Altar zu reinigen, zu nähren (zum Beispiel mit Räucherwerk, Opfergaben und Kerzen – Korrespondenzen und Ideen dazu folgen im Praxisteil) oder in Teilen neu zu gestalten.

Manchmal sind es nur einzelne Gegenstände, die die Energie blockieren. Nicht immer kann man begründen, warum das so ist, aber kaum hat man sie weggenommen, ist alles wieder stimmig. Altäre sind keine statischen Orte, an denen immer alles gleich bleiben muss. Dein Leben ist auch im Fluss und bleibt nicht immer gleich. Es ist wichtig, dass du diese feinen Nuancen nicht übergehst, sondern

Stück für Stück alle Einzelheiten unter die Lupe nimmst, bis dein Altar wieder »singt«.

Dein Altar erzählt dir mit der Zeit, was er will. Du spürst es im Bauch und in Form von spontanen Eingebungen. Bring nicht zu viel Kopfdenken hinein, auch wenn Korrespondenzen natürlich hilfreich sind.

Weil wir gerade beim Thema Schönheit waren: Altäre müssen nicht schick aussehen, sondern Kraft haben. Schau dich besser bei anderen Kulturen als in sozialen Netzwerken um, wenn du Inspirationen suchst. Nehmen wir zum Beispiel die Mongolei. An vielen Bergpässen und heiligen Orten werden dort ovoos errichtet. Durch eine oberflächliche Brille betrachtet ist das ein Haufen Steine mit ein paar Stangen in der Mitte. Ein paar Stofffetzen flattern im Wind, darunter Milch, Wodka, Zigaretten, Kekse und dergleichen.

Da geht es nicht um Optik, sondern um Kraft. Es geht um die Geister der Orte, die damit geehrt werden. Man möchte sich mit ihnen gut stellen und sie anerkennen, damit man ihr Gebiet gut passieren kann. Anders ausgedrückt: Es geht um Verbundenheit (in diesem Fall zum Ortsgeist) und nicht darum, etwas hinzudekorieren. Es geht nicht nur um eine Seite der Beziehung – nämlich die menschliche, die ein schönes Bild haben will. Das Entscheidende ist die andere Seite, nämlich dass es den Spirits gefällt und so eine authentische Verbindung möglich wird.

Ich habe mal den Satz gehört, dass es auf einem authentischen Altar keine Deko gibt, alles hat einen ganz bestimmten Zweck. So dogmatisch würde ich das nicht sehen. Es kommt auf die Intention an, auch Dekoration kann ihren Sinn haben. Nehmen wir zum Beispiel einen Altar für eine Liebesgöttin, der bei Dekorationen naturgemäß das Herz aufgeht. Warum also nicht? Alles, wo es hingehört. Es kann da keine fixen Regeln geben, wenn wir mit unterschiedlichen Kräften arbeiten, die unterschiedliche Vorlieben haben.

Altäre können dauerhaft oder zeitweise aufgebaut werden. Du kannst zum Beispiel einen allgemeinen Altar haben und dazu noch kleine Altäre gestalten, beispielsweise für besondere Themen, wie die Heilung eines Familienmitgliedes, das gesundheitlich gerade eine schwere Zeit durchmacht, oder um eine bestimmte Sache in deinem Leben anzustoßen. Wir alle wissen, wie schwer es sein kann, schlechte Gewohnheiten aufzugeben und gute Gewohnheiten zu etablieren. In solchen Zeiten kann ein kleiner Altar extra für diesen Zweck eine große Hilfe sein. Dabei ist kein Thema außen vor. Wenn es dich beschäftigt, ist es wichtig und mit ein bisschen Hilfe »von oben« geht alles leichter. Du musst nicht alles allein schaffen. Gerade bei alltäglichen Themen, die man vom Kopf her nicht in die Kategorie »spirituell« einordnen würde, übersieht man manchmal, dass man auch dafür Hilfe in Anspruch nehmen kann.

Schauen wir noch kurz auf den Standort, denn auch ihm wird Bedeutung beigemessen. Dabei spielen besonders der Norden als Himmelsrichtung der Ahnen und der Osten als Himmelsrichtung der aufgehenden Sonne eine Rolle. Aber machen wir uns nichts vor, im gelebten Alltag und den jeweiligen Wohnverhältnissen geht es vor allem darum, einen Platz zu finden, an dem man die nötige Ruhe hat und der eventuell für Besucher nicht gleich einsichtig ist. Die meisten von uns werden unter den Freunden und in der Familie auch Menschen haben, die mit diesem Thema nicht viel anfangen können. Manche Dinge möchte man für sich behalten, man möchte sie nicht kommentiert haben, man möchte nicht einmal fremde Augen darauf haben. Das ist kein überempfindliches Verhalten, auf der ganzen Welt wird auf das, was einem heilig ist, achtgegeben.

Viele haben ihre Altäre im Schlafzimmer, weil das für Gäste meist tabu ist. Das ist nicht immer ideal. Ein Altar ist ein Ort der Kraft und manche schlafen unruhiger, wenn er in direkter Nähe zum Bett steht. Man kann versuchen, ihn möglichst weit weg vom Bett zu haben, das ist oft ein guter Kompromiss.

Manchmal möchte man auch Missverständnissen vorbeugen. Wenn Kinder von Freunden durch die Wohnung tollen, erkennen sie Altäre normalerweise nicht als das, was sie sind, und nicht jede Wesenheit ist erfreut, wenn jemand beherzt in ihre Opferschale mit den Süßigkeiten greift. Wobei einem das auch mit Erwachsenen passieren kann, die sich einen Keks nehmen, ohne zu erkennen, dass er von einem Altar stammt.

Unter spirituellen Praktikern gibt es viele Geschichten von abgestellten Handtaschen und Ähnlichem auf Altären. Aus unserer Sicht unerklärlich: Kerzen, Räucherutensilien, Blumen und Statuen sollten die Sache doch mehr als deutlich machen – aber es wird einfach nicht gesehen. Manchmal ist es so verblüffend, dass der Gedanken naheliegt, die Altäre tarnten sich. Natürlich sind sie noch da, aber die betreffenden Personen nehmen sie einfach nicht wahr, als wäre da ein blinder Fleck im Raum.

In einigen Kulturen versteckt man diese Dinge grundsätzlich. Dann befindet sich ein Altar zum Beispiel in einer kleinen Nische hinter Vorhängen. Es gibt Altäre in Kisten, die man bei Bedarf öffnen kann, oder mit Türchen, die man schließen kann. Im asiatischen Raum finden sich viele hübsche Beispiele dafür. In den afroamerikanischen

Kulturen musste vieles zur Geheimhaltung versteckt bleiben und so kam es, dass manche Traditionen gern einen ganzen Schrank mit verschließbaren Türen verwenden, in dem die Geistwesen in Etagen angeordnet werden, je nach Zuständigkeitsbereich von den Irdischen hoch zu den Himmlischen. Wir sind nicht die Ersten, die sich um diese Fragen aus den unterschiedlichsten Gründen Gedanken machen. Sei es, dass man sich eine gewisse Diskretion für seinen Weg erhalten will oder muss oder dass Spirits energetisch so stark sind, dass sie nicht jeder berühren sollte (auch nicht mit den Augen).

Manchmal hat man aus den unterschiedlichen Gründen nicht die Zeit, sich um seinen Altar zu kümmern. Das kann aufgrund einer Reise passieren oder vielleicht einem Kuraufenthalt oder einfach in einer Zeit, in der man sehr eingespannt ist. In solchen Fällen kann man ein rotes Tuch über den Altar legen, um ihn sozusagen schlafen zu schicken. Dieses Tuch sollte aus einem Naturmaterial wie Wolle, Nesselstoff, Leinen oder Baumwolle sein.

Keine halb vergessenen Altäre, bitte!

Sie bringen die Energie des ganzen Haushalts und seiner Bewohner ins Stocken. Manchmal, wenn nichts so richtig rund läuft, ist so ein halb vergessener Altar der Grund dafür. Diese Dinge sind kein Spiel, sie sind echt. Ich meine das nicht dramatisch, es ist einfach nur ein Hinweis, denn manchmal hängt alles an so einem vermeintlich kleinen Detail. Wir sind in unserer Kultur in diesen Dingen wie Kinder, die gerade das Laufen lernen, und man muss nicht unnötig oft auf die Nase fallen. Wenn du dich gerade nicht um deinen Altar kümmern kannst, decke ihn also mit einem roten Tuch ab oder bau ihn vollständig ab.

An dieser Stelle noch eine Beobachtung, die mir von Praktikern aus unterschiedlichen Traditionen bestätigt wurde. Wenn du Blumen auf dem Altar hast, behalte sie genau im Auge. Wenn alles in Ordnung ist, werden Blumen auf einem Altar deutlich länger frisch bleiben. Ich habe mich oft darüber gewundert, besonders, wenn ich die Hälfte eines Straußes auf den Altar gestellt habe und die andere Hälfte auf den Esstisch. Es gibt aber auch den umgekehrten Fall. Wenn Blumen auf einem Altar sehr schnell verwelken, gibt es oft Stress und Probleme. Das muss nicht in jedem Fall so sein, manchmal hatte man nur Pech mit den Blumen. Aber wenn du es eine Weile beobachtest und eine Häufung feststellst, die über den reinen Zufall hinausgeht, solltest du dem nachgehen.

Wir hatten vor einer Weile sogar den Fall, dass genau die Hälfte der Blumen schlappmachte, die andere Hälfte stand frisch und munter in der Vase. Es waren Gerbera und man konnte praktisch abzählen: Eine aufrecht, eine hängt durch, immer abwechselnd. Zu diesem Zeitpunkt lag ich mit einer Grippe flach, während mein Mann kerngesund war. Wir haben beide nicht schlecht gestaunt, als wir das gesehen haben. Es ist immer wieder verblüffend, wie die aktuelle Energie von solchen Zeichen gespiegelt wird.

Früh übt sich: Kinder und Altäre

Viele Kinder lieben Altäre und man kann dabei ihren vielzitierten heiligen Ernst kennenlernen. Auch für Erwachsene kann sich dadurch ein offener und frischer Blick auf das Thema ergeben. Vom Plüschtier auf dem Altar bis zur Figur eines Krafttiers ist es kein weiter Sprung. Steine, Legofiguren, die schönen Zapfen vom letzten Spaziergang … Die meisten Kinder haben ein instinktives Verständnis für diese Dinge. Sie haben kein schlaues Buch gelesen und bilden ganz natürlich ab, was ihnen wichtig ist und was sie im Leben beschäftigt. Eben das, was Kraft gibt. Und genau dafür ist ein Altar da.

Wenn man Kindern Dinge erklärt, muss man sie auf den Punkt bringen. Was ist ein Altar? Wozu ist er gut? Mit einer theoretischen Abhandlung kommt man da nicht weit. Ich sage es genauso wie erwähnt:

Auf einen Altar legst du, was dir Kraft gibt.

Manchmal geht es auch um ernste Dinge, wie zum Beispiel Schutz. Ich höre öfter mal von kleinen Kindern, die sich einen grimmigen Spielzeugdrachen oder Ähnliches gewünscht haben: als persönlichen Beschützer. In Phasen, in denen sie ängstlich waren und unter jedem Schrank ein Monster zu lauern schien, war das eine große Hilfe. Das hat ein bisschen was von: Wenn meine Feinde gruselig sind, suche ich mir Freunde, die noch grimmiger sind als sie. Kinder haben in diesen Dingen eine schnurgerade Logik und sie funktioniert.

Wenn ein Kind seinen eigenen kleinen Altar gestalten möchte (möchte ist das Schlüsselwort, so etwas sollte nicht auf Überredung basieren), muss man keine strenge Form im Hinterkopf haben. Der Übergang zum Spiel kann und wird fließend sein und wir als Erwachsene können auf unsere Weise daraus lernen.

Ein kleiner Tipp am Rande: Natürlich sind dicke Staubflocken oder vergessene Opfergaben (das Äpfelchen, das so langsam anfängt zu schrumpeln ...) auch auf einem Kinderaltar nicht ideal. Er muss nicht wie geleckt aussehen, aber er sollte noch unter »ganz in Ordnung« laufen. Ein Altar kann Kindern viel Kraft geben und sie von klein auf daran gewöhnen, dass es immer jemanden gibt, der für sie da ist und ihnen zuhört.

Statuen und Bilder

Bildliche Darstellungen der Wesenheiten, mit denen man arbeitet, sind eine schöne Stütze für die Praxis. Auch wenn sich die Verbindung im Wesentlichen auf der innerlichen Ebene abspielt, helfen sie dabei, den Kontakt zu halten und zu intensivieren. Dabei sind sie Altären vom Grundgedanken her sehr ähnlich und natürlich zieren solche Dinge oft Altäre. Eine Statue oder ein Bild in sich selbst ist nicht heilig, es ist die spirituelle Praxis damit, die ein Anwachsen der Kraft bewirkt.

Die bildliche Darstellung ist wie ein Übertrittsort, sie ist ein Verbindungspunkt. In vielen Kulturen wird das auch direkt so formuliert. Wenn zum Beispiel im tibetischen Buddhismus ein traditionelles Rollbild verwendet wird, ist es auf eine ganz bestimmte Art und Weise gemalt worden, die vielen Regeln unterliegt. Die Tradition besteht seit vielen Jahrhunderten, sie ist recht formell und strukturiert, das heißt: Die Wesenheiten auf der anderen Seite wissen ebenfalls genau, dass sie gerufen werden, wenn mit den entsprechenden Bildern gearbeitet wird.

Im Grunde sind Statuen, Bilder und vergleichbare Gegenstände eine Art Code, den beide Seiten verstehen: Man verwendet Symbole oder Darstellungen, die zu den jeweiligen

Wesenheiten gehören, und macht es ihnen dadurch leicht, für eine gewisse Zeit in diesem Bild zu wohnen, wenn man sich davor setzt und Kontakt zu ihnen aufnimmt. Aus diesem Grund gibt es in vielen Traditionen kleine Türchen oder Vorhänge vor den Bildern (oder ganzen Altären). Man möchte die Energie damit rein halten und die Präsenz der Wesenheiten vom Alltag abschirmen. Praktisch gesagt: Sie müssen nicht jeden Familienstreit mitbekommen, man möchte bewusst mit ihnen kommunizieren, wenn man innerlich aufgeräumt ist.

Eine Statue an sich ist nur ein Gegenstand. Aber mit fortschreitender Praxis wird sie immer öfter von der jeweiligen Wesenheit berührt, wenn du über die Statue in Kontakt zu ihr gehst. Dadurch bleibt immer auch ein bisschen der Essenz dieser Wesenheit an der Statue hängen. Nun ist sie heilig geworden (»heilig« meine ich hier im Sinne von: von authentischer Kraft berührt). Deine spirituelle Praxis, zum Beispiel in Form von Gebeten, Opfergaben oder Meditationen, erweckt die Statue oder das Bild zum Leben.

In der erwähnten tibetischen Tradition sind diese Dinge sehr formal festgelegt. Bei uns werden sich die meisten auf freien Wegen befinden und das gibt uns viele Möglichkeiten.

Viele verwenden Bilder, Statuen und Figuren – auch auf ihrem Altar –, um sich mit ihren Wesenheiten zu verbinden. Es gibt mittlerweile eine große Auswahl schöner Dinge in diesem Bereich, sodass für jeden Geschmack etwas dabei sein sollte. Verbiege dich nicht, es muss dir wirklich gefallen. Was der eine kitschig findet, lässt dem nächsten das Herz aufgehen. Geh nach deinem Herzen. Du selbst bist schließlich auch ein Teil der Verbindung und es geht hier nicht um die Stilfragen anderer Menschen, sondern um dich. Wenn es dir hundertprozentig gefällt, wirst du viel leichter eine Verbindung zum abgebildeten Wesen aufbauen können.

Es kann eine Weile dauern, bis man die richtigen Dinge für sich gefunden hat und nicht für jeden sind Figuren oder Bilder der richtige Weg. Es gibt auch Leute, die sich von einer Figur oder einem Bild eher abgelenkt fühlen. Die detaillierte bildliche Darstellung macht ihnen die eigentliche Erfahrung, das Erleben der Wesenheit schwerer. Das Bild oder die Statue ist »zu laut« und funkt ihnen ständig dazwischen.

In so einem Fall sind abstrakte Darstellungen oft eine gute Wahl. Die gibt es auch in traditionellen Kulturen, dann sind zum Beispiel Stoffstreifen in verschiedenen Farben Symbole für unterschiedliche Kräfte. Anderswo werden Stäbe mit Stoff umwickelt und stellen so die Kräfte dar, mit denen man sich verbinden möchte (das kann auch auf Reisen sehr praktisch sein).

Manche gestalten magische Säckchen und Bündel, die alles enthalten, was sie mit einer Wesenheit verbinden. Ein Engels-Säckchen könnte zum Beispiel mit klaren Bergkristallen und Angelikawurzel gefüllt werden. Wer sich für so etwas interessiert, kann die Korrespondenzen am Ende des Buches in dieser Hinsicht unter die Lupe nehmen und wird viele Anregungen finden. Es geht immer darum, die gegenseitige Verbindung zu erleichtern. Was dir dabei hilft, das verwendest du. Was bei dir persönlich nicht zündet, das brauchst du nicht, selbst wenn andere darauf schwören.

Passende Orte in der Natur aufsuchen

Eine einfache und oft übersehene Möglichkeit, sich mit spirituellen Kräften zu verbinden und ihre Energie zu bestärken, sind passende Orte, die man aufsucht. Viele Liebesgöttinnen haben zum Beispiel einen Bezug zum Wasser, sodass man ihnen in der Nähe eines Gewässers besonders leicht nahekommen kann. Liest man Sagen und Mythen mit offenen Augen, findet man viele gute Anknüpfungspunkte.

Hier können aber auch spontane Eingebungen eine große Rolle spielen. Ich habe mich über die Jahre immer wieder gewundert, dass ich plötzlich an bestimmte Orte denken musste, wenn ich über Wesenheiten nachgedacht habe. Erst mit der Zeit wurde mir das Muster dahinter bewusst: Die Verbindung zwischen Wesenheit und Ort wurde sichtbar. In unserer Kultur sind wir es nicht gewohnt, die Kräfte des Landes einzubeziehen (die natürlich auch die Stadt umfassen) und die Verbindung zwischen Orten in unserer Umgebung und ähnlich schwingenden Wesenheiten zu bemerken. Daher möchte ich auf diese Möglichkeit hinweisen.

Du kannst auch direkt nachfragen und eine Wesenheit bitten, dir einen Platz zu zeigen, der ihr energetisch nahekommt und an dem sie leicht zu dir durchdringen kann, weil dort, etwas technisch ausgedrückt, die Frequenzen herrschen, mit denen sie gut kompatibel ist. Jeder Ort hat ein energetisches Profil. Eine steinige Trockenwiese voller Disteln hat eine andere Energie als ein dunkler, kühler Wald oder ein Strand.

Auch in der Stadt gibt es viele Nuancen. Manchmal wirst du überrascht sein, welche Orte dir in den Sinn kommen. Du musst dich dann von den alltäglichen Bewertungen lösen (»Da ist aber eine Straße, da ist ein hektischer Supermarkt …«) und nicht die menschlichen Aktivitäten an diesem Ort bewerten, sondern tiefer schauen und den Ort als solchen in seiner Energie sehen. Wenn dir das gelingt, entdeckst du die Ebene jenseits deiner Alltagswahrnehmung und kannst dich neu in die Umgebung einfühlen, die dich umgibt. Du entdeckst den facettenreichen Puls der Erde unter dem hektischen Treiben an der Oberfläche.

Das Wichtigste: Sich die Zeit nehmen

Ich würde ja gern, aber ich habe einfach keine Zeit … So fangen viele Leute das Thema Spiritualität an. Ich sage dann manchmal schmunzelnd: Nichts für ungut, prüfe die tägliche Bildschirmzeit auf deinem Handy und dann denk noch mal über das Thema Zeit nach. Es geht nicht um Zeit, es geht um Prioritäten und um Ehrlichkeit. Oftmals auch darum, sich vom Kick der allgemeinen Hektik zu entwöhnen, dem viele nachlaufen wie ein Alkoholiker der Flasche. Das mag sich hart anhören, aber es ist nachgewiesen, dass vieles, was uns online hält, auf Suchtmechanismen im Gehirn zugeschnitten wurde und nicht gesund für uns ist. Viele sind es (noch) nicht gewohnt, sich Zeit für Wesentliches aktiv zu nehmen. Sie brauchen eine Weile und oft mehrere Anläufe, bis sie sich vom Hektikrausch ausreichend heruntergefahren haben. Alles kein Problem. Wichtig ist die klare Absicht, etwas zu verändern.

Spirituelle Praxis ist in traditionellen Kulturen tägliche Praxis. Der Altar (oder ein anderer heiliger Ort) ist dabei der zentrale Fokuspunkt.

Wer in einem professionellen Sinne mit den Spirits für andere arbeitet, verbringt oft mehr als eine Stunde am Tag damit, sich mit ihnen zu verbinden, sie mit Opfergaben und kleinen Geschenken zu bedenken, Gebete und Mantren zu rezitieren und die gegenseitige Verbindung stark zu halten. Was man gibt, das bekommt man zurück.

Für interessierte Laien kann eine halbe Stunde am Tag zusammenkommen: Gebete, Mantren, kleine Opfergaben, Meditation. Das ist genau der Unterschied, an dem wir auf vielen Ebenen zu knabbern haben: Es gehört mitten ins Leben und ist kein Extra, das nebenher läuft, wenn die To-do-Liste tatsächlich mal einen weißen Fleck haben sollte. Es geht um Beziehungen. Man kommt nicht nur, wenn man etwas braucht. Wie würdest du es finden, wenn umgekehrt Geistwesen bei dir vor der Tür herumlungern würden, die nur an dich denken, wenn sie gerade etwas haben wollen?

Was wir hier machen, geht tiefer. Es lässt sich damit vergleichen, wie man sich Zeit für die beste Freundin nimmt. Es ist wie der Sonntagsanruf bei den Großeltern, die weiter weg wohnen. Die Spirits verstehen, wenn es bei uns gerade stressig ist, aber genau dann ist es bestärkend, sich Zeit am Altar zu nehmen und wieder in die eigene Mitte zu kommen.

Der Aufbau dieser Beziehungen braucht Zeit, er braucht Regelmäßigkeit und guten Willen. Manchmal tun Leute so, als könnten sie mit dem Finger schnipsen und zwanzig Spirits stehen auf der Matte. Da sind Zweifel angebracht, wenn sie keine ausgiebige tägliche Praxis pflegen. Was sie haben, sind vielleicht oberflächliche Bekanntschaften mit ein paar guten Geistern, aber tiefe Verbundenheit sieht anders aus.

An dieser Stelle werde ich manchmal gefragt: Wenn ich mich mit Wesenheiten verbinde, wird das nicht schnell ein Fulltime-Job? Wie soll ich das denn alles schaffen? Ich habe auch noch einen Job, Familie, Verpflichtungen … Diese Fragen führen genau in die richtige Richtung. Das muss man sich tatsächlich überlegen. Man muss abwägen, wer oder was einem auf der spirituellen Ebene wichtig ist und wer vielleicht ganz interessant ist, aber (zumindest im Moment) keine tragende Rolle spielt. Nur weil die spirituelle Welt unsichtbar ist, kann man dort nicht alles unbegrenzt übereinanderstapeln, humorvoll gesagt.

Es gibt natürlich Praktiker, die enge Kontakte und tiefe Verbindungen zu vielen Wesenheiten pflegen. Sie widmen ihnen aber auch mehrere Stunden am Tag. Wenn das für dich unrealistisch oder gar nicht erstrebenswert ist, ist das eine wichtige Feststellung für die ehrliche und authentische Verbindung zu deinen Spirits. Bei den meisten ist es im spirituellen Bereich wie im sonstigen Leben auch. Man hat eine Handvoll enger Freunde, alles andere sind eher Bekannte. Es gibt auch keine Veranlassung, möglichst viele Spirits zu »sammeln«. In vielen Kulturen haben Praktiker ein oder zwei Haupt-Spirits. Sie ehren natürlich auch die anderen Wesenheiten ihres Kulturkreises, aber die eigentliche Arbeit läuft über die ein oder zwei engsten Vertrauten.

Niemand ist allmächtig, kann in allen Bereichen gleich gut sein oder ist stärker als das Schicksal. Die alten Germanen hatten die drei Nornen als Bild dafür: Sie spinnen das Schicksal der Menschen und der Götter – was heißt: Nicht einmal die Götter stehen über ihnen. Allrounder sind selten, die meisten Menschen (und Spirits) haben Spezialgebiete oder eine ganz bestimmte Art, ihre Energie zu lenken, die in manchen Fällen helfen kann und in anderen nicht. Es kommt darauf an, wes Geistes Kind man ist, ganz wörtlich. Wir kennen das auch aus dem Alltag: Künstlernaturen sind selten kommerziell und durchsetzungsstark veranlagt. Ein fröhlicher Sonnenschein verblasst, wenn es um schwere Themen, wie Tod und Trauer, geht. Niemand ist unbegrenzt, jeder hat seine eigenen Farben.

Widme deine Zeit den Wesenheiten, die dir wirklich am Herzen liegen und denen du am Herzen liegst.

Gute Bekanntschaften sind eine schöne Sache, aber dein Hauptaugenmerk sollte auf den echten Freunden liegen. Widme ihnen jeden Tag etwas Zeit, im Idealfall an deinem Altar oder mithilfe von Gegenständen, die sie repräsentieren. Sollte das wirklich einmal nicht möglich sein, fange so bald wie möglich wieder damit an.

Die Ebene der Beziehungen

Nicht nur menschliche Beziehungen sind kompliziert, die geistige Ebene steht uns in dieser Hinsicht in nichts nach. Auch spirituell gesellt sich gleich und gleich nicht immer gern. Nehmen wir an, du verehrst zwei Wesenheiten, die traditionelle Wege öffnen und neue Möglichkeiten bringen. Die beiden solltest du dann nicht unbedingt auf demselben Altar verehren oder Bilder von ihnen nah beieinander aufstellen. Es würde – bildlich gesagt – immer Streit geben, wer denn nun die Türen des Lebens öffnen darf. Da sind energetische Turbulenzen vorprogrammiert. Auch Liebesgöttinnen können schwierig sein, sie brauchen Aufmerksamkeit und wollen strahlen, da möchte man die »Konkurrenz« nicht gleich nebenan haben.

Manchmal werden Gottheiten idealisiert und es wird so getan, als gäbe es zwischen ihnen keine Rivalitäten, weil sie über allem schweben würden. Ein Blick in alte Mythen zeigt schnell, dass dem nicht so ist. Man muss sich vor Augen halten, dass diese Wesenheiten Kräfte repräsentieren, die es tatsächlich gibt. Es geht um Kräfte, nicht um Ideale. Genauso wie es in der Natur Gegenspieler gibt, verträgt sich auch auf der geistigen Ebene nicht alles miteinander.

Bei Gegensätzen kommt es darauf an. Sie können sich gegenseitig ausgleichen, ein klassisches Beispiel sind Mars und Venus, die völlig unterschiedlich sind und sich gegenseitig ergänzen. Doch nicht immer ist das harmonisch. Saturn als Herr der Zeit, die alles eines Tages enden lässt (daher das mythische Bild, dass er seine Kinder verschlingt), ist nur mit wenigen Kräften kompatibel. Er begrenzt, beendet und reduziert. Auch das wird gebraucht, jede Kraft ist auf ihre Art wichtig, aber die meisten Wesenheiten würden sich neben ihm einfach nicht wohlfühlen.

Saturn erinnert in dieser Hinsicht an die Verehrung von Santa Muerte (die Heilige Frau Tod) in Mexiko. Auch von ihr wird gesagt, dass sie am liebsten einen Altar für sich allein hat. Dabei wird ihr manchmal unterstellt, dass sie eifersüchtig wäre. Wenn man in Ruhe darüber nachdenkt, wird einem klar, dass es eher andersherum ist. Eine allmächtige Kraft wie der Tod muss auf niemanden eifersüchtig sein. Sie hat sowieso schon gewonnen, denn alles wird eines Tages vergehen. Es dürften eher die anderen Wesenheiten sein, die sich in ihrer Nähe unwohl fühlen, weil sie daran erinnert werden, dass auch sie nicht ewig währen.

Achte auf solche kleinen Details bei der Gestaltung deiner heiligen Orte und Altäre. Manchmal muss man es praktisch ausprobieren. Dazu kannst du die Bilder deiner Wesenheiten auf dem Altar immer mal umstellen. Fühlt es sich dann stimmiger an? Passt einer nicht gut dazu? Möchte jemand generell einen Platz für sich allein haben? Man spürt instinktiv, dass ein Altar »aufatmet«, wenn man die richtigen Dinge verändert. Vertraue deinem Bauchgefühl, versuche solche Dinge nicht (nur) über den schlauen Kopf zu lösen. Er kann seinen Teil beitragen, indem du Überlieferungen und Wissenswertes über die jeweiligen

Wesenheiten in Erfahrung bringst, aber die praktischen Entscheidungen sollte die Intuition treffen.

Manchmal hilft dabei eine ganz alltägliche Herangehensweise: Stell dir vor, deine verbündeten Wesenheiten wären Gäste auf einer Party. Würden sie miteinander ins Gespräch kommen? Wer würde sich gut verstehen? Welche Wesenheiten hätte keine gute Chemie zueinander? Wer würde sich die kalte Schulter zeigen? Das ist eine einfache Übung und sie zeigt ziemlich verlässlich, wo es gut funktionieren dürfte und wo mögliche Unstimmigkeiten liegen.

Verschiedene Arten von Beziehungen

Auch zu Wesenheiten können die Beziehungen unterschiedlich aussehen. Nicht immer lässt sich das genau definieren und nie ist es einseitig. Man kann also nicht einfach aus seiner menschlichen Sicht heraus festlegen, was man für wen sein will. Es ist ein gemeinsamer Weg, auf dem man immer wieder miteinander zusammenkommt, sich weiterentwickelt und manchmal auch verändert.

Manche haben eine Beziehung, die an göttliche Eltern und menschliche Kinder erinnert. Ihre Gottheiten und Wesenheiten sind starke Leitkräfte, die sie als väterlicher oder mütterlicher Beistand begleiten und ihnen auch einen starken emotionalen Rückhalt geben. Es geht dann in gewisser Weise darum, wes Geistes Kind man ist.

Andere empfinden eine Art Liebesbeziehung. In manchen Kulturen geht das so weit, dass es offizielle Hochzeiten eines menschlichen Partners mit der jeweiligen Wesenheit gibt, die von der ganzen Gemeinschaft gefeiert werden. Das kann menschliche Partner für diese Person ausschließen, in den meisten Fällen bedeutet es aber nur, dass der göttlichen Partnerschaft genügend Zeit eingeräumt werden muss.

Viele Menschen in unserem Kulturkreis verbindet etwas mit ihren Spirits, das man als Freundschaft bezeichnen kann. Man kennt die Wesenheit, man fühlt sich ihr eng verbunden, es ist aber keine elterliche Beziehung und auch keine Liebesbeziehung, sondern eine ehrliche und aufrichtige Freundschaft. Man ist ein Team.

Hin und wieder gibt es auch Verbindungen, bei denen der menschliche Part zu einer Art Diener oder einem ausführenden Organ für eine Kraft wird. Das kann beispielsweise so sein, wenn jemand in einem medizinischen oder heilenden Beruf arbeitet und dabei die Energie einer heilenden Gottheit weiterleitet. Es geht an dieser Stelle nicht nur um die persönliche Weiterentwicklung im Kontakt mit den Wesenheiten, es geht bei dieser Form von Kontakt vor allem darum, die Energie der jeweiligen Spirits »unter die Leute zu bringen«, um es bildlich zu sagen. Ein anderes Beispiel wären Schauspieler oder Sänger, die sich mit einer kunstliebenden Wesenheit verbinden und damit ihre Darstellungskraft stärken.

Im Grunde kann man sich an dieser Stelle auch fragen, was man im Alltag arbeitet und welche Kraft dahinter steht. In gewisser Weise bringen wir alle die Kräfte bestimmter Wesenheiten durch unsere Arbeit in die Welt. Eine Hausfrau, ein Erzieher oder eine Pflegerin werden mit mütterlichen Kräften verbunden sein (das Mond-Prinzip), ein Manager mit dem schnellen Merkur, der Informationen verarbeitet und weiterleitet. Für erste Inspirationen kannst du gern die Korrespondenzen am Ende dieses Buches nutzen, um die leitenden Grundprinzipien in deinem Leben zu erkennen. Bei den meisten Menschen ist es nicht nur eine Sache und Arbeit ist auch nicht das einzige Feld, auf dem wir uns in unsere Umgebung einbringen. Es ist sehr wahrscheinlich, dass man mindestens zwei bis drei Leitkräfte in seinem Leben entdecken wird.

Wachstum und Wandel der Beziehungen

> »Auch die Herausforderungen ändern sich und werden immer subtiler, je mehr die Kraft zunimmt. Das heißt, dass die Schamanenmethoden und die Art der Wahrnehmung, der man sich am Anfang des Weges bedient hat, nach einer Weile ihre Verwendung verlieren können. An der Wachsamkeit muss ständig gearbeitet werden, um immer auf dem neuesten Stand zu sein.«
>
> Ailo Gaup[3]

Diese Worte des Sámi-Schamanen (sie heißen dort Noaiden) Ailo Gaup fassen sehr treffend die Lebendigkeit und Wandelbarkeit der Beziehungen zur spirituellen Ebene zusammen. Die wichtigste Aufgabe auf dem spirituellen Weg ist, dass wir ihn mit wachen Sinnen wahrnehmen.

Manchmal wird aus einer engen Verbindung eine lockere Freundschaft. Manchmal kommen Wesenheiten hin und wieder zu Besuch. Es gibt auch etwas, das ich »Götter im Hintergrund« nenne und das sich auch auf andere Wesenheiten übertragen lässt: Manchmal treten sie für Jahre einen Schritt zurück und spielen keine große Rolle,

---

3 Ailo Gaup: Das Herz des Nordens. Ein Sami-Schamane erzählt, Veth Verlag 2016, Seite 87 f.

aber wenn sie gebraucht werden, sind sie plötzlich wieder da und es fühlt sich an wie am ersten Tag. Wenn eine Wesenheit zurückkommt, würdige das mit einem hübschen Plätzchen, das du ihr einrichtest. All diese Dinge können und dürfen in einen zeremoniellen Rahmen eingebettet werden – genau dafür sind Rituale da.

Es verändern sich aber nicht nur die groben Beziehungen (im Sinne von: Man ist sich nahe oder hat gerade keinen Kontakt). Auch innerhalb der Beziehungen gibt es Veränderungen. Oft werden sie, wie im Zitat gerade beschrieben, immer subtiler. Anfangs hat man vielleicht noch Zeremonien und Rituale gebraucht, um die Verbindung wirklich zu spüren, mittlerweile ist sie einfach da und zu einem Teil von uns selbst geworden.

Oft gibt es kurze Phasen der Unsicherheit, wenn man miteinander das nächste Level erreicht. Etwas hat sich spürbar verändert, aber wo stehe ich jetzt? Was ist jetzt angemessen? Was sollte ich ändern? Manche vermuten an solchen Punkten, dass sie etwas falsch gemacht hätten, weil es nicht mehr so ist wie zuvor. In Wirklichkeit ist alles bestens: Sie sind gerade dabei, eine neue Ebene zu betreten. Der spirituelle Weg ist ein immer neues Hineinwachsen in die Verbindungen, die man pflegt. Diese Veränderungen bedeuten, dass man alles richtig gemacht hat, sie sind ein gutes Zeichen.

Wie man den Kontakt im Guten wieder lösen kann

Auch bei Wesenheiten kann man an einen Punkt kommen, an dem man zumindest für eine Zeit wieder getrennte Wege gehen möchte. Das muss gar nicht dramatisch sein, manchmal hat man für eine ganz bestimmte Aufgabe miteinander gearbeitet und die ist erledigt. In einigen Fällen merkt man, dass die Verbindung verblasst ist. Oder sie ist nicht mehr stimmig und man möchte sich anderswo umschauen. Einige machen auch die Erfahrung, dass sie von Gottheiten weitergereicht werden, nach dem Motto: Wir haben zusammen bewirkt, was wichtig war, nun hilft dir diese neue Kraft auf deinem weiteren Weg.

Was auch immer die Beweggründe sind, es ist gut, wenn man lose Enden vermeidet und sich nicht einfach so davonschleicht. Vielleicht möchte man später wieder miteinander arbeiten und dann ist es leichter, sich erneut zu verbinden, weil es keine diffuse Angelegenheit ist, sondern alles ordentlich geklärt wurde.

Wenn du dich von einer Wesenheit lösen willst, trage zusammen, was euch äußerlich verbindet. Das kann zum Beispiel eine Figur sein, magisches Zubehör, das du für sie angeschafft hast (wie ein besonderer Kerzenhalter, spezielle Deko und so weiter). Gestalte einen hübschen, kleinen Altar, in dessen Mitte diese Dinge kommen. Der beste Zeitpunkt für so ein Ritual ist der abnehmende Mond kurz vor dem Neumond, dann kann man Dinge besonders gut loslassen. Wenn es stimmig ist, gib in jede Himmelsrichtung ein Symbol des jeweiligen Elements, wie zum Beispiel Räucherwerk für die Luft im Osten, eine Kerze für das Feuer im Süden, eine Schale Wasser für das Wasser im Westen und einen Kristall für die Erde im Norden.

Reinige dich selbst und den Ort mit dem Räucherwerk und besprich anschließend in freien Worten mit der Wesenheit, dass du sie respektvoll verabschieden möchtest und sich eure Wege zumindest für die nächste Zeit trennen. Bedanke dich für alles, was sie für dich getan hat, und nimm dir auch einen Moment, um zu lauschen. Es geht bei so einem Ritual nicht darum, die ganze Zeit auf die Senden-Taste zu drücken. Ihr macht das zusammen. Nimm dir also auch Zeit, um zuzuhören, ob sie dir etwas zu sagen hat.

Wenn du das Ritual beendest, kannst du die verbindenden Gegenstände beiseite räumen. Je nach Art eurer Trennung, kannst du sie an andere weiter verschenken, die etwas damit anfangen können. Du kannst sie auch spirituell schlafen schicken, indem du sie in roten Stoff wickelst und verstaust. Das ist eine alte Methode, die es ganz ähnlich in vielen Teilen der Welt gibt und die sich bewährt hat.

Wenn Kontakte ungewollt immer wieder abreißen

Manchmal ergibt sich eine Situation, die ich mir selbst lange Zeit nicht erklären konnte: Man lernt eine Wesenheit (oder Tradition) näher kennen und spürt, dass es eine enge Verbindung gibt. Diese Verbindung hat auch eine gewisse Tiefe, sie entsteht nicht aus einer Laune heraus und ist nicht nur von anfänglicher Begeisterung getragen. Doch nachdem es anfangs sehr eng und vertraut war, kommt man nach einer Weile plötzlich kaum noch an die betreffende Wesenheit heran. Die Verbindung scheint wie blockiert zu sein. Es hat sich anfangs so stimmig angefühlt – und nun ist der Draht abgerissen. Wenn sich so etwas wiederholt, fängt man an, Fragen zu stellen: War ich aufrichtig? Hat das wirklich gepasst? War mein Interesse ernsthaft und stimmig?

Manchmal merkt man, dass es sich doch eher um eine Schwärmerei gehandelt hat als um eine starke Verbindung, oder man kannte noch nicht das ganze Bild und ist nun schlauer. Manchmal war es auch ein Interesse, das zu einem anderen Weg hinführen sollte. Es war ein Übergang und noch gar nicht das eigentliche Ziel, man wusste das zu diesem Zeitpunkt nur noch nicht. Hin und wieder reichen uns die Wesenheiten durch, bis wir die Wesenheit erreichen, die eigentlich nach uns ruft, auf die wir sonst aber nicht aufmerksam geworden wären.

Aber das ist eben nicht immer so und wenn sich dieses Muster einige Male wiederholt, beginnt man sich zu fragen, ob nicht etwas Grundsätzliches dahintersteht. Warum reißt der Kontakt immer wieder ab? Ich habe viel darüber nachgedacht, bis ich in einer alten Tradition einen möglichen Grund dafür kennenlernte, und nach meiner Beobachtung kommt er in vielen Fällen zum Tragen: Du lädst die Geister und Götter nicht in einen luftleeren Raum hinein ein. Da sind schon »Leute« und sie schauen genau, wer die Neuen sind, die du in ihr Revier bringst. Man kann das ein bisschen mit Türstehern vor der Disco vergleichen: Wenn die hiesigen Geister nicht einverstanden sind, wird eine Verbindung nicht langfristig gelingen.

Nun ist die Frage, was hiesig ist. Darauf bin ich in Heimische Hexenkunst näher eingegangen. Es kann auch in Deutschland sehr authentisch sein, Isis zu verehren, zumal sie hier bereits in der Antike Tempel hatte. Du brauchst auch kein mittleres Geschichtsstudium, um in dieser Sache weiterzukommen. Das verrät dir vielleicht einiges über den aktuellen Stand der Forschung, aber noch lange nichts über die »Türsteher« in deiner Gegend. Die Lösung ist einfacher: Du musst um Erlaubnis fragen. Und es kann ein Nein kommen.

Es ist ganz eigenartig: Manche wollen mit spirituellen Dingen hantieren, glauben aber nicht wirklich, dass es echt ist und da auch mal ein Veto kommen kann. Deshalb ist es hilfreich, Sagen aus deiner Gegend zu lesen, um ein Gefühl für die Spirits deiner Region zu bekommen. Doch nicht immer lässt sich viel herausfinden, manchmal muss man zum Beispiel immer wieder bewusst in seiner Umgebung spazieren gehen und so ein Gefühl für die Wächterinnen und Wächter des Ortes entwickeln. In solchen Momenten merkt man wieder, wie viel bei uns abgerissen ist. In anderen Teilen der Welt müssten wir das nicht mühevoll selbst herausfinden, wir würden es von den Älteren lernen, inklusive der Namen der Wesenheiten, ihrer Besonderheiten, Vorlieben und Abneigungen.

Das folgende Ritual ist eine Anregung, wie du die Geister vor Ort um die Erlaubnis bitten kannst, eine bestimmte Wesenheit in ihrem Revier ehren zu dürfen.

Ritual für die mögliche Aufnahme neuer Wesenheiten

Nimm ein Symbol für die Geister deines Ortes. Ich würde einen Ast verwenden, den ich an einem besonderen oder stimmungsvollen Ort in der Umgebung suchen würde. Dabei würde ich ein kleines Geschenk zurücklassen, wie zum Beispiel einen Schluck Milch und ein paar Getreidekörner.

Zu Hause angekommen wird dieser Zweig zum Repräsentanten deines Ortes geweiht. Dafür kannst du ihn mit weißen Stoffstreifen umwickeln und in freien Worten ein Gebet sprechen, in dem du die Geister des Ortes bittest, in ihm präsent zu sein. Anschließend wird der Stab mit einem sanften, angenehmen Räu-

cherwerk abgeräuchert und aufrecht hingestellt (zum Beispiel in eine Schale mit Sand). Vor ihn kommen ein paar Blüten, Süßigkeiten (um die Situation zu versüßen) und eine weiße Kerze oder ein Teelicht.

Nun kommt ihm gegenüber eine Repräsentation der Wesenheit, mit der du arbeiten möchtest. Das kann eine Götterfigur sein, ein Bild oder auch ein Streifen Stoff in einer Farbe, die du für die Wesenheit als passend empfindest.

Entzünde etwas Räucherwerk zwischen den beiden (sehr gut wären zum Beispiel Wacholder, Rosmarin, Alantwurzel oder Beifuß). Sprich in den Rauch hinein dein Anliegen. Stell die neue Wesenheit vor, erkläre deinen Wunsch, hier im Revier der lokalen Spirits mit ihr zu arbeiten, und bitte sie, diesen Kontakt zu erlauben. Achte dabei genau auf deine Empfindungen und Wahrnehmungen. Achte gegebenenfalls auch in den folgenden Tagen darauf, nicht immer bekommt man sofort mitgeteilt, ob das Anliegen angenommen wird. Meist bekommt man ziemlich genau ein Ja oder ein Nein in Form von Gefühlen im Körper: Wärme, Entspannung und ein Gefühl von innerem Leuchten sind ein Ja, Anspannung, Engegefühle oder die Wahrnehmung dunklerer Farbtöne deuten auf ein Nein hin.

Nach meiner Erfahrung ist es sehr individuell. Es kann gut sein, dass im selben Gebiet die eine Person ohne Probleme mit einer bestimmten Wesenheit arbeiten kann, während sie jemand anderes formal vorstellen muss und selbst dann vielleicht ein Nein bekommt. Das muss man respektieren, die Spirits haben ihre Gründe, warum sie der einen Person grünes Licht geben und jemand anderem nicht.

Viele Praktiker haben die Erfahrung gemacht, dass von Leuten, die schon länger auf dem spirituellen Weg sind, mehr erwartet wird. Dann gehen die Geister des Ortes davon aus, dass du mit einem gewissen Respekt ihnen gegenüber vertraut bist, und erwarten einbezogen zu werden. Man fällt nicht mehr unter den spirituellen Welpenschutz (mehr dazu später im Buch) und wird sozusagen »wie ein erwachsener Mensch« behandelt, der entsprechend verantwortlich ist für das, was er tut.

Eine kleine Anmerkung am Rande: Dieses Wissen bedeutet auch, dass es eine gute Sache ist, auf Reisen zuerst einmal die Geister vor Ort zu grüßen. Bring ihnen Süßigkeiten oder traditionelles Gebäck aus deiner Region mit, das kommt immer gut an und du wirst bemerken, dass sich deine Reisen verändern werden. Sie werden leichter und unkomplizierter. Wähle sicherheitshalber keine Gaben mit Fleisch oder Alkohol, solange du nicht genau weißt, wie die Geister vor Ort ticken und wen man damit möglicherweise anlockt (in vielen Gegenden sind diese Dinge für die ruppigeren Gesellen reserviert).

Günstige Zeitpunkte für spirituelle Aktivitäten

Die moderne Astrologie beschäftigt sich vor allem mit den Energien, die wir von den Sternen empfangen. Dass wir umgekehrt auch etwas senden und uns von diesen Energien helfen lassen können, ist vielen nicht mehr bewusst. Astrologie war ursprünglich zur Erforschung der Ausdrucksformen der universellen Lebenskraft gedacht. Das war nichts Abstraktes, der Satz »Wie oben, so auch unten« war selbst einfachen Menschen geläufig.

Das Universum, die Planeten darin, die Erde und auf ihr wir Menschen und alle weiteren Erscheinungen, all das steht in einem lebendigen Wechselspiel. Alles hat – um im Thema dieses Buches zu bleiben – seinen höchst lebendigen Geist. Man sah all das eher als Persönlichkeiten und nicht so sehr als abstrakte Einflüsse. Es ist kein Zufall, dass auch bei uns die Planetenkräfte auf alten Holzschnitten als Personen dargestellt wurden, die die Eigenschaften des jeweiligen Planeten verkörpern. Bis heute finden sich in der vedischen Astrologie Indiens und Nepals solche Abbildungen der verschiedenen Planeten, die über Mantren, Opferhandlungen, passende Symbole und Korrespondenzen direkt ansprechbar sind.

Wenn sich noch heute Menschen in Teilen Asiens an bestimmte Sterne des Großen Bären wenden, die mit ihrem chinesischen Geburtszeichen zusammenhängen, wenn vedische Astrologen remedies zur Heilung negativer Sterneneinflüsse durch die jeweils passenden guten Taten empfehlen, kommt das noch direkt zum Ausdruck. Dann wird es zu einer ganzheitlichen, im wahrsten Sinne des Wortes universellen (das Wort kommt schließlich von »Universum«) Kunst, mit den großen und kleinen Erscheinungen des Lebens zu kommunizieren und ihr Wirken zu verstehen.

Bei uns findet man diese Herangehensweise am ehesten in der zeremonialen Magie, mit ihren komplexen Bestimmungen des idealen Ritualzeitpunkts. Dieses Wissen war in einfacherer Form auch in der Volksmagie verankert. Wenn Menschen heute nach dem Mondkalender leben, schaffen sie ebenfalls eine lebendige Beziehung zu den Kräften des Kosmos. Der Grundgedanke bei der Wahl des richtigen Zeitpunkts ist so einfach wie einleuchtend: Warum gegen den Strom schwimmen? Wenn man die richtige Sache zur falschen Zeit angeht, wird man nicht an das Optimum gelangen können. Alles im Leben hat seine Zeit und mit Rückenwind kann man mehr erreichen.

Unterschiedliche Kulturen haben unterschiedliche Kalendersysteme gefunden. Sie spiegeln auch die geografischen, kulturellen und spirituellen Aspekte einer Region wider. Es ist also nicht widersprüchlich, dass dieses Thema unterschiedlich betrachtet wird, sondern nur folgerichtig.

Bei uns spielen die fundamentalen Größen Tag und Nacht, Sonne und Mond und die sieben dem bloßen Auge sichtbaren Planeten die Hauptrolle, wenn es um einen günstigen Zeitpunkt geht. Da steht schnell die Frage im Raum, wie man die unterschiedlichen Aspekte gewichtet. Das folgende System kann ein guter Einstieg in die Praxis sein.

Die großen Drei: Tag und Nacht – zunehmender und abnehmender Mond – Wochentag

Die drei wichtigsten Aspekte, um den Zeitgeist (ganz wörtlich) zu bestimmen, sind zum Glück einfach. Da sind zuerst einmal Tag und Nacht. Die Sonne hat als Gestirn den größten und unmittelbarsten Einfluss auf unser Leben. Nach alter Tradition ist die Zeit von Sonnenaufgang bis zum Mittag am besten geeignet, wenn man Dinge anziehen und wachsen lassen will (so wie das Tageslicht in dieser Zeit wächst). Jetzt kann man für alles arbeiten, das

ɅManchmal ergeben sich spontane Zeichen, wenn man gar nicht damit rechnet.)as erinnert uns daran, dass wir immer mit allem verbunden sind und dass »die ındere Seite« sich bisweilen direkt an uns wendet. Bei dieser Wolke zum Beipiel muss ich sehr an die alten Darstellungen von Wotan/Odin als himmlischer Reiter denken.

Wenn man die Welt nur als tote Materie wahrnimmt, sind auch solche Zeichen nicht mehr als zufällige Ereignisse ohne jede Bedeutung. Sieht man aber n solchen Zeichen die verschiedensten Formen von Bewusstsein am Werk, sind gegenseitige Kommunikation und Austausch möglich.

Solche kleinen Mohnpüppchen werden manche aus der Kindheit kennen. In ihnen spiegeln sich kleine Reste der animistischen Lebenswelt unserer Vorfahren: Alles hat seinen Geist, und der wurde gerne dargestellt und sichtbar gemacht, zum Beispiel in Form von Figuren. Da unsere Kultur auf dem Grundnahrungsmittel Getreide fußt, gab es ein reiches Brauchtum rund um die Felder und ihre Geistwesen.

Zu Weihnachten werden sogar »Otto Normalverbraucher« zu Animisten, selbst wenn es ihnen nicht bewusst ist. Ohne Wichtel, Engel, Weihnachtsmann & Co. geht da gar nichts. Und auch der Weihnachtsbaum selbst stammt noch aus heidnischen Zeiten. Er hat sich durchgesetzt, obwohl von kirchlicher Seite lange gegen ihn gewettert wurde.

Venn man einen besonderen Ort betritt, zeigen einem Stimmungen und inne-
e Wahrnehmungen auch ohne viele Worte, dass die geistige Dimension dieses
)rtes besonders präsent ist. In solchen Momenten wird »mehr« spürbar, und es
önnen sich Türen öffnen, die einen spirituellen Austausch mit den Geistern des
)rtes ermöglichen.

Ein Ort, an dem mehrere Bäu
me aus einer gemeinsame
Wurzel zu wachsen sche
nen, gilt als besonders sta
ker Kraftplatz. Es lohnt sic
während Spaziergängen Au
schau nach solchen besond
ren Plätzen zu halten. A
Ritualen, Zeremonien, M
ditationen oder spontane
In-Verbindung-Gehen m
so einem »Baum-Team« lie
ein besonderer Segen.

Wenn Pflanzen an scheinbar unmöglichen Orten wachsen, gelten sie in manchen schamanischen Traditionen als Hinweis auf die besondere Energie und Beseeltheit dieses Platzes. Solche Orte können Segen bringen, und wenn du einen entdeckst, ehre seine Spirits. Sie haben die Kraft, dir eines Tages zu helfen, wenn du sie mal brauchst.

)er Geist eines Ortes kann auf viele Arten auf sich aufmerksam machen. Als Ierrscherin oder Herrscher eines Gebiets kann sie oder er uns im schamanischen Veltbild Tiere über den Weg schicken, die uns zeigen, dass wir wahrgenommen ,erden – wie dieser Schmetterling.

Ein Altar muss keine kompliziert Sache sein. Manchmal sind es schlichte Dinge, die eine große Wirkung entfalten, weil die Energie ungeteilt von ihnen ausgehen kann. Hier sind es die beiden Urelemente des Lebens, Feuer und Wasser, dazu ein weißes Tuch. Folge deiner Intuition in diesen Dingen. Im Zweifel ist weniger oft mehr, weil die Kraft sich dann nicht über viele kleine Einzelheiten erstrecken muss, sondern gut gebündelt bleibt.

Auch Rituale müssen nicht immer ein »Komplettpaket« umfassen, beispielsweise mit der Darstellung aller vier Elemente auf einem Altar. Sie können sich auch auf einen bestimmten Teilaspekt des Lebens beziehen, wie bei diesem Erntealtar im Herbst.

1 alten Stickmotiven finden sich zahlreiche visuelle Codes, die manchmal tausen-
e von Jahren alt sind und eine direkte Verbindung zu unseren Vorfahren herstel-
n. Dieses alte Motiv wurde von mir gestickt, in der Mitte sieht man die Göttin.
ır Kopf ist ein stilisiertes fruchtbares Feld – ein Symbol, das man bereits von
öttinnen-Figurinen aus der Jungsteinzeit kennt.

In ihrem Rock (als stilisierte Blume) trägt die Göttin bereits die nächste Ge-
eration. Sie wird von zwei Seelenvögeln begleitet, die beiden Blumen neben ihr
nd ihre stilisierten Töchter (in manchen Stickmustern werden sie deutlicher
ırgestellt, manchmal auch auf Pferden). Daneben sieht man Weizenähren, da-
ınter wiederum das Symbol des fruchtbaren Felds, angeordnet fast wie eine
chlange, die ihrerseits für Fruchtbarkeit steht.

Es lassen sich noch weitere Ebenen aus diesem Stickmuster lesen, doch schon
ese Details zeigen, dass sich uraltes Wissen an manchen Stellen unverändert
halten hat.

Hirsche am Lebensbau sind ein klassisches Stick motiv, das an germanisch Mythologie (die vier Hir sche am Lebensbaum Ygg drasil) und noch ältere scha manische Traditionen run um Hirsche und Rentier erinnert.

Manchmal springen uralte Traditionen plötzlich in die Gegenwart, wie beim Leipziger Wunschbaum im Clara-Zetkin-Park. Wünsche mit kleinen Stoffstreifen oder Zetteln an Bäumen zu befestigen, ist eine uralte Tradition. Solche besonderen Orte wirken in zwei Richtungen: Einmal bei den Wünschenden, aber auch bei den Menschen, die diese Zettel lesen. Es ist sehr berührend, wie viel Gutes die Menschen sich und anderen wünschen.

Sich an Festen und Feiertagen ums Feuer versammeln – dieser Faszination kann sich kaum jemand entziehen. Auch wenn hierzulande die wenigsten Menschen das Feuer als einen lebendigen Geist betrachten, spürt jeder die besondere Kraft, die davon ausgeht. Man muss diese Dinge nicht theoretisch wissen, um sie erfahren zu können. Wenn eine Kraft da ist, spürt man sie.

Wenn eine magische Arbeit gute Wege geht, erhält man oft besondere Zeichen wie hier die auffällig symmetrisch angeordneten Luftblasen im Glas bzw. der »zufällig« entstandene Wachskringel auf der Seite der unteren Kerze. Achte auf solche kleinen Zeichen. Es muss nichts großes sein und es geht auch nicht immer um die Frage »Was bedeutet das?«, die wir dann gerne reflexartig stellen. Manchmal ist es »nur« ein Zeichen, um unsere Aufmerksamkeit zu erregen, damit wir merken, dass die andere Seite uns sieht und dass unser Anliegen angekommen ist.

'iguren, Statuen oder auch Püppchen werden von der Kraft der Natur gereinigt nd aufgeladen. Wenn es möglich ist, sollte man sie immer mal mit ins Freie ehmen und mit den Elementen der Natur in Berührung bringen – wie diese ›öttinnenfigur im Wasser.

Die Dämmerung am Morgen und am Abend ist eine besonders magische Zeit, i der man sich zwischen den beiden grundsätzlichen Polen Tag und Nacht befindet was uns heute oft gar nicht mehr bewusst ist.

In der Dämmerung sind die unterschiedlichen Welten in enger Berührung und spirituelle Arbeit kann leichter gelingen, als zu anderen Zeiten. In der Volks magie gilt: Was zunehmen soll, gelingt bei Sonnenaufgang, was man banne möchte »wirft man der Sonne hinterher«, wenn sie untergeht.

sich entwickeln soll, das man vermehren möchte und von dem man mehr haben will.

Die Zeit vom Mittag bis zum Sonnenuntergang wird gern genutzt, um Dinge loszuwerden oder ihren Einfluss zu schmälern. Das lässt sich mit dem abnehmendem Mond vergleichen, nur dass es in diesem Fall um das Sonnenlicht geht. In der Volksmagie wurde gern die Zeit ab der einsetzenden Abenddämmerung genutzt, um Dinge zu bannen und Heilzauber zu wirken, mit denen man ein Leiden loswerden will.

Mit der einsetzenden Nacht verändert sich die Energie weiter. Die Zeitspanne bis Mitternacht wird gern genutzt, um in Ruhe spirituell zu arbeiten. Nacht bedeutet: Es ist draußen weniger los, Ruhe kehrt ein, die menschliche Betriebsamkeit lässt nach und die Spirits können leichter zu uns durchdringen. Es ist die ideale Zeitspanne, wenn es um die innere Weiterentwicklung geht, aber natürlich kann man auch für ganz praktische Ziele arbeiten.

In der zweiten Hälfte der Nacht verändert sich diese Energie, sie strebt schon wieder dem Tag zu. In vielen traditionellen Meditationswegen wird sehr früh aufgestanden, manchmal schon gegen drei Uhr in der Nacht, um die spirituelle Praxis mit der Energie dieser Tageszeit aufzuladen. Sie hat wirklich einen ganz eigenen Zauber. Während der Lockdowns mussten viele Eltern ähnlich früh aufstehen, um allen Anforderungen gerecht zu werden. Meine Arbeitstage begannen oft um fünf Uhr morgens und ich war überrascht, wie gut es sich zu dieser Zeit arbeiten ließ. Eine magische Stille lag über allem. Ich konnte förmlich spüren, wie sich die Energie des neuen Tags sammelt, und nahm daran teil. Diese Tages- bzw. Nachtzeit ist ideal, um Kraft aufzunehmen, zu meditieren und Klarheit zu erlangen. Es ist gewissermaßen die Zeit, bevor die Zeit anfängt. Neue Energie strömt ein und man kann vorbereiten, was einem wichtig ist.

Der zunehmende und der abnehmende Mond sind den meisten vermutlich schon bekannt. Bei zunehmendem Mond arbeitet man für Dinge, die zunehmen und sich vermehren sollen, was auch den Vollmond mit einschließt. Bei abnehmendem Mond arbeitet man an den Dingen, die man vermindern möchte, hier bildet der Neumond den krönenden Abschluss der Phase.

Fehlt noch der richtige Wochentag und hier kommen konkrete Wesenheiten ins Spiel in Form von Gottheiten:

Montag – Mond
Dienstag – Tyr/Mars
Mittwoch – Wotan/Merkur
Donnerstag – Donar/Jupiter
Freitag – Freya/Venus
Samstag – Saturn
Sonntag – Sonne

Die ausführlichen Korrespondenzen hierzu findest du im Praxisteil am Ende des Buches. Hier soll es erst einmal um die grundsätzliche Gewichtung gehen. Einfach gesagt: Zuerst ist wichtig, ob Tag oder Nacht ist und welche Phase des Tages oder der Nacht gerade herrscht. Die Sonne hat den unmittelbarsten Einfluss auf uns, wie jeder aus dem Alltag bestätigen kann.

Danach kommt der Mond an die Reihe. Er ist in der Lage, die Meere und sogar die Erdkruste um bis zu neunzig Zentimeter anzuheben, seinen Einfluss wird also sicher niemand bestreiten wollen. Anschließend kommen die traditionellen Energien der Wochentage ins Spiel. Hier findet sich eine energetische Einteilung der Zeit, die uralte, bis in die Antike zurückreichende Wurzeln hat und damit auch eine starke Traditions- und Ahnenenergie.

Eine weitere Verfeinerung nimmst du vor, wenn du das Tierkreiszeichen beachtest, in dem der Mond gerade steht. In früheren Büchern und im Hexenkalender habe ich über die Energien der zwölf Tierkreiszeichen geschrieben. An dieser Stelle möchte ich anmerken, dass sie für manche Praktiker wichtiger sind als der Wochentag. Das kann man also nicht pauschal sagen. Nach meiner Erfahrung haben die Wochentage einen starken Einfluss, weil wir von klein auf im Rhythmus der Siebentagewoche groß werden, auch wenn vielen Menschen die Bedeutungen der einzelnen Wochentage nicht mehr bewusst sind. Du musst letztlich praktisch ausprobieren, welches System bei dir persönlich die besseren Ergebnisse bringt. Man kann noch so viel lesen und philosophieren, zum Schluss entscheidet allein die Praxis.

Realitätsnah arbeiten

Es gibt viele Faktoren, die man in die Bestimmung der Zeit-Geister, die in einem Moment herrschen, einbeziehen kann. Das kann bisweilen unübersichtlich werden und bei alledem kann man ruhig mal die grundsätzliche Frage stellen: Werde ich sonst etwa nicht gehört? Ist das wirklich so wichtig? Du hast schließlich auch noch einen Alltag mit all seinen Verpflichtungen.

Ich vergleiche das so: Du kannst jederzeit funken, aber zu manchen Zeitpunkten wird es in der Leitung knacken oder der Funkspruch kommt nicht richtig oder nur teilweise durch. Das passiert aber genauso, wenn du müde und abgespannt oder nicht wirklich ungestört bist. Dann nützt auch der scheinbar perfekte Zeitpunkt wenig. Wir müssen also auch unsere Lebensumstände und die Tagesform einbeziehen. Beides kann zum Guten wirken: ein günstiger Zeitpunkt, aber eben auch die richtige innere Verfassung.

Hier gibt es drei Ebenen: Wenig empfehlenswert ist es, zu einem ungünstigen Zeitpunkt zu arbeiten, wenn man zusätzlich erschöpft oder nicht ungestört ist. In Notfällen kann es trotzdem sinnvoll sein, man kann sich nicht immer aussuchen, wie das Leben läuft, und manchmal wird es gerade an so einem Zeitpunkt wichtig sein, etwas zu unternehmen, einfach weil es erforderlich ist.

Mittelmäßig ist es, wenn der Zeitpunkt stimmt, man selbst aber nicht in Bestform ist, oder wenn man fit und ausgeruht ist, aber der Zeitpunkt nicht ideal ist. Wenn es nicht wirklich dringend ist, ist es in so einem Fall besser, abzuwarten oder die passenden Bedingungen zu schaffen (zum Beispiel eine feste Meditationspraxis ins eigene Leben zu bringen, um ausgeglichener zu werden, oder sich mit der Familie abzusprechen, wann man Zeit für sich braucht).

Optimal ist, wenn beides zusammenkommt: Der richtige Zeitpunkt und die richtigen inneren und äußeren Umstände. Oft braucht es seine Zeit, bis man das einrichten kann, und das bedeutet nicht, dass man zwischendurch nichts machen dürfte. In der Praxis braucht man gerade in den holprigen Zeiten die meiste Unterstützung. Sonst wären nur Menschen auf der Ideallinie des Lebens in der Lage, spirituell zu praktizieren, und daran sieht man schon, wie weltfremd so eine Vorstellung wäre. Versuche also einfach dein Bestes.

Wie findest du deinen Weg und »deine« Wesenheiten?

Es ist in unserer Konsum- und Informationswelt sehr leicht, sich für Dinge zu begeistern oder bestimmte Leute toll zu finden und es so machen zu wollen wie sie. Mein Tipp: Spüre in solchen Momenten in Ruhe in dich hinein. Es gibt einen Unterschied zwischen deiner inneren Stimme und dem Sog, der von äußeren Dingen ausgeht.

Die innere Stimme ist oft subtil. Daher empfiehlt es sich, auf ein Gefühl von Geborgenheit zu achten und nicht von Aufregung oder gar Hype-Stimmung. Das Spirituelle ist keine Droge, mit der man sich antörnt, und wenn ein Weg nicht mehr richtig knallt, dann geht man zum nächsten. Diese (sehn-)süchtige Herangehensweise sieht man gar nicht so selten. Du kannst dir viel Zeit und Geld, aber auch emotionale und spirituelle Verstrickungen sparen, wenn du dir einfach nur ein bisschen mehr Zeit und inneren Raum lässt, um die Wege zu finden, die wirklich zu dir passen.

Fünf bewährte Ansätze, um passende Wesenheiten zu finden

Wenn man auf der Suche nach spirituellen Verbündeten ist, kann das zu Beginn überwältigend sein. Es gibt so viele Möglichkeiten, es gibt so viele Denkweisen und oft stolpert man über die unterschiedlichsten Vorschriften, wie die Sache zu betrachten wäre. Daher habe ich an dieser Stelle fünf bewährte Blickwinkel zusammengetragen, die zu authentischen spirituellen Verbindungen führen.

1. Gleich und Gleich gesellt sich gern

In unserer Kultur suchen wir schnell im Außen nach Verbindungslinien zur spirituellen Ebene. Es macht aber auch Sinn, nach innen zu schauen, wo man gerade steht und wer man ist. Das ist bereits da, sogar in uns angelegt. Viele Menschen wollen ihren Weg finden. Überraschung: Du bist jederzeit auf deinem Weg.

Es geht also im Kern darum, das eigene energetische Geflecht oder Muster unter die Lupe zu nehmen. Was bringe ich bereits mit und zu welchen Wesenheiten passt das? Wir schweben nicht optional im freien Raum, wir sind bereits jemand und »die andere Seite« sieht das sehr genau. Wir sehen es natürlich auch. Die meisten Leute erkennen schnell, wenn jemand versucht, etwas zu sein, was er gar nicht ist. Man spürt es einfach, da ist diese Unstimmigkeit, da passt etwas nicht.

Es kann hilfreich sein, Familie und Freunde zu befragen, wenn man sich hinsichtlich der eigenen Wesensmerkmale und Vorlieben unsicher ist oder ein zusätzliches Feedback braucht. Man übersieht leicht wichtige Details, insbesondere, wenn man sie selbst nicht wertschätzt. Ein Beispiel: Ein Mann kann wunderbar zeichnen, hält das aber nicht für ein Musengeschenk und eine Verbindung zur kreativen Venus-Sphäre des Lebens, sondern stempelt seine Gabe mit »Das ist doch nichts Besonderes« ab. Seine Eltern, in Sorge um den späteren Berufsweg ihres Sohnes, hatten ihm von klein auf eingeredet, dass Kreativität brotlose Kunst und somit wertlos wäre. Dieser Mann braucht eine Stimme von außen, die ihm hilft, sich darüber bewusst zu werden, welch außergewöhnliche Gabe er hat.

Das ist das Schöne am spirituellen Weg, man findet nicht nur jede Menge über die Spirits heraus, sondern auch über sich selbst.

Da wir uns im Alltag auf ganz unterschiedlichen Ebenen bewegen, sind es oft mehrere Wesenheiten, die zu uns passen. Eine Ärztin, die Kinder hat und gern Musik hört, wird also sehr wahrscheinlich bei heilenden, mütterlichen und musischen Wesenheiten an der richtigen Adresse sein. Ein Ladenbesitzer, der in seiner Freizeit am liebsten Fahrrad fährt und daran herumschraubt, wird bei Gottheiten des Handels, bei Wesenheiten des Sports und auch der Technik (wie Athene und die vielen anderen Wesenheiten, die den Menschen Techniken gebracht haben) die richtigen Unterstützer finden.

Es macht Sinn, genau hinzuschauen, wie und wo du dich im Alltag bewegst. Ganz praktisch würde ich empfehlen, dass du dir mindestens eine Woche lang Notizen machst, was für Rollen du hauptsächlich ausfüllst. Manches sieht man nicht auf den ersten Blick, deshalb ist es gut, sich ein bisschen länger als nur ein oder zwei Tage zu beobachten. Notiere nicht nur Dinge, die gerade viel Zeit in Anspruch nehmen. Schau genau hin, was du wirklich magst. Viele haben für ihre Herzensprojekte und liebsten Interessen nicht so viel Zeit, wie sie gern hätten. Das heißt aber nicht, dass sie unwichtig wären. Es geht also nicht nur darum, was die meiste Zeit in Anspruch nimmt, sondern vor allem darum, was deinem Herzen nahe ist. Wenn jemand zum Beispiel einen Beruf hat, der einfach nur Broterwerb ist (er ist nicht schlecht, aber auch nichts, was Begeisterung auslösen würde), dann wird dieser Beruf im Vergleich zu anderen Dingen nicht so stark gewichtet sein.

Hast du herausgefunden, was die wesentlichen Kräfte sind, die dich im Leben begleiten, kannst du schauen, welche Wesenheiten dazu passen und dafür zuständig sind. Auch dann muss es immer noch »klick« machen, du kannst also nicht einfach nach einer Tabelle bestimmen, wer zu dir gehört. Doch es ist wahrscheinlicher, dass du die richtigen Wesenheiten findest, wenn du dich mit dem auseinandersetzt, was du selbst im Alltag verkörperst und in die Welt trägst.

2. Gegensätze ziehen sich an

Der zweite Ansatz, um hilfreiche Wesenheiten zu finden, ist, nach Gegenteilen zu suchen. Normalerweise macht man das, wenn man Unterstützung braucht. Es sind also nicht so sehr die Wesenheiten für den Alltag, die deine Persönlichkeit und das, was du ins große Geflecht des Leben trägst, unterstützen. Es sind diejenigen, die dir gerade fehlen und deren Hilfe du brauchst.

Wenn zum Beispiel ein Mann in einem sehr rationalen Beruf arbeitet und zu einem eng gefassten Männerbild erzogen wurde, Vater wird und plötzlich nach Ausdrucksformen seiner Liebe zum Kind sucht, kann eine Muttergöttin genau die richtige für ihn sein, um das zu lernen. Ein Gott wie Mars kommt manchmal ganz bewusst zu schüchternen oder planlosen Menschen, um ihnen Mut zu machen und eine gute Strategie für Kommendes zu geben.

Du schaust also zuerst: Brauche ich mehr von einer Kraft (wie zum Beispiel Inspiration, Liebe, Wohlstand, Erkenntnis und so weiter) oder ist eine Kraft im Übermaß vorhanden und ich will sie eindämmen (wie zum Beispiel Unklarheit, Gehemmtheit, Mangel und so weiter). Der erste Weg ist harmonischer und für den Anfang sicherlich besser geeignet, der zweite Weg ist konfrontativer, kann in schwierigen Situationen aber schneller zum Durchbruch führen.

Praxistipp: Authentisch bleiben

Bleib bei der Suche an deinen authentischen Empfindungen dran, auch wenn sich noch keine passende Wesenheit dazu findet. Ich habe zum Beispiel eine tiefe Verbindung zu Pflanzen und einer grünen Wesenheit, die ich lange Zeit nicht einordnen konnte, da sie sich in ihrem Wirken nicht nur auf Pflanzen bezieht, sondern auch auf Traditionen und einiges mehr. Zum damaligen Zeitpunkt waren Göttinnen ein großes Thema und weil es naheliegend schien, habe ich in diese Richtung geschaut. Welche Göttin könnte das sein? Wer verbirgt sich hinter dieser Wesenheit? Oder vielleicht eine männliche Gottheit, wie der Grüne Mann in all seinen Erscheinungsformen? Oder

Freyr, der auch als Elfenkönig bekannt ist? Ich habe damals viele Möglichkeiten ausgelotet, aber es hat nie wirklich »klick« gemacht. Also habe ich die Sache erst einmal als das stehenlassen, was sie ist, ohne eine genaue Definition.

Es ist hilfreich, an solchen Punkten Mut zur Lücke zu haben und darauf zu vertrauen, dass das Leben zur richtigen Zeit enthüllen wird, um wen es sich handelt. Denn das tut es, man muss nur Geduld mitbringen und lauschen, anstatt umgehend festlegen zu wollen, wer es ist. Niemand hetzt uns, außer wir selbst.

Erst viele Jahre später habe ich gemerkt, dass die mir so vertraute Wesenheit eine Art persönlicher Hilfsgeist ist, und gesehen, wie sich diese Verbindung durch mein ganzes Leben zieht. Meine frühesten Erinnerungen daran stammen aus Kindergartentagen. Hätte ich diesen Sack schnell zumachen wollen, um eine Definition zu haben, an der ich mich festhalten kann, wäre ich meilenweit von der Wahrheit entfernt gewesen.

In diesem Zusammenhang kann man die Geduld der guten Geister nicht genug hervorheben. Wie sie über die Jahre immer wieder Hinweise geben, sich vermutlich manchmal die Haare raufen, weil wir prompt in die falsche Richtung abbiegen, und darauf hoffen, dass wir es zum Schluss doch noch gebacken kriegen. Der Dank für diese Geduld gehört bei mir in so gut wie jedes Gebet. Machen wir es ihnen also ein bisschen leichter:

Bleiben wir interessiert, damit wir das Glöckchen im richtigen Moment klingeln hören, aber gleichzeitig offen, um nicht mit vorschnellen Ideen haarscharf an ihnen vorbeizulaufen.

3. Der Ort, an dem du bist

Wer sich tiefergehend mit der Zuordnung der Elemente zu den Himmelsrichtungen beschäftigt, kennt das Phänomen: Es ist überall auf der Welt ein bisschen anders und auch ihre Anzahl schwankt zwischen vier und fünf, wobei zu Feuer, Wasser, Luft und Erde auch noch Metall, Holz, Raum oder Äther hinzukommen können, andere fallen dafür weg.

Oft hat das mit geografischen Bedingungen zu tun. Die Menschen haben sich an dem orientiert, was sie umgibt. Wenn im Osten ein großes Gebirge lag, war es naheliegend, dort das Element Erde zu verorten. Befand sich im Süden ein großes Gewässer, dann war das auch ganz real ein guter Platz, um das Element Wasser zu ehren, eben weil es wirklich dort war. Vor jeder Theorie kommt das echte Leben.

Auch wir werden von dem geprägt, was uns umgibt, von den Geistern der Landschaft, aber auch vom typischen Klima unserer Region. Wer in einer warmen, fruchtbaren Gegend lebt, in der man drei Ernten im Jahr einfährt, wird von anderen Erfahrungen geprägt als wir mit unserem langen Winter, der von unseren Vorfahren eine gute Vorausplanung und Lagerung von Vorräten erfordert hat. Es verwundert nicht, dass dabei unterschiedliche Mentalitäten entstehen, geprägt von der umgebenden Natur.

Der Ort, an dem du dich tatsächlich befindest, ist der Ausgangspunkt für deinen naturspirituellen Weg. Egal, wen man auf traditionellen Wegen auch fragt, sie alle sagen: Ehre die Geister des Ortes, an dem du lebst. Welche das sind? Das lässt sich zum Glück leicht herausfinden. Ich komme zum Beispiel aus einer Stadt mit mehreren

Flüssen, wir haben mehr Brücken als Venedig. Daher bezieht sich vieles in meiner spirituellen Arbeit auf die Spirits der Flüsse und auch den Stadtwald, den wir haben. Jemand, der im Harz wohnt, im Schwarzwald oder an den Alpen wird es häufiger mit den Wesenheiten der Berge zu tun haben.

Es ist wichtig, an dieser Stelle nicht in Postkartenmotiven zu denken. Wenn du in einer Großstadt lebst, wird sie vermutlich nicht in der Luft schweben. Natürlich ist das ein sehr stark von Menschen dominierter Raum und doch steht er auf der Erde. Mond und Sonne scheinen darauf, Regen fällt und das Grün drängt durch jede Ritze, die es finden kann.

Gibt es in der Stadt Spirits? Ja, sogar sehr viele. Wir haben eher einen Überfluss, als dass es zu wenige sind. Die Frage ist vielmehr, ob man wirklich hinschaut. Kennst du die Bäume in deiner Straße? Hast du sie wirklich mal angesehen und als Wesenheiten wahrgenommen? Kennst du die Spatzengroßfamilie in den Büschen vom Hinterhof? Die Krähen, die seit vielen Generationen an bestimmten Plätzen nisten? Siehst du die Enten auf dem Fluss oder den Fuchs, der bei einer Straßensperrung plötzlich seelenruhig deinen Weg kreuzt?

Wenn man das Gefühl hat, nie wirklich anzukommen, und zu einer dauerhaft tragfähigen Basis auf seinem Weg finden will, ist der Wohnort der Ansatzpunkt der Wahl. Denn es ist nicht alles optional im Leben, zum Glück. Die Erde ist immer da. Nichts ist hier, das nicht von der Erde ist, Meteoriten einmal ausgenommen. Die Naturvölker sagen: Der Mensch ist ein Teil der Natur. Das meinen sie auch so, und zwar etwas umfassender als wir. Bei den Ultschen ist alles, was der Mensch macht, ebenfalls ein

Ausdruck der Natur. Selbst wenn es Plastikverpackungen sind. Dass die nicht gut sind, steht außer Frage, aber letztendlich ist es eine heilsame Sichtweise: Erst wenn wir wieder richtig begreifen, dass wir »drin« sind im Leben und nicht seltsam neben allen Dingen zu schweben scheinen, werden wir Verantwortung für unser Handeln übernehmen. Dann ist die Dualität aufgehoben, sodass bewusstes Handeln keine Option mehr ist (man schwebt irgendwie neben den Dingen), sondern ein Muss (man sieht seine Rolle als Teil des Ganzen).

Für uns sind nicht-dualistische Sichtweisen oft schwer zu begreifen, weil es so tief in uns drinsteckt: hier das eine, da das andere. Hier die Natur, da wir Menschen. Ich habe von norwegischen Schamanengruppen gehört, die synthetische Trommeln scherzhaft als Dinotrommeln bezeichnen, wegen des Erdöls, aus dem das synthetische Material besteht, denn das war vor langer Zeit einmal organisches Material.

Was ich damit sagen will, ist: Du kannst gar nicht rausfallen, da müsstest du schon von der Erde fallen. Um ökologische Missstände anzukreiden, werden oft polarisierende Positionen bezogen (… was ironischerweise trotzdem keinen davon abhält, mehr zu reisen und zu konsumieren als alle Generationen vor uns). Teilweise ist das natürlich hilfreich, aber teilweise sollten wir überdenken, ob eine ganzheitliche Sicht nicht hilfreicher ist, weil sie nicht mit dem Finger auf irgendwen da draußen zeigt, sondern die tatsächliche Verbundenheit aller Dinge betont.

Ich kann mir vorstellen, dass es vielen leichter fällt, die Natur zu schützen, wenn sie sich tatsächlich als Teil davon begreifen und keine Trennung gedacht wird. Dann geht es einem wirklich nahe, dann handelt man nicht auf der

Basis einer tief verinnerlichten Unterscheidung von »hier die Natur und dort der Mensch«. Es wird bei jedem anders sein, aber da dieser Gedanke manchen helfen wird, eine starke Verbindung zu finden, wollte ich ihn hier erwähnen.

Auch die spirituelle Szene schafft öfter mal künstliche Grenzen, wo eigentlich alles eins ist. Natur fängt nicht erst dort an, wo es aussieht wie auf einer Postkarte. Diese Herangehensweise hindert uns daran, wirklich mit dem in Verbindung zu gehen, was ist. Wir warten dann vielleicht auf den perfekten Ort und den perfekten Moment, anstatt uns unmittelbar zu verbinden und aus spirituellen Träumereien aufzuwachen.

Ich weiß von einigen spirituellen Praktikerinnen und auch traditionellen Schamanen, dass sie vom Leben oft an Orte geschickt werden, an denen es nicht leicht ist, wo Heilung bitter nötig ist. Es ist kein Zufall, wenn man sich eben gerade nicht in der idyllischen Natur wiederfindet, sondern da, wo die Balance gestört ist und wo es Herausforderungen gibt. Denn es ist unsere Aufgabe, zur Lösung und Harmonisierung beizutragen.

Exkurs: Ich bin umgezogen und alles fühlt sich so fremd an. Wie kann ich ankommen?

Nach einem Umzug kann es eine Weile dauern, bis man tatsächlich angekommen ist, manchmal braucht das Jahre. Man befindet sich nach einem Umzug (und auch auf Reisen) im Revier anderer Ortsgeister und muss die Umgebung erst einmal kennenlernen. Wenn sich etwas dazu finden lässt, würde ich empfehlen, in örtlichen Sagen und Legenden zu stöbern. Natürlich ist vieles über die Zeit zu

Aberglauben geworden oder überformt worden. Aber man bekommt wenigstens heraus, welche Orte erwähnt werden und in der Umgebung besonders wichtig sind.

Man kann sich auch bei den Spirits vor Ort vorstellen. Das muss keine spezielle Form haben, wenn es von Herzen kommt. Eine Räucherung ist schön, zum Beispiel mit Wacholder oder Beifuß, und dann kann man den Spirits vor Ort erzählen, wer man ist, woher man kommt und dass man jetzt hier ist. Es macht nichts, wenn man schon etwas länger dort wohnt, auch nach einer Weile verändert so ein kleines Ritual spürbar die Energie und man kommt besser an.

Natürlich gilt auch hier: Kleine Geschenke erhalten die Freundschaft. Falls es einen Berg, Fluss, See oder zum Beispiel einen schönen großen Baum in der Nähe gibt (das kann auch in einem Park sein), ist es gut, sich auch bei so einem Ort vorzustellen und ein paar Mitbringsel dabeizuhaben (Getreidekörner zum Beispiel, einen Schluck Milch, etwas Honig oder einen Apfel). Das hört sich nach kleinen Gesten an, kann aber viel verändern und manchmal lernst du auf diese Weise gleich neue Freunde – nämlich die Spirits dieser Orte – kennen, die dich vor Ort unterstützen und auch weiterhin als Ansprechpartner für dich da sind. In den meisten Fällen freuen sich die örtlichen Geister sehr über solche Gesten, weil sie seit Jahrhunderten übersehen werden.

Zwischengedanken zum Alltag

Es klang bei »Gleich und gleich gesellt sich gern« bereits an: Fang mit dem an, was dich im Alltag umgibt. Erst kommt das echte Leben, dann die schlauen Vorstellungen darüber. Beginne mit dem, was da ist. Ein Beispiel: Die Rentiernomaden des hohen Nordens ehren das mystische weiße Rentier. Würde es Sinn machen, das bei uns zu kopieren? Ganz sicher nicht. Aber den Gedanken dahinter können wir uns abschauen, um daraus zu lernen.

Von welchen Tieren oder Umständen hängt dein Leben ab? Isst du Fleisch? Hast du ein Haustier? Machen dir bestimmte Pflanzen Freude? Bei vielen wird die Kaffeepflanze ziemlich weit vorn landen. Oder Wein und Hopfen möglicherweise. Trinkst du gern einen bestimmten Tee am Morgen?

Lass mal alle Konzepte und vorgefassten Ideen los. Nimm dir ruhig ein paar Wochen Zeit für dieses Projekt und beobachte, welche Dinge dir wichtig sind. Es ist erstaunlich, wie wenig man das eigene Leben sieht. Schau dir an, wozu du im Alltag tatsächlich Kontakt hast, welche Kräfte da wirken. Man ist leicht versucht, das Besondere stets woanders zu vermuten. Gerade weil wir es richtig machen wollen, neigen wir dazu, idealisierte Vorstellungen zu hegen, denn der Alltag kommt uns nicht magisch genug vor.

4. Deine Herkunft und die Ahnen

Mit den Ahnen stehen und fallen viele spirituellen Wege. Selbst im Christentum findet sich Jesus, der als eine Art (halb-)göttlicher Ahne verehrt wird, ganz ähnlich ist es bei den Heiligen. Auch wenn uns dieses Konzept grundsätzlich vertraut ist und wir wortwörtlich aus unseren Ahnen bestehen, spüren viele zu Beginn eher ambivalente Gefühle bei diesem Thema oder wissen nicht so richtig, wo sie anfangen sollen.

Hier können uns die Wege traditioneller Kulturen Starthilfe leisten, um wieder in Berührung mit dieser Ebene zu kommen. Hier in der Mitte Europas gibt es eine bewegte Geschichte, die durch Wanderungen, Kriege und auch durch Flucht und Vertreibung geprägt ist. Man muss nur mal einen Stammbaum auf Papier zeichnen, in gerade mal fünf Generationen hat man bereits 62 direkte Vorfahren beisammen, von deinen Eltern bis zu den Ur-Ur-Ur-Großeltern. Geht man noch weiter zurück, sind es allein in der sechsten Generation an Ahnen vor dir bereits 64 Personen, du hast also 64 Ur-Ur-Ur-Ur-Großeltern – und sie alle haben Teile dieser Geschichte miterlebt.

Viele bei uns haben das ehrliche Bedürfnis, ihre Ahnen zu heilen. Nach schamanischer Vorstellung bringen vor allem deine guten Taten Heilung in die Ahnenlinie, sowohl rückwärts für die Verstorbenen als auch vorwärts für zukünftige Generationen. Anders gesagt: Wenn du ein gutes Leben führst, nicht selbstsüchtig bist, sondern so gut es eben geht Positives bewirkst, verbesserst du für alle die Situation.

Das Leben deiner Vorfahren kannst du – und musst du – natürlich nicht mehr ändern. Was geschehen ist, ist geschehen. Doch du bist wortwörtlich aus deinen Ahnen geschaffen. Was du in dir heilst, heilst du auch in ihnen. Dieses alte Wissen deckt sich mit den Erkenntnissen der modernen Psychologie über transgenerationales Trauma. Es braucht also keine Umwege. Was du in deinem Leben an Gutem tust, was du bei dir ganz persönlich aufarbeitest und löst, kommt auch allen anderen zugute. Du bist, etwas technisch ausgedrückt der lebendige Fokuspunkt deiner Ahnenlinie und die Zeit für Veränderungen ist genau jetzt.

Dabei sind nach traditionellem Verständnis vor allem drei Dinge hilfreich: Opfergaben und Gebete, wie man sie von

Ahnenaltären auf der ganzen Welt kennt. Wichtig sind zudem Reinigungsrituale für dich selbst, damit du klar bleibst und effektiv arbeiten kannst. Der dritte Punkt ist Gutes, das man für die Gemeinschaft bewirkt. Im traditionellen Verständnis sind wir alle tatsächlich miteinander verbunden. Das ist nicht nur ein Lippenbekenntnis. Tut man Gutes für sich und die anderen und hält gleichzeitig die eigene Energie klar (zum Beispiel durch Meditation, Räucherrituale und Ähnliches), ist man bereits auf einem sehr guten Weg.

Wenn du auf deinem spirituellen Weg einmal nicht weiterweißt: Komm auf deinen persönlichen Schutzgeist (wie der Schutzengel oder ein Krafttier) und auf die Ahnen zurück. Damit kannst du nicht falsch gehen. Einige Traditionen basieren nur darauf und es fehlt ihnen nichts. Es geht nicht darum, möglichst viele Praktiken zu sammeln, es geht um das, was funktioniert.

Um anzufangen, brauchst du einen Praxisort. Das kann ein kleiner Altar sein, eine Wandkonsole mit Fotos, ein Dekobäumchen (der Baum als Symbol des Familienstammbaums) auf einer Kommode oder Ähnliches. Und nun die Praxis:

Ahnenpflege

Finde möglichst jeden Tag etwas Zeit für die persönliche Praxis und unterhalte dich einfach mit deinen Ahnen. Setz dich an deinen Altar und erzähle ihnen aus deinem Leben: Was ist passiert, was geht gut, was funktioniert nicht so gut, was ist gerade los? Es ist wirklich so, als würde man sich auf eine Tasse Kaffee verabreden. Halte es familiär und liebevoll.

Frage sie auch umgekehrt, ob sie etwas brauchen. Manchmal bekommt man umgehend Antworten, wie zum Beispiel: Ein Glas Wasser, ein Bergkristall, wir möchten mal wieder Blumen haben, ein Bier, Kaffee und Kuchen … Sei nicht überrascht, wenn es ziemlich weltliche Dinge sind, deine Ahnen waren schließlich ganz normale Menschen. Manche bringen ein kleines Tellerchen von ihren Mahlzeiten zum Altar, andere kochen Tee und stellen eine Tasse hin. Räucherwerk, Kräuter, Düfte, Parfüms … all das ist möglich.

Manchmal ist es so, dass Menschen die Beziehung zu ihren Ahnen meiden, weil es negative Personen in der Familienlinie gab. Das ist vom Gefühl her verständlich, aber wenn wir auf das Beispiel der 62 direkten Vorfahren in nur fünf Generationen zurückkommen: Selbst wenn die Hälfte davon schwierig war, würdest du den hilfreichen Einfluss der anderen 31 guten Seelen ausschlagen, indem du das Thema komplett verwirfst. Rufe bewusst nur die guten Ahnen, die dein Bestes im Sinn haben, dann findet sich eine positive Balance. Sollte sich jemand melden, den du zum gegebenen Zeitpunkt nicht dabei haben willst, steht es dir jederzeit frei, sie oder ihn wegzuschicken.

5. Was dich immer wieder ruft

Viele nehmen an, man will sie vertrösten, wenn man sagt, dass die Dinge von selbst erscheinen, wenn die Zeit und sie selbst dafür reif sind. Dass uns die Wesen immer wieder rufen werden und wir gar nicht daran vorbeikommen werden. Eines Tages, wenn wir dranbleiben. Ich sage das nicht nur so daher, ich habe es selbst erlebt. Irgendwann habe ich in einem Kinderlexikon das Bild eines Schamanen gesehen. Es muss kurz nach der Wende gewesen sein, in einem sozialistischen Buch hätte es sicher keinen gegeben. Ich schätze, dass ich etwa elf Jahre alt war. Dieses Bild hat mich wie ein Blitz getroffen. Ich war unendlich traurig, weil ich so gern eine Verbindung zu einer solchen Person gehabt hätte. Das war lange vor dem Internet und ich war ein Kind. Meine Möglichkeiten, in der Sache etwas zu erreichen, lagen so ziemlich bei null. Mit viel Glück hätte ich in einer Bibliothek ein nüchtern wissenschaftliches Buch über Schamanismus finden können (es war auch die Zeit vor der Online-Recherche nach Büchern).

Später entdeckte ich immer mal Möglichkeiten zu Reisen oder Workshops, die jedoch ebenfalls jenseits meiner Möglichkeiten lagen. Manchmal fragten mich Weggefährten: Warum machst du das nicht, das passt doch zu dir? Die Wahrheit war: Ich hätte mir nicht mal die Anfahrt leisten können, geschweige denn den Verdienstausfall in der Zwischenzeit.

Die Jahre gingen ins Land, ich hatte mir mittlerweile ein bisschen was erarbeitet und den unterschwelligen Faden nicht aus den Augen verloren. Nun wartete die nächste Erkenntnis auf mich: Auch »spirituelle« Praktiker, die authentisch initiiert sind, müssen nicht automatisch Gutes im Sinn haben. Was ich erlebte, ging bis hin zu Drohungen, dass meiner Familie ein Unglück zustoßen würde, wenn ich mich nicht sofort initiieren lasse – zu einem fünfstelligen Preis und ohne vorbereitende Praxis. Was in keiner Tradition, die ich kenne, üblich ist. Solche Wege ohne Vorbereitung zu gehen, ist in etwa so, als würde einem jemand glühende Kohlen ohne Schutzhandschuhe in die Hand drücken.

Meine guten Geister stellten sich vor mich und sagten einen Satz, dem ich treu geblieben bin:

Ein Weg der Angst kann nicht dein Weg sein.

Ich verzichtete gern, blieb mir treu und dachte: Wenn es wirklich sein soll, werden sich die richtigen Türen eines Tages öffnen. Und das taten sie auch, auf verblüffenden und unerwarteten Wegen. Fast dreißig Jahre, nachdem ich über besagtem Bild in meinem Kinderlexikon die Initialzündung hatte.

Auch wenn man Eigeninitiative mitbringen und aktiv bleiben muss, gibt es so etwas wie Schicksalsfäden, die sich kreuzen, wenn der richtige Moment gekommen ist. Auf dem Weg dorthin wird man einiges lernen. Vermutlich auch, was man nicht will, doch auch das ist eine wichtige Lektion.

Es lohnt sich dranzubleiben, aktiv, aber nicht verbissen. Offen und aufmerksam, ohne etwas erzwingen zu wollen. Die Sehnsucht auszuhalten, auch wenn man nicht weiß, wann und wie es werden wird. Im richtigen Moment geht alles ganz schnell und dann weißt du, dass es deine aufmerksame Geduld über all die Jahre wert war. Es geht nicht darum, schnell zu sein. Es geht darum, sich treu zu bleiben und darauf zu vertrauen, dass das Leben dir nicht ohne Grund die Resonanz zu bestimmten Themen eingepflanzt hat. Was wirklich zu dir gehört, wird sich eines Tages manifestieren.

Alte Mythen im Hier und Heute einbeziehen

Beim Lesen alter Mythen kann man schnell zu dem Schluss kommen, dass das alles vielleicht ganz unterhaltsam ist, aber mit unserer heutigen Zeit wenig zu tun hat. Zudem sind sie für den rational geschulten Geist oft schwer zu verstehen und nicht selten widersprüchlich. Wir sind es nicht gewohnt, auf mythische Art zu denken.

Mittlerweile kommen viele zu diesem Schluss, auch im akademischen Bereich. So schreibt Neil Price in seinem Buch über die Magie und Mentalität der Wikinger, dass die Praktizierenden der alten Wege ihren Glauben nicht so systematisch gesehen haben, wie wir das automatisch machen. Wir werden ganz nervös, wenn wir kein rundes, in sich geschlossenes System vorfinden. Es gab immer lose Enden, Ecken und Kanten, es musste nicht alles fein säuberlich einsortiert werden, das Leben selbst war (und ist) doch auch nicht ohne Widersprüche, Lücken oder blinde Flecken.

Die Mythen waren lebendig, man sah sie direkt in der Natur. Thor war zum Beispiel nicht einfach nur der Gott mit seinem Hammer und den beiden Ziegen, man sah ihn wirklich am Himmel, wenn es donnerte und blitzte. Das ist ein großer Unterschied: Man kann Mythen vom Kopf her betrachten oder direkt im Wirken der Natur und des Menschen erkennen.

Wir sind die Wissensvermittlung in Form von Geschichten und Mythen nicht mehr gewohnt. Dadurch kommt uns eine bildhafte Sprache, die in Symbolen spricht, so vor, als wären das alles nur Fabelwesen und Märchengestalten. Daher lohnt es sich abzugleichen: Was passiert hier genau in der Geschichte? Wie fühlt es sich an, wenn ich es einfach mal in andere Worte packe? Wo finde ich diese Geschichte in der Natur wieder? Wenn zum Beispiel Demeter aus Kummer die Erde verdorren lässt, weil ihre Tochter gerade wieder ihre jährliche Zeit in der Unterwelt verbringt, ist das nichts anderes als ein Bild für den Wechsel der Jahreszeiten. Diese Dinge wurden früher noch persönlich gedacht, es waren keine anonymen Erscheinungen.

Mit einer Prise Humor geht alles leichter

Dieser Ratschlag ist einer der wichtigsten auf dem spirituellen Weg: Werde nicht verbissen, lache auch mal über dich selbst und über das Leben. Speziell wenn du dich dabei erwischst, (mal wieder) alles ganz besonders richtig machen zu wollen. Wir müssen der Realität in die Augen schauen. Wir leben nicht in einer Kultur, in der man von klein auf mit spirituellen Dingen zu tun bekommt. Wir leben in einer Kultur, in der man als »verrückt« angesehen werden kann, wenn man ein bisschen mehr vom Leben haben möchte als Arbeiten, Shoppen, Selbstoptimierung.

Vergiss also nie, über dich zu schmunzeln. Sei nicht zu hart mit dir. Spüre immer mal hinein, ob du gerade gelöst oder eher angespannt bist. Manchmal ist der einzige Fehler, dass man sich keine Fehler zugesteht. Wer hat das nicht auf die ein oder andere Art erlebt: Man freut sich, mit einem Weg zu beginnen, doch kurz darauf hat man einen Knoten im Kopf, alles wird schwer und zäh und man zweifelt, ob die Sache wirklich passend ist, ob man den richtigen Weg gewählt hat.

Dieser Zweifel ist ein guter Freund, weil er dich innehalten lässt. Du kannst abklopfen, ob der Weg nicht stimmig ist, diese Möglichkeit besteht immerhin. In vielen Fällen wirst du aber auf etwas anderes stoßen: Du bist zu hart zu dir, du erwartest Dinge von dir, in die du noch gar nicht hineingewachsen bist. An solchen inneren Wegkreuzungen lohnt sich die Frage: Wenn ich jetzt völlig gelassen und entspannt wäre, würde es sich immer noch falsch anfühlen? Wenn du merkst, dass es eigentlich sehr gut passt und nur aus anderen Gründen blockiert ist, dann grabe deinen Humor aus und werde wieder weich und gelassen.

Offene Einladungen aussprechen

Manchmal hilft es, offene Einladungen auszusprechen, wenn man nicht weiß, welche Wesenheit für ein Thema geeignet oder an einer Zusammenarbeit interessiert ist. Die meisten gehen mit viel Liebe an diese Dinge heran, man beliest sich, man fragt eventuell andere Praktizierende und doch steht man manchmal wie vor einer Wand und es ist schwer zu erkennen, mit welcher Kraft man sich verbinden kann, um weiterzukommen.

Gestalte in so einem Fall ein kleines Ritual. Es sollte die vier Elemente enthalten, zum Beispiel in Form eines Teelichts, einer Feder, eines kleinen Glases Wasser und eines hübschen Steins.

Ritual der offenen Einladung

Es gibt verschiedene Systeme, die genannten Gegenstände anzuordnen. Am gebräuchlichsten ist bei uns: Den Stein legst du für das Element Erde in den Nor-

den, das Glas Wasser stellst du in den Westen, das Teelicht in den Süden und die Feder legst du in den Osten.

Stell in diesen Kreis hinein etwas Räucherwerk, hier sind reinigende Düfte besonders gut geeignet, denn letztendlich willst du mit dem Ritual wegputzen, was zwischen dir und der hilfreichen Wesenheit steht, du willst die Mauer einreißen. Hilfreiche Düfte wären zum Beispiel Lavendel, Elemi, Minze oder Rosmarin.

Schnipse mit den Fingern ein wenig des Wassers über deinen Ritualplatz und dich selbst, um euch zu reinigen. Entzünde dann das Teelicht und bring das Räucherwerk zum Glimmen. Reinige alles, indem du es um dich selbst herum und über dem aufgebauten Ritual schwenkst.

Rufe nun zuerst eine Wesenheit, die du gut kennst und der du vertraust. Sie übernimmt sozusagen die Partnervermittlung. Wenn du dir nicht sicher bist, kannst du immer deinen Schutzengel ansprechen. Wer eher schamanistisch/animistisch arbeitet, kennt vermutlich ein Krafttier oder einen ähnlichen Verbündeten, der gern weiterhilft. Dieser Zwischenschritt ist wichtig, du möchtest ja nicht irgendeinen spitzbübischen Blender-Spirit anlocken, der gerade in der Gegend ist, dich hört und sich als hilfreiche Kraft präsentiert, aber in Wirklichkeit nur Unfug im Kopf hat.

Bitte deinen Schutzengel oder die hilfreiche Kraft, die du gewählt hast, dich zu unterstützen und dich, so bald es möglich ist, mit der passenden hilfreichen Wesenheit für dein Anliegen in Kontakt zu bringen. Bitte darum, dass es auf eine Art und Weise passiert, die du gut verstehen und erkennen kannst. Auch das ist ein wichtiges Detail, manchmal vergessen »die da oben« unsere menschlichen Beschränkungen und es ist gut, noch einmal darauf hinzuweisen.

Es ist wie so oft: Die wirklich guten Sachen sind einfach, man muss sie nur machen. Die guten Geister hängen sich nicht ungefragt bei uns rein. Wir müssen um Hilfe bitten und unseren Wunsch nach Weiterentwicklung zum Ausdruck bringen.

Pantheons und Traditionen mischen? – Ja, nein, vielleicht?

Bei der Frage nach gemischten Traditionen müsste man natürlich zuerst mal eine reine Tradition finden. Das könnte schwierig werden. Sei es durch Wanderungen, Kriege, Handel oder einen Wandel der Traditionen selbst: Eine »reine« Tradition wird man selten finden und in vielen Teilen der Welt nimmt man das auch nicht so schwer.

Denken wir an die Antike mit ihren Götter-Verschmelzungen, wie dem gallischen Merkur, an den Tempel des Mithras im antiken London oder an Isis am Rhein. Die Götterwelt der Menschen spiegelt ihre Lebensrealität. Das muss auch so sein, wenn es authentisch sein soll. Vieles am Reinheitsgedanken heutiger Strömungen erinnert eher an eine kirchliche Philosophie als an die tatsächliche Antike. Noch im römischen Reich und weit davor gab es einen starken kulturellen Austausch. Selbst die Wikingerinnen gingen zu Sámi-Schamanen, um ihre spirituellen Künste zu perfektionieren.

Wir dürfen nicht vergessen, dass es früher keine Nationalstaaten im heutigen Sinne gab, eher Stämme und Königreiche. Bereits aus der Jungsteinzeit vor 25000 Jahren fand man in Deutschland Schmuck aus dem heutigen Frankreich und Italien (manche Dinge ändern sich anscheinend nie). Da war schon immer ein lebhafter Austausch.

Und doch ist nicht alles beliebig, es kommt auf die jeweilige Tradition an. Nehmen wir die Gottheiten der Antike. Sie sind es historisch durch die Ausdehnung des Römischen Reichs gewohnt zu wandern und in unterschiedlichen Gegenden unterschiedlich verehrt zu werden. Es ist sicher kein Zufall, dass das moderne Hexentum oft und gut mit ihnen zusammenarbeitet. Es gibt aber auch Traditionen, die man am besten pur und unverfälscht lässt. Gerade wenn man von anderen Kulturen lernt, kann das feste Rituale im Umgang mit Geistwesen und klare Hierarchien bedeuten. Für hiesige Praktiker ist das ungewohnt. Einige traditionelle Wege haben zudem Schutzgeister, die für ein unangenehmes Nachspiel sorgen, wenn Dinge verfälscht werden.

Was uns hierzulande meist nicht klar ist: Verfälschungen schaden auch den Lehrern. Wir denken an dieser Stelle, wieder einmal, viel zu getrennt: Hier habe ich neues Wissen, was ich damit mache, betrifft nur mich selbst. Doch im traditionellen Verständnis kriegen auch die Lehrerinnen und Lehrer energetische Querschläger ab, wenn ihre Schüler mit dem Wissen respektlos umgehen. Alles ist mit allem verbunden.

Ich würde empfehlen: Mach dich schlau, ob die Wesenheiten, mit denen du arbeiten willst, aus einer eher strengen oder lockeren Tradition stammen. Wenn es von Natur aus locker zugeht, gibt es selten Probleme. Wenn es eine formelle Tradition ist, halte dich um Himmels Willen an die Formalitäten.

Kultureller Diebstahl und das Thema Aufrichtigkeit

Diese Punkte werden vielschichtig diskutiert und sollten auch im spirituellen Bereich bedacht werden. Ich möchte an dieser Stelle keine neuen Baustellen aufmachen, sondern auf etwas Praktisches hinweisen: Wenn dich der traditionelle Weg einer bestimmten Kultur interessiert, suche nach Leuten, die dieser Tradition entstammen und sie dir nahebringen können. Also keine zusammengestrickten Informationen aus dem Internet, sondern echte Menschen. So können die Lehrerinnen auch unter die Lupe nehmen, ob sie dich als geeignet ansehen, ihr Wissen zu empfangen, und wie viel dieses Wissens für dich zum aktuellen Zeitpunkt passend ist.

Die Wesenheiten alter Kulturen sind oft anders als das, was wir erwarten. Es gibt vielleicht bestimmte Protokolle, seit vielen Jahrhunderten etabliert, die man beachten muss. Oft gibt es vorbereitende Übungen, die den Geist reinigen, damit man überhaupt aufnahmefähig wird für die Energien, mit denen man sich verbinden möchte. Einige westliche Suchende mussten die Erfahrung machen, dass es nicht lustig ist, wenn ein traditioneller Spirit sauer wird, weil er unangemessen behandelt wurde. Diese Dinge sind echt, sie sind kein Spielzeug und kein Trend.

Traditionelle Schamanen machen sich nach meiner Erfahrung weniger Sorgen um das Thema kulturelle Aneignung als darum, dass wir uns in Schwierigkeiten bringen, wenn wir traditionelle Praktiken ausprobieren und nicht wirklich wissen, was wir da gerade heraufbeschwören. Durch das Internet ist es leicht, der Illusion zu unterliegen, man wäre bereits mit einem Weg verbunden, wenn man in Wirklichkeit nur ein paar Informationen darüber zusammengetragen hat. Traditionell wird zuerst geprüft, ob das Wissen für die jeweilige Person geeignet ist. Weil man es auch »tragen« können muss, sonst kann es das Leben der Lernenden aus der Balance bringen.

Wenn dir die Suche nach authentischen Lehrenden zu umständlich ist, kann deine Liebe zu einem Weg nicht so groß sein wie gedacht. So gesehen ist das ein guter Prüfstein, ob dir dieser Weg wirklich wichtig ist oder ob es nur eine fixe Idee ist und es dich eigentlich in andere Richtungen zieht. Das ist zum Schluss eine gute Sache, die verhindert, dass du überall und nirgendwo landest.

Die Idee von Leitkräften im Leben

In heidnischen Kreisen hört man oft von patron oder matron deities, also Hauptgottheiten, die für manche die tragende Kraft im Leben sind. Auch in anderen Kulturen kennt man dieses Prinzip. So wäre zum Beispiel Ishta Deo bei nepalesischen Jhankris (Schamanen) der persönliche Hauptgeist, der sie beschützt. So wäre es der Orixa cabeça in den afrobrasilianischen Traditionen, der ähnliche Eigenschaften wie seine menschlichen Kinder hat und sie durchs Leben führt.

Bei uns findet man diese Idee noch bis in die Renaissance hinein mit den Planetenkindern. Die Grundidee dahinter ist, dass jeder Mensch besonders stark von einem der klassischen sieben Planeten beherrscht wird, was sich in seinen Eigenschaften, Vorlieben und Möglichkeiten zeigt. Eine kunstsinnige Venus-Persönlichkeit wird sich bei einer Wrestling-Veranstaltung alles andere als wohlfühlen, dafür wird sie einen cholerischen Chef besänftigen und um den Finger wickeln können (ob ihr das guttut, steht auf einem anderen Blatt, sie braucht eigentlich Harmonie in jedem Sinne).

Es gibt in vielen Traditionen die Idee, dass jeder Mensch mindestens eine Leitkraft hat, die ihm ähnlich ist. Übrigens auch in den kleinen Fehlern und Eigenheiten. Die Idee von perfekten Über-Wesenheiten ist selten dabei. Oder sagen wir so: Es gibt diese überragenden Wesenheiten, aber sie sind jenseits unserer Sphäre und meist mit dem großen Ganzen betraut, das über unserer Vorstellungsfähigkeit liegt.

Wenn du diese spezielle Wesenheit für dich herausfinden möchtest, hilft es, zuerst einmal zu schauen, wer du selbst bist, welche Eigenschaften du hast und wie du im tiefsten Herzen tickst. Das braucht seine Zeit und es ist auch wichtig zu sagen, dass viele Wege zum Glück führen. Nicht für jeden ist eine einzige Wesenheit der Dreh- und Angelpunkt im Leben. Es ist weder besser noch schlechter, wenn man mit einer bestimmten Leitkraft arbeitet. Manche erleben, dass sie phasenweise bestimmten Kräften nahe sind, die später wieder einen Schritt zurücktreten. Diese Dinge sind sehr persönlich und lassen sich nie vergleichen.

Zwei Hinweise für Phasen von Unsicherheit und Unklarheit

Es kann vorkommen, dass man sich auf dem spirituellen Weg verheddert und vor der Frage steht, was wirklich wichtig ist und mit wem man tatsächlich verbunden ist. Egal, wie viele schlaue Tipps man kennt, egal wie sicher man sich früher war, auf einmal fühlt sich alles vage und ungewiss an. Manche nehmen an, dass sie etwas falsch machen würden, aber nach meiner Beobachtung passiert so etwas vor allem denjenigen, die ernsthaft suchen. Wenn der eigene Weg eine oberflächliche Trend-Geschichte ist, wird man diese Tiefen gar nicht kennenlernen.

Sehr oft kommen diese vagen und schwammigen Phasen vor einem Sprung auf eine neue Ebene. Die guten Geister würfeln alles durcheinander, damit man das Alte ein Stück weit loslässt und sich für neue Dinge öffnet, für die man nun bereit ist. Bleib in solchen Phasen offen und neugierig. Ein Durcheinander muss eben gerade nicht bedeuten, dass etwas nicht stimmt, sondern kann eine Weiterentwicklung anzeigen. Der alte Nietzsche hat das in seinem Buch Also sprach Zarathustra gut beschrieben: »Man muss noch Chaos in sich haben, um einen tanzenden Stern gebären zu können.«

Aber wie praktisch mit diesem Chaos umgehen? Ich kenne solche transformierenden Phasen ebenfalls gut und habe dann vieles weggeräumt. Natürlich liebe- und respektvoll. Die Figuren, Gegenstände und Bücher (ich lese in solchen Zeiten auch nichts Spirituelles, um unbeeinflusst den Kern der Dinge zu finden) werden liebevoll verpackt und beiseite geräumt. Du solltest auf keinen

Fall etwas wegräumen, das dir klar signalisiert, dass es bei dir ist. Es geht nicht darum, radikal Tabula rasa zu machen, aber was nicht deutlich »funkt«, dass es mit an Bord ist, kommt erst einmal beiseite. Damit machst du deutlich: Keine halben Sachen, Fokus auf das Wesentliche!

Danach wartest du ab. Du kannst in dieser Zeit häufiger meditieren oder zum Beispiel viel spazieren gehen, um dich innerlich zu sortieren. Oft ist es hilfreich, völlig »unspirituelle« Sachen zu machen. Schau mal wieder eine Serie, geh mal wieder abends aus, räum die Wohnung um, widme dich kulinarischen Abenteuern oder was auch immer dein Herz begehrt. Mit der Zeit kehrt Ruhe ein und es werden sich die Wesenheiten melden, die zu dir gehören. Vieles findet man in der Stille, im nicht Angestrengten.

Um die zweite Möglichkeit weiß auch der Volksmund: »Wenn's donnert wachen die Gebetsbücher auf« heißt es da. Wenn es hart auf hart kommt, merkt man ebenfalls, wer wirklich zu einem gehört und was vielleicht ganz nett ist, aber keine feste Größe im eigenen Leben darstellt. Ich habe von vielen gehört, dass sie in der Pandemie-Zeit zu größerer spiritueller Klarheit gefunden haben. In der Not erkennt man die wahren Freunde – das gilt auch für Wesenheiten, die einem wirklich Halt geben, bei denen man sich anlehnen kann und die dafür sorgen, dass es weitergeht.

Frage dich, an wen du dich wenden würdest, wenn dein Leben in eine ernsthafte Schieflage geraten würde. Wenn die Gesundheit, der Job, Freundschaften oder die Familie in Schwierigkeiten wären. Wem würdest du dann vertrauen? Welche Kraft würdest du rufen? Und umgekehrt: Wer wäre nicht mehr so wichtig?

Natürlich muss man nicht radikal alle Nebenwege abbrechen. Es gibt Wesenheiten, mit denen man nur hin und wieder verbunden ist oder zu denen die Verbindung sehr leichtfüßig und eher unverbindlich ist. Auch das kann Freude machen. Aber wenn es »donnert«, sollte man wissen, an wen man sich wenden kann, und hat im besten Fall eine ausgebaute Beziehung zu diesen Kräften.

Spiritueller Welpenschutz

Gerade Anfängerinnen haben oft Bedenken, dass sie Fehler machen und es sich mit den Wesenheiten ihrer Wahl verscherzen könnten. Daher möchte ich etwas erwähnen, das ich als spirituellen Welpenschutz bezeichne. Mir wurde von traditionellen Lehrerinnen und Lehrern bestätigt, dass es sich auch aus ihrer Sicht so verhält.

Wer neu mit spirituellen Dingen anfängt, braucht im Grunde nur eine offene Einstellung und ein gutes Herz. Die praktische Erfahrung zeigt: Wer etwas noch nicht besser weiß, dem werden Fehler verziehen. Außer man würde sich gleich zu Beginn mit ungestümen und grimmigen Wesenheiten einlassen, was für Anfänger sicher kein Thema ist.

Sobald man »weiß«, wird von einem erwartet, dass man es ordentlich macht. Doch auch hier gibt es fließende Linien. Wenn beispielsweise berufstätige Eltern oder pflegende Angehörige abends nur noch ein Teelicht anzünden können für einen Notfall und keine Energie mehr für ein komplettes Ritual haben, wird das in Ordnung gehen.

Es geht hier nicht um künstliche Härte, sondern um das echte Leben. Die Spirits sehen, was los ist. Wenn man jedoch lieber gemütlich Serien guckt, anstatt ein Ritual ordentlich vorzubereiten, wird auch das gesehen.

Die »dunkle Seite der Macht«

Manchmal ist da eine Befürchtung, die sprichwörtliche Büchse der Pandora zu öffnen, wenn man sich mit spirituellen Dingen befasst. Doch rein praktisch betrachtet sind wir alle mit der spirituellen Ebene des Lebens verbunden, die einen bewusst, die anderen unbewusst. Es liegt auf der Hand, dass es von Vorteil ist, bewusst durchs Leben zu gehen. So wird man nicht hilflos in seiner kleinen Nussschale über die Wellen des Lebens getragen, sondern hat ein Ruder in der Hand, um die Reise zu steuern. Schauen wir uns also an, was es zu dunklen Kräften und bewusst gezogenen Grenzen zu sagen gibt und rücken wir ein paar falsche Vorstellungen zurecht.

Alles Einhorn-Konfetti? Nein, das Universum hat nicht nur darauf gewartet, uns zu Diensten zu sein

In esoterischen Kreisen gibt es oft die Vorstellung, dass alles, was sich auf der spirituellen Ebene abspielt, nur darauf wartet, uns zu helfen. »Spirituell« wird gleichgesetzt mit »gut« und »hilfreich«.

Im Gegensatz dazu findet man in traditionellen Kulturen ein vielschichtiges Bild. Die Balance der Kräfte kann viel Fingerspitzengefühl erfordern. Es gibt Plätze, die man nicht betreten sollte, für vieles gibt es Tabus und Vorschriften, deren Übertretung Probleme nach sich ziehen kann. Schon bei der Wahl des richtigen Zeitpunkts können einige Fallen lauern und selbst hilfreiche Geister haben mitunter feurige und ungezähmte Aspekte, die nicht immer leicht zu händeln sind. Es gibt Schamanen, die ihre Hilfsgeister im Blick behalten müssen, weil sie sonst auf eigene Faust auf Menschen losgehen, von denen sie sich beleidigt fühlen, zum Beispiel wenn sich Ratsuchende unhöflich verhalten haben.

Diese unterschiedlichen Perspektiven haben auch mit den äußeren Umständen zu tun. Ich denke zum Beispiel an das bereits erwähnte Volk der Ultschen, das vor der Ankunft der modernen Medizin eine Kindersterblichkeit von 80 Prozent hatte. In hiesigen Kreisen wird gern auf der westlichen Welt herumgehackt (sicher nicht ganz zu Unrecht) und ein traditionelles Leben herbeigesehnt. Aber ein wirklich traditionelles Leben ist in vielen Aspekten ein hartes Leben und das spiegelt sich auch auf der spirituellen Ebene.

Wenn wir an Krankheitsdämonen und sonstige Übeltäter unserer Sagen und Überlieferungen denken, lässt sich sagen, dass wir sie ein Stück weit auf der ganz realen Ebene mithilfe besserer Lebensbedingungen besiegt haben. Heißt das, dass wir keine Probleme mehr hätten? Sicher nicht, sie haben sich vor allem in den emotionalen und seelischen Bereich verlagert. Da sind auch noch die Altlasten aus den Kriegen, die auf unserem Boden stattgefunden haben. Bis heute entdecke ich beim Kartenlegen manchmal, dass die Probleme einer Familie mit Geschehnissen aus dem Zweiten Weltkrieg zu tun haben, die sich in ihrer direkten Umgebung abgespielt haben.

Und natürlich gibt es auch bei uns Neid, böse Gedankenpfeile, Klatsch und Tratsch oder man kann sich einen Gegenstand ins Haus holen, der die gute Energie untergräbt. Viele wissen beispielsweise nicht, wie wichtig es ist, die Gegenstände von Verstorbenen (Stichwort Erbstücke) gründlich zu reinigen. Auch bei uns gibt es eine Menge zu tun und darum soll es im Folgenden gehen. Denn bei allen Unterschieden sind sich traditionelle und westliche Praktiker in einem einig: Eine gute Balance der Kräfte ist die Basis für Glück.

Wie sicher ist es, sich mit der geistigen Ebene zu befassen?

Im Gegensatz zur landläufigen Vorstellung begibt man sich nicht erst in den spirituellen Bereich, wenn man anfängt, sich aktiv damit zu beschäftigen. Man war schon immer drin. Dann doch lieber bewusst, nicht wahr? Zumal es, bei Lichte betrachtet, auch Spirits sind, die uns vor negativen Wesenheiten beschützen.

Wir alle haben zunächst erst einmal eine innere Stimme. Wenn du auf sie hörst, kann wenig schiefgehen. Was Leute auf dem spirituellen Weg aus der Balance bringen kann, sind vor allem falscher Ehrgeiz, ungestillte Sehnsüchte und innere Projektionen, mit denen Dinge idealisiert oder umgekehrt abgewertet werden.

Es ist unser inneres Gepäck, das die Reise holprig macht.

Manchmal wussten wir noch nicht genug über einen Weg und stellen auf halber Strecke fest, dass es nicht passt. Vieles lernt man eben erst im echten Leben, nicht beim Trockenschwimmen in Büchern und im Internet. Das ist keine Schande, auch auf diese Weise lernen wir. Es ist wichtig, auf die Intuition zu hören und seinen guten Geistern zu vertrauen, auch wenn das manchmal bedeutet, dass wir zurückrudern müssen.

Streng genommen ist es nicht so, dass wir uns unsere Spirits und Wege aussuchen, in gewisser Weise suchen sie uns aus und sie passen auf, dass wir nicht irgendwo verloren gehen. Ein buddhistischer Freund hat es so beschrieben: Aus Sicht des Buddhismus hat jeder Mensch sein Karma. Das sind Samen, die man in dieses Leben mitbringt und die reifen können, wenn man sie pflegt. In seiner Tradition gibt es dafür den Ausdruck »selbst-geheim«. Das bedeutet: Wir können uns Methoden, spirituelle Wege oder Traditionen nur dann tiefergehend erschließen, wenn wir die passenden Samen mitbringen. Natürlich können wir auch von Traditionen lernen, die nicht in uns veranlagt sind. Aber die Wege, zu denen wir eine innere Nähe haben, sind diejenigen, bei denen es »klick« macht und für die wir eine natürliche Offenheit mitbringen.

Spirituelle Verbindungen sind nichts Willkürliches, das du dir frei nach Gusto aussuchst. Das bedeutet nicht, dass du nicht auch mit anderen Wegen oder Wesenheiten arbeiten kannst. Hier geht es um das Kern-Team, das dich begleitet und das ein Veto-Recht hat, wenn du bestimmte andere Wesenheiten oder Traditionen hinzunehmen willst, die es nicht befürwortet. Es gibt gute Gründe dafür, auch wenn du sie nicht sehen kannst. Wir kennen als Menschen nur einen begrenzten Ausschnitt der Wirklichkeit in all ihren Facetten. Unsere treuesten Begleiter wollen uns nicht von Erfahrungen abhalten, im Gegenteil. Sie wollen uns beschützen, wenn wir aus den unterschiedlichsten Gründen (noch) nicht wissen, dass etwas für uns nicht gut ist. Sie lassen uns in vielem eine lange Leine, um Erfahrungen zu sammeln, zu lernen und die Welt zu entdecken. Aber irgendwo kommt der Punkt, an dem der spirituelle Raum endet, der gut und passend für uns ist.

Unstimmigkeiten auf dem eigenen Weg sind etwas, das du gut über körperliche Zeichen erkennen kannst. Das können angespannte oder blockierte Gefühle sein, manche bekommen Schlafstörungen oder ein flaues Gefühl im Magen. Viele spüren auf Höhe des Solarplexus, wenn etwas nicht stimmig ist. Er scheint plötzlich unter Strom zu stehen, Nervosität und Gefühle von geistiger Enge machen sich breit.

Du musst also nicht der perfekte Mensch sein, du musst nicht vorher schon wissen, wohin die Reise geht. Es ist nur wichtig, während der Reise die Augen offen zu halten, wenn etwas unstimmig ist. Andere sind zum Beispiel fahrig, unruhig und schnell gereizt, wenn sie sich vergaloppieren. Das alles sind Zeichen, dass man sich nicht in seiner Mitte befindet.

Darauf möchte ich auch deshalb hinweisen, weil es heutzutage eine Denkweise gibt, nach der man ständig raus aus der Komfortzone muss, nur dann könne man etwas erreichen. Wer so denkt, überhört oft mutwillig die Zeichen des Körpers, die innere Stimme und die guten Geister. Natürlich können spirituelle Erfahrungen Herausforderungen enthalten. Sie können dich, bildlich gesprochen, zum Wackeln bringen, damit du wächst und deine Balance stärker wird. Aber wenn sie dich komplett aus der Mitte herausreißen, läuft etwas schief.

Natürlich gibt es Menschen, die an Extremen wachsen, die wilde Geschichten erleben und erstaunliche Wege gehen. Die deutliche Mehrheit braucht all diese Dinge aber gar nicht, um ihren Weg zu finden. Man kann das nämlich auch andersherum betrachten: Manchmal sind diese Leute mit ihren spektakulären Erfahrungen eher zu bemitleiden, weil sie so viel auf sich nehmen müssen, um das zu erreichen, was für andere ganz natürlich in der Nähe liegt.

Praxistipp: Die Verbindung zu deinem Kern-Team pflegen

Wie also pflegst du einen guten Kontakt zu deinem spirituellen Team, das bei Bedarf die Ritterrüstung überstreift und dich beschützt? Das Wichtigste ist auch das Naheliegendste: Höre auf sie. Höre auf deine Intuition, dein Bauchgefühl, die körperlichen Wahrnehmungen und spontanen Gedanken. Da diese Empfindungen meist keine Begründung mitliefern, fällt es einigen anfangs schwer, darauf zu vertrauen. Man muss es üben. Wenn man müde, hungrig oder abgespannt ist, werden negative Gefühle übrigens eher daher rühren als von geistigen Botschaften. Wenn man sein inneres Team ständig überhört, zieht es sich mit der Zeit zurück und die Stimme der Intuition verstummt. Man kann es nicht einfach bei Bedarf anknipsen, man muss damit leben.

Die geistigen Vertrauten verlassen dich nie ganz, sie entfernen sich nur. Belebst du den Kontakt neu, werden sie sich bald wieder einfinden.

Dabei ist eine möglichst tägliche Praxis der Schlüssel und ich weiß, was die meisten dann denken: Mein Tag ist von vorn bis hinten vollgepackt, bitte nicht noch eine Selbstoptimierungs-Aufgabe obendrauf. Ich meine aber keine tägliche Praxis in dieser Richtung. Hier geht es um ein natürliches Bedürfnis. Du kannst morgens beim Aufwachen oder abends beim Einschlafen innerlich mit deinem Team reden. Es geht nicht um eine halbe Stunde, schon drei Minuten ehrlicher und aufrichtiger Kontakt machen einen Unterschied.

Wenn du es formaler halten möchtest oder dir visuelle Erinnerungen helfen, kannst du ein Foto oder eine Figur auf deinen Altar oder an eine schöne Stelle in deiner Wohnung stellen, das dich an dein Team erinnert. Das müssen keine direkten Abbildungen von spirituellen Dingen sein, manche erinnert eine Postkarte mit einem Sonnenaufgang an die eigenen Beschützer und Weg-Wächter (ganz wörtlich). Jemand anderes nimmt vielleicht eine kleine Schutzengel-Figur, eine bestärkende Erdgöttin aus Ton, ein Bild aus der Kunst oder die Abbildung eines Krafttiers, das ihm schon länger vertraut ist. Wichtig ist nur, dass du innerlich das Gefühl hast: Das passt, das steht für die Kräfte, die meinen Weg kennen und mich an ihn erinnern werden, wenn ich ihn nicht sehen kann.

Übrigens, weil das manchmal ein Stolperstein sein kann: Du musst dein Team nicht in allen Einzelheiten benennen können. Wenn du ein Gefühl dafür hast, dass sie da sind, reicht das für den gemeinsamen Start. Es ist nicht entscheidend, welche äußeren Bilder und Namen du für diese Energien hast, solange du sie spüren kannst.

Gefahren, um die unsere Vorfahren noch wussten

Wer sich im Brauchtum, der Volksmagie oder anderswo auf der Welt umschaut, wird feststellen, dass Geistwesen ambivalent betrachtet werden. Selbst helfende Wesenheiten können Ecken und Kanten haben, die man beachten muss. Im Gegensatz dazu findet sich in der modernen westlichen Spiritualität ein Streichelzoo der Krafttiere, es wimmelt nur so vor hilfreichen Engeln, Naturgeistern und Energien. Wie geht das zusammen? Warum hat sich die Wahrnehmung derart verändert? Und vor allem: Übersehen wir etwas, das wir besser nicht übersehen sollten?

Wie erwähnt, ist unser Leben um einiges leichter geworden. Um 1880 herum lag die durchschnittliche Lebenserwartung in Deutschland bei etwa 35 Jahren. Wenn Tod und Krankheit so allgegenwärtig sind, sieht man das Leben mit anderen Augen. Damals war es nachts wirklich dunkel, wenn nicht gerade der Mond schien. Wer abgeschieden in der Natur lebt, kann auch heute noch Erlebnisse haben, die Stadtmenschen so nie begegnen werden und die nicht immer freundlich sein müssen.

Wer sich mit altem Wissen beschäftigt, kann es außerdem kaum übersehen: Warum wurde damals so umsichtig mit allem umgegangen, das mit Verstorbenen zu tun hat? Wohin sind die ambivalenten und gefährlichen Naturgeister verschwunden? Wo doch auch heute noch Menschen Unfälle in der Natur erleiden, die sich niemand richtig erklären kann, weil da eigentlich gar nichts hätte passieren können. Es geht um diese kleinen Lücken im Gewebe, um die Momente, in denen etwas anderes zupackt und das Unwahrscheinlichste auf einmal passiert. Die Augenblicke, die plötzlich alles verändern, in denen eine Kraft unerwartet in eine Situation einsteigt und sie zum Schlechten wendet. Nicht selten passiert das mit Ansage. Man hatte doch gleich so ein komisches Gefühl, warum hat man bloß nicht darauf gehört?

Wenn man ins Brauchtum schaut, und da muss man nicht besonders weit zurückgehen, sieht man schnell, dass es viel Abwehrzauber gab. Man muss also die Natur und/oder die Geister durchaus für fähig gehalten haben, Schaden anzurichten. Das gilt auch für die Ahnen. Ahnenverehrung hat oft auch einen Aspekt in Richtung: Bleibt ihr mal schön zufrieden da, wo ihr jetzt seid, und tut uns nichts.

Geistwesen können also, je nach ihrer Art, gut, schlecht oder ambivalent sein. Gut oder schlecht sind natürlich menschliche Wertungen. Die Wesenheiten sind vor allem ihrer eigenen Agenda verpflichtet. Bei manchen lautet diese Agenda: Helfen und die Weiterentwicklung fördern. Dann wird alles gut gehen (wobei auch sie manchmal nachdrücklich werden können, wenn jemand zum Beispiel eine neue Entwicklungsstufe verweigert).

Vielleicht ist es an dieser Stelle hilfreich, wenn man sich die Feen und Naturwesenheiten, all die großen und kleinen Kräfte, die uns umgeben, einmal nicht als Personen vorstellt (also so, wie sie oft gemalt wurden), sondern wirklich nur als Kräfte und Energien mit ihrer eigenen Form von Bewusstsein. Ich möchte den Dingen damit nicht ihren Zauber nehmen, aber wenn man in Märchenbildern denkt, könnte man das Ganze für Fantasiegeschichten halten.

Auch in unserer Zeit haben viele Menschen Erfahrungen mit dieser Ebene. Sei es die Armbanduhr, die in der Minute stehenbleibt, in der der alte Vater verstirbt. Sei es der Armbruch bei einem Sportunfall, wenn man den ganzen Tag vorher so ein unerklärliches Gefühl hatte, dass man den Sport heute lieber lassen sollte. Aber man hatte keine logische Begründung für das Gefühl, also hat man es doch getan und ärgert sich abends im Krankenhaus, dass man nicht auf die innere Stimme gehört hat.

Viele Menschen kennen solche energetischen Erlebnisse von Wanderungen und Spaziergängen. Ein Teil des Waldes fühlt sich einladend an, es ist idyllisch, man fühlt sich wohl. Dann kommt plötzlich eine Wegstrecke, auf der die Luft kühler zu werden scheint, man fühlt sich irgendwie beobachtet, es ist, als würde die Energie plötzlich dichter. Die Schritte werden ganz von selbst schneller und man ist erleichtert, wenn man diesen Teil des Weges hinter sich gebracht hat.

Praxistipp: Bewusst Gutes und Wohlmeinendes einladen

Am besten ist es, wenn man sich negative Energien und Wesenheiten gar nicht erst an Land zieht. Sich mit positiven Wesenheiten zu verbünden ist auch ein Selbstschutz. Wenn alles mit Gutem ausgefüllt ist, wenn da – bildlich gesprochen – kein Loch in der Wand ist, durch das das Schlechte hereinkommen kann, hat man bereits viel erreicht.

Die ständigen Reinigungs- und Versöhnungsrituale in traditionellen Kulturen haben viel damit zu tun, diese Löcher in der Wand zu stopfen und die kleinen negative Anhaftungen des Alltags gar nicht erst zu relevanter Größe anwachsen zu lassen.

Für die spirituelle Arbeit gibt es zudem eine Sicherheitsmaßnahme, die dir von vornherein jede Menge Ärger vom Hals halten kann: Rufe die Wesenheiten, die dich lieben. Rufe die Ahnen, die dich lieben, die Gottheiten, die dich lieben … Damit schließt du unliebsame Überraschungen aus und definierst klar deinen Raum.

In der Arbeit mit verbündeten Wesen ist so etwas nicht unbedingt nötig. Sagen wir, du arbeitest seit vielen Jahren mit einer bestimmten Göttin gut zusammen. Dann ist alles bestens. Man muss also nicht überall ein mögliches Übel wittern. Aber wenn du gerade in einer Veränderungsphase auf deinem spirituellen Weg bist, wenn es neue Impulse gibt, die du noch nicht wirklich einschätzen kannst, oder wenn dein Gegenüber von Natur aus vielschichtig ist (wie zum Beispiel die Ahnen), ist es eine gute Sache, wenn du klar benennst, dass nur diejenigen erwünscht sind, die dir wohlgesonnen sind.

Gesunde Grenzen ziehen

Manchmal ist es nötig, sich übel meinende Energien vom Leib zu halten und aus dem Leben zu verbannen. Es gibt vermutlich wenige Dinge, die noch nie in irgendeiner Form zum Abwehrzauber verwendet wurden. Kräuter, Steine, Fossilien, Metalle, in alter Zeit auch Gegenstände tierischen Ursprungs, wie Hörner, Schädel, Krallen und Zähne. Alles, was stark und wehrhaft genug wirkte, um Eindruck zu machen, wurde verwendet.

Die folgende Liste ist also nicht allumfassend, man könnte mehrere Bände nur mit Abwehrzaubern füllen und hätte längst nicht alles dabei. Ich habe besonders bewährte, effektive und zugängliche Dinge ausgewählt. Das Ei einer schwarzen Henne oder eine seltene Pflanze, vor Sonnenaufgang schweigend gepflückt, so etwas ist für viele Menschen nur begrenzt praktikabel.

Gegenstände aus Eisen

Gegenstände aus Eisen (dazu zählt auch Stahl) gelten seit jeher als abwehrend und beschützend. Das zieht sich manchmal bis in die kleinsten Details hinein, wie eine Nadel, die man im Kinderwagen sicher unter der kleinen Matratze versteckt, damit das Kind nicht von den Energien spontan in den Wagen schauender Fremder getroffen wird. Wenn junge Mütter instinktiv nicht möchten, dass fremde Leute ihr Baby anfassen oder auch nur ansprechen und intensiv anschauen, spüren sie Gefühle, die früher als selbstverständlich galten und denen man Raum gegeben hat, weil man wusste, wie sensibel gerade die Kleinsten auf fremde Energien reagieren.

Bei Albträumen (bei Groß und Klein), unerklärlichen Beklemmungen, unguten Gefühlen oder wenn es immer wieder kleine und große Missgeschicke gab, die man einfach nicht erklären konnte, wurden gern Gegenstände aus Eisen verwendet, um die Übeltäter auf der geistigen Ebene abzuschrecken.

Ganz praktisch wird man da im Handwerkerbedarf fündig, auf Mittelaltermärkten und bei Schmieden. Du kannst Nägel, Nadeln oder kleine Ringe aus Eisen verwenden und beispielsweise einfach bei dir tragen. Auch Schmuck aus Eisen und Stahl hat eine stark schützende Wirkung. Nadeln und Nägel können in Flaschen gegeben und an einer sicheren Stelle aufgestellt werden, um ihre schützende Wirkung zu entfalten. Gern wurde auch der Feuerstahl als Schutz verwendet, er verbindet zusätzlich mit dem schützenden Element Feuer.

Ein Hinweis an dieser Stelle: Wenn du gern mit Feen, Elfen und Pflanzengeistern arbeitest, solltest du dabei kein Eisen tragen. Sie mögen es nicht und wären wenig erfreut.

Das Feuer als gute Seele des Haushalts

In alten Zeiten gab man dem Herdfeuer ein wenig Schmalz, Mehl, Butter oder kleine Portionen des eigenen Essens als Opfergabe. Das ist heutzutage kaum noch möglich, es sei denn, man hat einen Kamin oder einen Garten mit Feuerschale. Auch Tischfeuerstellen (richtig mit Holz, nicht mit Alkohol) oder ein kleiner Grill können eine schöne Variante sein.

Der Gedanke dahinter ist, dass das Feuer der Beschützer des Haushalts ist. Dieses uralte Wesen ist in vielen Traditionen weiblich. Denken wir nur an Brigid, Hestia und Vesta als Göttinnen des (Herd-)Feuers. Und auch Frau Holle hatte einen Backofen, der eng mit dem Feuer verbunden ist. Da wären auch Dolja und Nedolja, die beiden Seiten einer slawischen Schicksalsgöttin, die hinter dem Herd wohnt und als Glück (Dolja) oder Ärger (Nedolja) im Haus in Erscheinung tritt, je nachdem, wie zufrieden sie mit den Bewohnern ist. In den klassischen schamanischen Kulturen sind Ot-Ene und viele weitere regionale Feuergöttinnen zentrale Wesenheiten.

Das Feuer kocht das Essen, es wärmt im Winter und sichert so das Überleben in der kalten Jahreszeit. Diese Dinge waren vor nicht allzu langer Zeit elementar, sie konnten über Leben und Tod entscheiden. Heute müssen wir oft ein bisschen improvisieren, viele leben in Wohnungen mit Rauchmeldern und die Vorschriften für Feuer im Außen sind streng.

Wir können als Ersatz rote Kerzen verwenden und sie zum Schutz und zur Abwehr negativer Dinge einsetzen. Um das Feuer symbolisch zu füttern, kann man ein klein wenig Butterschmalz oder ein paar Tropfen pflanzliches Öl oben auf die Kerze geben, sodass sie beim Abbrennen von der Flamme verzehrt werden. Der Effekt einer solchen roten Kerze ist oft noch am selben Tag spürbar. Wenn es sich um einen schwierigen Fall handelt, brenne insgesamt drei Kerzen an drei aufeinander folgenden Tagen ab, das verstärkt die Wirkung. Beispielsweise dann, wenn sich die Mitglieder eines Haushalts entfremden und im Alltag aneinander vorbei leben. Auch wenn es ständig Streit gibt und der Zusammenhalt in der Gemeinschaft nicht mehr spürbar ist, ist es hilfreich, das Feuer als gute Seele des Haushalts zu stärken.

Zwiebel, Knoblauch & Co.

Wenn sich ambivalente oder negative Energien eingeschlichen haben, sind Zwiebeln und Knoblauch bewährte Helfer, um sie loszuwerden. Eine Erinnerung an ihre schützende Kraft findet sich in den hübsch dekorierten Zwiebelzöpfen, die man auf Bauernmärkten kaufen kann. Sie waren ursprünglich nicht nur Dekoration, sondern auch ein Schutz für den Haushalt.

Knoblauch wird gern als Zehe oder ganze Knolle aufgehangen, wo es Probleme gibt. Die trockenen weißen Schalen des Knoblauchs sind ein starkes Räucherwerk gegen Negatives aller Art.

Salz

Wenn wir gerade in der Küche sind, darf das Salz nicht vergessen werden. Salz in einer Schale aufgestellt, Salzwasser, Salz in kleinen Säckchen aufgehangen, ein paar Salzkrümel oben auf eine Kerze gegeben … Die Möglichkeiten sind vielfältig. Manchmal wird es übersehen, weil es so alltäglich wirkt und nichts Neues zu sein scheint. Dabei gehört Salz zu den besten Zutaten, wenn man Negatives loswerden möchte. Es geht nicht darum, dass Dinge neu oder teuer sein müssen, damit sie helfen. Was sich über viele Generationen bewährt hat, hilft auch heute noch.

Wacholder

Wacholder wird in vielen Kulturen zur Reinigung eingesetzt, das geht von uns bis in die Ferne nach Nepal. Der einzige Unterschied ist, dass man bei uns vor allem die Beeren zum Räuchern verwendet und dort eher die Zweige nimmt. Ich denke, das liegt auch daran, dass man andernorts andere Wacholder-Sorten hat. Bei uns sind die Beeren tatsächlich das Aromatischste, während die Zweige verhalten duften, verglichen mit den Sorten in Nepal.

Wacholder wird in unserer Tradition mit Frau Holle in Verbindung gebracht. Er beschützt, verbindet mit den Ahnen und reinigt gründlich von negativen Anhaftungen. Meist wird er in Form von Räucherwerk verwendet, aber auch das ätherische Öl kann eine gute Wahl sein oder man fertigt kleine weiße Säckchen mit Wacholder-Füllung an, die man bei sich trägt.

Wolle, Stoffe, Fäden

Vor nicht allzu langer Zeit haben viele Menschen ihre Kleidung selbst gemacht. Es wurde genäht, gewalkt, gestrickt und gehäkelt. So lange ist das nicht her und wer die Kleidung selber macht, hat viele Gestaltungsmöglichkeiten. Traditionelle Muster, zum Beispiel für Stickereien, sind oft Jahrhunderte alt und häufig eine Mischung aus Gedeih- und Abwehrzauber. Brauttrachten wurden mit Fruchtbarkeitssymbolen bestickt. Borten am Hals und an den Ärmeln sollten verhindern, dass unheilvolle Kräfte den Körper erreichen konnten. In gewisser Weise war die Kleidung selbst ein Schutzzauber.

Die Farben waren unterschiedlich, was auch damit zusammenhing, welche Farbstoffe und Materialien regional gut verfügbar waren. Immer wieder spielt Rot eine herausragende Rolle, wenn es darum geht, Körper und Seele vor Negativem zu beschützen.

Auch heute noch lassen sich Stickereien (gegebenenfalls unauffällig an der Innenseite) auf Kleidungsstücken anbringen. Ich kenne Frauen, die dafür Textilstifte benutzen und die Zeichen innen auf die Kleidung malen, was ebenfalls gut funktioniert. Dabei ist Rot die Farbe der Wahl. Man kann es individuell abwandeln, aber traditionell ist es die beste Farbe.

Spiegel

Nach altem Volksglauben sind bösartige Wesen oft hässlich und wenn sie sich selbst in einer spiegelnden Fläche erblicken, erschrecken sie und suchen das Weite. Daher wurden gern Spiegel verwendet, um das Schlechte zu bannen. Ich habe einen englischen Zauber gehört, der besonders praktisch ist: Man hat einfach eine silberne Weihnachtsbaumkugel in der Mitte des Raums aufgehängt. Durch ihre runde Form spiegelt sich praktisch der ganze Raum darin und für schlechte Energien bleibt kein Versteck.

Spiegel wurden gern an Eingängen angebracht (innen gegenüber der Eingangstür zum Beispiel), um Negatives zu bannen. Heutzutage kann man das auf vielfältige und gegebenenfalls unauffällige Weise machen. Man kann den Garderobenspiegel so hängen, dass er in Richtung Eingangstür zeigt, man kann Bilderrahmen mit spiegelnden

Mosaiksteinchen aufhängen oder silbrig glänzende Dekoration im Eingangsbereich verwenden.

Kompromisse

Neben der Abwehr finden sich in vielen Traditionen auch Kompromisse mit negativen Wesenheiten. Hier kommt es auf das Weltbild einer Kultur an. Es gibt den Dualismus, nach dem Motto: Gut gegen Böse, nur einer kann gewinnen. Es gibt aber auch die ganzheitliche Herangehensweise, bei der einem klar ist, dass alles zum großen Ganzen dazugehört und die negative Seite umso heftiger hervorbrechen wird, je mehr man sie verdrängen will. Die Parallelen zur modernen Psychologie sind deutlich.

Jeder wird seine Wege finden, mit denen er sich wohlfühlt. Da die ausgleichende Variante bei uns nicht so bekannt ist, möchte ich sie vorstellen. Bildlich gesprochen:

> **Man lädt die dreizehnte Fee lieber nicht ein, aber man schickt ihr einen Präsentkorb, damit sie sich nicht vergessen fühlt und verstimmt ist.**

Negative Wesenheiten werden in vielen Traditionen nicht nur gebannt und bekämpft. Manchmal werden sie mit Geschenken bedacht, damit sie zufrieden sind und das Leben harmonisch weitergehen kann. Für unsere spirituelle Praxis kann es ebenfalls eine Anregung sein zu überlegen: Was liegt vor? Ist eine starke Bannung erforderlich? Oder erreiche ich die Balance leichter, wenn ich der anderen Seite in ihre Mitte verhelfe und sinngemäß das erlösende liebevolle Wort spreche, anstatt sie in die Flucht zu jagen?

Ich denke, dass es in dieser Sache keine pauschalen Aussagen geben kann. Es hängt nicht zuletzt von der eigenen Verfassung ab. Wenn man gerade eine schwierige Phase durchmacht, in der man ausgelaugt ist, hat man vermutlich nicht die Kraft und den Nerv, nun auch noch das Negative behutsam auszubalancieren. Es ist in Ordnung, klare Grenzen zu ziehen.

Wir werden im nächsten Kapitel noch zum Orakeln kommen, um eine Situation unter die Lupe zu nehmen. Auch das kann helfen, die Sache zu beleuchten. Ist eine Situation beispielsweise negativ, aber nicht am äußersten Ende der negativen Skala, sondern noch im beweglichen Bereich, kann man eher darüber nachdenken, die Dinge auf kooperative Weise zu lösen, als wenn man weit draußen im negativen Spektrum liegt und eine klare Bannung der beste Weg ist.

Unruhige Verstorbene früher und heute

Schon die alten Germanen fürchteten Wiedergänger und unruhige Verstorbene. Wer den sogenannten Draugr begegnete, sollte ihnen bald nachfolgen. Im Volksglauben hielten sich solche Vorstellungen lange. Da gab es die Nachzehrer, die energetisch aus dem Grab heraus die Lebenskraft der Lebenden anzapfen konnten. Es gab Aufhocker, das waren Verstorbene, die sich direkt an die Lebenden geheftet hatten und nun mit ihnen durchs Leben gingen. Es gab unglückliche Seelen, die ziellos umherstreiften. Ähnlich der germanischen Vorstellung der Draugr gab es im Alpenraum ganze Prozessionen von Verstorbenen, denen man besser nicht begegnete, wenn man sich nicht allzu schnell zu ihnen gesellen wollte.

Als Ursachen für dieses Verhalten der Verstorbenen kamen unterschiedliche Dinge infrage. Manchmal waren sie überraschend verstorben oder generell überfordert damit, nun tot zu sein und nicht zu wissen, wohin sie gehen sollen. Manche wollten Rache für Ungerechtigkeiten, die ihnen angetan wurden. So einige Sagen berichten von unglücklichen Seelen, die ihren Mörder so lange quälten, bis er es nicht mehr aushielt und ihnen nachfolgte.

Wenn Angehörige zu sehr und zu lange trauern, können sie das gesunde Weitergehen einer Seele verhindern, ebenso wenn sie Groll gegen den Verstorbenen hegen. Die Sitte, nichts Schlechtes über Verstorbene zu sagen, erinnert noch daran. Dabei geht es nicht um Verdrängung, wie man auf den ersten Blick meinen könnte. Es geht darum, nicht zu intensiv am Verstorbenen zu rühren und ihn damit, wenn auch ungewollt, immer wieder in die Welt der Lebenden zu ziehen, was beiden Seiten schaden kann.

Manche Verstorbene hängen sehr am Leben. Sie wollen nicht gehen, sie wollen weiterhin all das genießen, was ihnen im Leben Freude gemacht hat, und heften sich an Lebende, um es in der energetischen Verschmelzung mit ihnen wenigstens noch ein bisschen haben zu können. Das geht natürlich zu Ungunsten der lebenden Person, die von dieser Art Energie-Vampir energetisch gestört und geschwächt wird.

Was mich an diesem Thema immer wieder überrascht und fasziniert, ist die weltweite Ähnlichkeit der Überlieferungen. Es gibt kulturelle Unterschiede, aber die Grundmotive sind gleich. Da ist man schnell bei der Frage: Wenn das auf der ganzen Welt wahrgenommen wird, oft bis in kleinste Details hinein mit großer Ähnlichkeit, wie kann es sein, dass wir in der modernen Welt nichts damit zu tun haben? Ist es einfach verschwunden? War es nur ein alter Aberglaube, den wir überwunden haben?

Nach meiner Erfahrung sehen wir vieles nicht mehr, doch das bedeutet nicht, dass es verschwunden wäre. Dafür habe ich zu oft erlebt, wie sich plötzlich ein grauer Schleier von Menschen hebt, die zum Beispiel eine gründliche Reinigung von Erbstücken vorgenommen haben. Wie auf einmal Leichtigkeit aufkommt, wenn ein magisches Bad genommen wurde, das Anhaftungen löst, oder ein Ritual durchgeführt wurde, das unglückliche Seelen erlöst, die sich noch aus Kriegszeiten an einem Ort befanden.

Nicht nur medial ausgebildete Menschen können sehen und spüren, wenn Energien verstrickt sind und Diesseits und Jenseits nicht klar genug getrennt sind. Auch ganz normale Menschen sehen und spüren, wenn jemandem der Glanz in den Augen fehlt, wenn eine Person von einer unerklärlichen Schwere umgeben ist. Natürlich können die emotionalen und spirituellen Gründe vielfältig sein, im Zweifelsfall muss man das von vertrauenswürdigen Profis abklären lassen.

Da die folgenden Reinigungen nicht schaden können, kannst du sie im Verdachtsfall ohne Bedenken anwenden. Im schlechtesten Fall hast du eine gründliche spirituelle Reinigung gemacht, was nie schadet. Im besten Fall hast du Anhaftungen beseitigt, die den grauen Schleicher von dir (oder der Person, für die du es machst) heben und neuen Lebensmut geben.

Ein Hinweis am Rande: Wenn du keine umfassende Ausbildung hattest, versuche nicht, Verstorbenen mithilfe von schamanischen Reisen, Séancen oder Ähnlichem zu helfen. Volksmagische Praktiken, bei denen du geistig in dir selbst bleibst (also ohne Trance oder geistige Reisen) sind problemlos machbar, wie zum Beispiel Räucherungen, die Arbeit mit Kräutern, kleine Rituale und Ähnliches.

Manchmal arbeiten spirituelle Praktiker bei uns unbefangen zum Beispiel mit schamanischen Reisen, um Verstorbene ins Licht zu führen. Traditionelle Lehrerinnen und Lehrer sind sehr besorgt, wenn sie so etwas hören. Auch dort gibt es Wege, um Verstorbene weiterzugeleiten, aber die Techniken dazu werden über viele Jahre erlernt, sie dürfen nur von berufenen Menschen ausgeführt werden und selbst dann können sie, trotz aller Vorsichtsmaßnahmen, die Lebenszeit diese Praktiker verkürzen.

Die Faustformel lautet:

> Alles, bei dem du geistig in dir selbst bleibst, ist in Ordnung. Sobald es um geistige Reisen zu Verstorbenen und Ähnliches geht, nimm bitte Abstand davon.

Mir ist klar, dass die Leute zum Schluss sowieso machen, was sie wollen. Aber ich möchte wenigstens gewarnt haben, denn ich glaube, dass jahrtausendealte Traditionen (und auch unser natürlicher Respekt vor Verstorbenen) mehr davon verstehen als kürzlich gewachsene New-Age-Methoden.

Praktische Ansätze für die Reinigung

Trage alle Erbstücke in deiner Wohnung zusammen. Dazu gehören Dinge, die du von Verwandten nach ihrem Tod bekommen hast. Es ist aber auch gut, Flohmarktfunde und Ähnliches miteinzubeziehen, deren frühere Besitzer du nicht kennst. In der Praxis ist es nicht selten so, dass einem Menschen in der ersten Runde noch gar nicht alles aufgefallen ist und er die Reinigung später wiederholt. Den alten Weihnachtsschmuck der Familie holt man zum Beispiel nur einmal in Jahr heraus, es ist also ganz normal, dass man eine solche Reinigung in mehreren Etappen macht. Weil dieses Detail oft gefragt wird: Was mit warmen Händen gegeben wurde, gilt nicht als problematisch, es sind wirklich nur geerbte Stücke.

Wenn du alles zusammengetragen hast, vermische zu gleichen Teilen Angelikawurzel, Johanniskraut und Wacholder (Beeren oder Zweige, beides ist in Ordnung und kann auch gemischt verwendet werden). Gib eine gute Handvoll Salz dazu.

Streue auf jeden Gegenstand ein wenig der Mischung und stelle ihn auf eine Unterlage (ein großes Tuch, eine Tischdecke oder Ähnliches). Wenn alle Gegenstände bestreut sind, lass sie über Nacht so stehen und entferne am nächsten Tag die Mischung. Gib sie in den Kompost und wenn es möglich ist, nimm direkt danach oder so bald wie möglich ein Bad mit Salzwasser. Dazu reicht eine Tasse Salz auf eine Badewanne. Man kann es auch als Dusche machen und etwa einen Esslöffel Salz in einem Liter Wasser auflösen, vom Kopf ausgehend über der Körper gießen, kurz einwirken lassen und danach abduschen. Anschließend ziehst du frische Kleidung an und die Reinigung ist abgeschlossen.

Ein Tipp noch aus der Volkstradition für Beerdigungen: Früher hat man sich zum Schutz in einigen Gegenden einen Rosmarinzweig an die Kleidung geheftet, wenn man zu einer Beerdigung gegangen ist. Das würde heutzutage vielleicht für Verwunderung sorgen, aber es ist kein Problem, den Rosmarinzweig in eine Tasche oder Handtasche zu stecken und ihn so bei sich zu tragen.

Erzürnte Naturgeister in der Umgebung

Ich erinnere mich noch gut daran, wie ich vor vielen Jahren von einer Schamanin aus dem Altai hörte, die hierher nach Deutschland gekommen war, um Ratsuchenden zu helfen. Sie sagte den Leuten Dinge wie: Der Geist des Flusses bei euch ist verstimmt, deshalb hast du diese Probleme – und sie lösten sich tatsächlich, als besagter Geist besänftigt worden war. Ich fragte mich lange, was es damit auf sich hat und woher diese Denkweise kam. Erst viel später sollte ich mehr über diese Zusammenhänge lernen.

Früher gab es auch in unseren Traditionen eine Vorstellung von diesen Kräften. Wir sehen uns selbst heute oft so, als würden wir abgeschottet in einem Goldfischglas leben. Den Menschen war aber mal sehr bewusst, dass sie sich jeden Tag in verschiedenen Räumen bewegen, in denen auch andere Kräfte wirken bzw. denen diese Räume gehören. So findet man die Vorstellung, dass man sich niemals in ein Gewässer erleichtern darf, in unserem Brauchtum genauso wie im tiefsten Sibirien.

Eine große Rolle spielen in diesen Traditionen Flüsse, Gewässer und die Erde und ihre Erhebungen in Form von Hügeln oder Bergen, natürlich auch Bäume. Wir fangen gerade wieder an, dieses grundlegende Verständnis von Raum zu finden. Auch bei uns ist es nicht allzu lange her, dass diese Dinge bewusst gelebt wurden. Wenn zum Beispiel im Alpenraum traditionsbewusste Holzfäller drei Kreuze in den Stumpf eines gefällten Baumes schlagen, um ihre Aktion zu sühnen, ist das auch noch ein Anklang daran.

Liest man sich Gebete durch, die von Völkerkundlern in den unterschiedlichsten Regionen der Welt aufgezeichnet wurden, wird man immer wieder auf Entschuldigungs-Formeln stoßen, die an die Geister der Natur gerichtet sind. Oft vorsorglich, falls man unwissentlich eine Grenze überschritten hat.

Um im Einzelfall herauszufinden, was vorliegt, wird man gegebenenfalls Profis befragen müssen, das ist nichts, was man einfach in einem Buch abhandeln könnte. Aber wir alle können vorsorglich und ausgleichend Gutes tun, um unsere Beziehung zu den Naturgeistern ausgeglichen zu halten. Das gilt auch, wenn man in der Stadt wohnt. Keine Stadt schwebt in der Luft, sie alle stehen auf dem Erdboden und oft ist es so, dass ausgleichende Arbeit in der Stadt ganz besonders wichtig ist. Im Praxisteil des Buches kommen wir noch näher zu den konkreten Möglichkeiten dafür.

Flüche, Böser Blick, Klatsch, Gedankenpfeile & Co.

Ich kann mich gut an die Zeit erinnern, in der ich als junge Kartenlegerin ins Grübeln kam. Da waren meine Freundinnen und Freunde, die sich mit weißer Magie, Wicca oder Neoschamanismus beschäftigten und beim Thema Flüche oder Böser Blick eine einhellige Meinung hatten: Das ist zum Glück längst vergangener Aberglaube, dabei handelt sich um selbsterfüllende Prophezeiungen und Gedanken-Projektionen.

Da waren aber auch meine Kundinnen und Kunden mit Wurzeln in anderen Kulturkreisen, für die diese Dinge zum Leben dazugehörten, oder Bauern aus traditionellen Gegenden, die eindeutige Fragen in diese Richtung stellten. Da waren natürlich auch die alten Schriften über Brauchtum und Volksmagie, in denen diese Dinge ebenfalls mit großer Selbstverständlichkeit erwähnt wurden. Überall schienen diese negativen Energien, die von uns – sozusagen als menschlichen Wesenheiten – ausgehen, bestens bekannt zu sein, nur ausgerechnet in westlichen spirituellen Kreisen nicht.

Ich tat also das, was ich in solchen Fälle tue: Ich beobachtete die Sache. Dabei kamen schnell die offensichtlichen Dinge zum Vorschein: Ich sah, wie Mobbing und Klatsch die betroffenen Menschen wortwörtlich krank machen können. Ich sah, wie das geistige Gift aber auch in den Absendern selbst wirkt und sie ebenfalls dominiert. Sie mögen nach außen hin wie die mächtigere Seite aussehen, aber in Wirklichkeit gibt es in diesen Dingen keine Gewinner. Mit der Zeit wurde mir klar, dass Missgunst, Neid, Eifersucht, böse Gedanken oder Worte Energien sind, die ganz reale Auswirkungen haben.

Natürlich stecken nicht hinter jeder Pechsträhne böse Absichten. Das ist dann das andere Extrem: Menschen, die Stein und Bein schwören, dass Person XY ihnen Schlechtes will, und sich auf etwas eingeschossen haben, das gar nicht existiert.

In der Volksmagie wird in diesen Dingen viel vorbeugend gearbeitet, denn man war sich bewusst darüber, dass das verkörperte Geistwesen Mensch sehr wohl negative

Ausstrahlungen haben kann, die weit über die direkte Anwesenheit hinausgehen – je nach Verbindung zueinander und der spirituellen Kraft bzw. Abwehrkraft der anderen Seite. In der Schutzmagie kommen besonders gern spitze Gegenstände, kleine Spiegel, Zitronen und natürlich Salz zum Einsatz.

Praxis: Abwehrzauber

Den folgenden Zauber kannst du individuell abwandeln und ergänzen oder genau so übernehmen. Er ist ein universeller Abwehrzauber gegen all die negativen Energien, die von anderen ausgehen können.

Nimm eine klare Flasche und fülle sie mit Eisennägeln und kleinen runden Spiegelchen (Bastelbedarf). Gib abgeriebene Zitronenschale und einen Löffel Salz dazu. Verschließe die Flasche und schüttele sie gut durch.

Wenn du dich konkreten Angriffen gegenübersiehst, verstärke die Energie, indem du eine getrocknete Chilischote an die Flasche hängst und ein Nazar (blaues Auge aus Glas) außen an ihr anbringst oder ebenfalls um den Flaschenhals hängst.

Du kannst weitere Schutzkräuter hinzufügen, es sollte insgesamt eine ungerade Anzahl sein, traditionell sind insgesamt drei, sieben oder neun Kräuter eine gute Wahl. Die Nägel, Spiegel und das Salz zählen dabei nicht mit. Diese Flasche stellst du zu Hause an einen ruhigen Ort, wo sie nicht gleich von jedem gesehen werden kann. Das kann auch in einer Schublade sein.

Erneuere diese Flasche etwa einmal im Jahr, wenn sie dem allgemeinen Schutz dient. Wenn du es gerade mit akuten Angriffen zu tun hast, erneuere sie einmal im Monat, am besten um den Neumond herum.

Reality-Check: Bin ich Blender-Spirits aufgesessen?

Das Universum ist nicht nur dazu da, uns zu helfen. Jeder und alles hat seine eigene Energie, seine Ziele und eine Ausstrahlung auf das große Ganze. Wir beginnen erst wieder, bewusst mit Geistwesen zu arbeiten, und müssen daher einige Erfahrungen noch machen. In traditionellen Kulturen schaut man sehr genau, wer oder was ein Spirit ist. Man geht nicht sofort auf alles zu, man prüft erst einmal, wen man da vor sich hat.

Bei uns geht es manchen nur darum, irgendetwas zu spüren, und das wird nach Möglichkeit verstärkt. Manchmal sogar mit pflanzlichen Drogen, was die Sache unkalkulierbar macht, aber gut ins kommerzielle Denken passt: Ich kaufe mir eine spirituelle Erfahrung. Aber was, wenn Blender-Spirits vorbeikommen, die sich nur in der neu gewonnenen Aufmerksamkeit sonnen wollen?

Für Blender-Spirits ist die aktuelle Hype-Kultur (zum Beispiel in den sozialen Medien) bei gleichzeitiger Arglosigkeit der Leute ein gefundenes Fressen. Denn bei ihnen handelt es sich um Geister, die vorgeben, etwas zu sein, und den Leuten, die auf sie hereinfallen, anfangs ein besonderes, aufregendes Gefühl geben. Sie sind aber nicht wirklich das, was sie zu sein scheinen, sondern wollen sich nur von diesen Emotionen ernähren.

Das ist wie ein Kreislauf: Jemand ist erfreut und aufgeregt, da ist eine Wesenheit und es scheint ein spannender, großartiger Kontakt zu sein. Die neue, ganz große Lösung. Von all den Emotionen, die in so einem Moment in dem oder der Betroffenen aufblühen, ernährt sich dieser Spirit. Er hat kein Interesse an ihrer Weiterentwicklung, er will nur an ihre Energie kommen und wird mit der Zeit immer fauler. Der anfängliche Zauber verblasst.

An dieser Stelle können zwei Dinge passieren: Entweder man verliert das Interesse und die Sache verläuft im Sand oder man glaubt diesem Spirit, dass er etwas Besonderes ist, und müht sich ab, den Kontakt zu halten, womit man ein Fass ohne Boden aufmacht, ohne etwas Substanzielles dafür zu bekommen.

Diese Geistwesen wollen die Energie von starken Emotionen abgreifen und sie sind nicht dumm. Man sieht öfter mal, wie sie Menschen mit großen Reichweiten benutzen, um immer neue Hypes anzustoßen, positive oder gern auch negative Aufregung zu verbreiten und sich an all den aufgewirbelten Emotionen zu laben. Man könnte meinen, die sozialen Netzwerke wurden in Teilen direkt von diesen Geistwesen inspiriert, und vermutlich ist das auf der energetischen Ebene auch so.

Also kurz gesagt: Diese Geister locken dich aus deiner Mitte heraus. Es ist auf ironische Weise sehr stimmig, dass man in dieser Umgebung ständig Aussagen hört, wie: Du musst raus aus deiner Komfortzone! Spirituell betrachtet liest sich das allerdings eher wie: Destabilisiere dich, komm aus deiner Mitte, wir wollen deine Emotionen fressen.

Warum meditieren so viele Traditionen, warum geht man ins Gebet, in die Stille oder auf Visionssuche? Richtig: Damit man die emotionalen Wirbel der Verblendung erkennen und überwinden lernt. Das sind keine neuen Phänomene, alle Traditionen haben auf ihre Art erkannt, dass es das wirklich Hilfreiche gibt und daneben eben auch die Blender.

An dieser Stelle braucht man nicht zwischen spirituell und alltäglich zu unterscheiden. Man kann Blender-Spirits auch in materiellen Zusammenhängen begegnen. Wie viele Menschen sind von bestimmten Konsumgütern (Stichwort: Markenkult), Pflegeprodukten oder technischen Spielzeugen besessen (und das eventuell wörtlicher, als sie denken), die ständig sehnsüchtige Energie von ihnen abziehen und sich davon prächtig ernähren?

Das Muster ist immer gleich: Erst wird emotionale Offenheit bewirkt, es wird das Energieniveau erhöht (nicht selten durch Geschwindigkeit, frei nach dem Motto: Kaufen Sie jetzt, gleich hier!), dann schnappen sich diese Spirits die Emotionen und tun sich daran gütlich. Meist verdient sich eine Firma eine goldene Nase damit, aber der Ursprung des Ganzen liegt auf der spirituellen Ebene. Dort sitzen die Geister, die die Gedanken der Leute reiten. Man selbst ist über kurz oder lang ernüchtert und wirklich verändert hat sich wieder einmal nichts. Der große Zauber ist ausgeblieben, in jeder Hinsicht.

Wie man das vermeiden kann? Es geht vor allem darum, Ruhe zu bewahren. Sich nicht gleich für alles zu begeistern, nicht gleich auf alles zu reagieren und in der inneren Mitte zu bleiben. Ein einfacher Satz wie »Ich beobachte das erst mal« kann der beste Schutzzauber in diesen Dingen sein.

Lass dich zu nichts drängen, auch nicht von dir selbst.

Schau dir die Ergebnisse an, sie sagen mehr als viele Worte. Hast du dich oder haben sich die Anhänger des betreffenden Hypes wirklich weiterentwickelt? Ist ihr Leben dauerhaft besser geworden? Trägt es? Und ganz wichtig: Trägt es auch in ruhigen Momenten oder nur, wenn sie gerade positiv oder negativ aufgeregt sind? Es ist im Grunde keine große Kunst, die Blender unter den Spirits zu umgehen. Man muss sich nur etwas Zeit nehmen und eine offene, hinterfragende Geisteshaltung einnehmen.

Orakel als Möglichkeit der direkten Kommunikation

Orakel sind in vielen Traditionen unverzichtbar. Bei uns gibt es da oft so eine gedankliche Trennung: Auf der einen Seite sind die Orakel, das Kartenlegen, die Astrologie – und das machen eben diejenigen, die sich dafür interessieren. Auf der anderen Seite steht das aktive spirituelle Handeln in Form von Ritualen, Meditationen oder geistiger Arbeit.

Wir übersehen manchmal, dass diese Dinge im besten Fall Hand in Hand gehen. Man muss nicht passiv die Aussagen eines Orakels annehmen, nach dem Motto: So ist es eben. In traditionellen Kulturen sind Orakel wie die Anamnese beim Arzt: Man analysiert die Situation, um zu wissen, wie man anschließend spirituell tätig werden soll. Rituale werden in vielen Fällen erst nach einem Orakel gemacht. Man muss schließlich wissen, was vorliegt, um nicht am Kern der Sache vorbeizuarbeiten.

Viele westliche Praktiker würden beispielsweise bei Problemen in der Liebe ein typisches Liebesritual machen, mit

Rosen, Kerzen und allem, was dazugehört. Aber was, wenn die Liebesprobleme von verstimmten Ahnen herrühren oder von gedanklichen Neidpfeilen, die jemanden getroffen haben? In diesem Fall kann ein Liebesritual zwar trotzdem Gutes bewirken, aber es geht nicht direkt an die Wurzel des Übels. Wenn man Pech hat, erreicht man eine anfängliche Verbesserung, die schon kurz darauf von den alten Problemen befallen wird, weil sie noch nicht gelöst wurden. Viele kennen solche Situationen: Erst scheint ein Ritual wunderbar zu wirken, aber plötzlich ist wieder alles beim Alten.

Natürlich gibt es auch in traditionellen Kulturen Dinge wie Glücksbringer, jährliche Zeremonien oder volksmagische Zauber, bei denen man nicht extra zuvor eine Divination macht. Aber wenn man eine passgenaue Lösung anstrebt oder, wie gerade beschrieben, die Erfahrung gemacht hat, dass Rituale und spirituelle Arbeit zuerst gut wirken und dann doch wieder alles beim Alten ist, sollte man genauer hinschauen.

Orakel sind also ein Blick ins Wyrd, wie die Germaninnen das große Gewebe des Lebens genannt haben. Man schaut sich an, wie die Fäden laufen, wie stark sie sind, welche Farben sie haben und wo eventuell Knoten oder abgerissene Stellen sind. Magie ist die Arbeit mit diesen Lebensfäden. Es ist kein Zufall, dass viele Schicksalsgottheiten mit Fäden, der Webkunst oder Spinnen als Weberinnen der Netze verbunden sind. Wer ein Gewebe ausbessern möchte, schaut sich zuerst an, was gemacht werden muss – und nicht anders ist es mit Orakeln und aktiver spiritueller Arbeit. Zuerst kommt der Blick auf das Gewebe und danach macht man sich daran, die Stellen auszubessern, die es nötig haben.

Spezialisten und ganz normale Leute: Wer orakelt wann und wie?

Kleine Alltagsorakel, wie einen Münzwurf, kennen die meisten. Wo genau liegt hier die Grenze zwischen Orakelkennern und Laien, die einfach nur mal abschätzen wollen, was zu tun ist und wie die Chancen stehen?

Schaut man in andere Kulturen, sieht man, dass die meisten Leute das ein oder andere Alltagsorakel kennen und praktizieren. Nicht für alles braucht man Profis. Die Orakelmethoden, die ich im Folgenden vorstelle, sind für diese Dinge gedacht und lassen sich mit etwas Übung gut bis zu einem mittleren Niveau ausbauen. Für den normalen (spirituellen) Alltag sollte das ausreichen und gut praktikabel sein.

Wenn es harte Nüsse zu knacken gibt, kann man sich ruhig an Profis oder befreundete Praktiker wenden, um einen neutralen Blick auf die Sache zu werfen. In den meisten Kulturen gibt es in spirituellen Dingen kein reines »Do it yourself«, da gibt es immer auch die Unterstützung durch andere.

Das gilt übrigens auch für Profis. Wenn einem Themen nahegehen, wenn man innerlich verstrickt ist und manchmal auch nur, wenn eine Sache sehr wichtig ist, ist man nicht mehr neutral. Egal ob Kartenlegerin oder Schamane: Im Zweifelsfall fragt man auch mal jemand anderen um Rat, wenn es um eigene Anliegen geht. In Westafrika gibt es das Sprichwort:

Den Rat, der dir hilft, kannst du dir nicht selbst geben.

Es ist eine weltweite Erfahrung, dass wir für uns selbst, ganz persönlich, manchmal einfach Unterstützung von anderen brauchen, egal, wie erfahren wir sind, und egal, wie gut wir andere beraten können. Für uns selbst ist es noch mal was anderes.

Diese Vorstellung vom unabhängigen, alles selbst unter Kontrolle habenden spirituellen Praktiker ist eine ziemlich neue Erfindung. Sie ist außerdem ganz schön einsam. So hilfreich die vielbeschworene Self-Care sein mag, Menschen sind soziale Wesen.

Was fragt man ein Orakel am besten?

Ein Orakel fragt man, wenn man gern Zusatzinformationen hätte, egal ob große Angelegenheit oder kleine Detailfrage. Du fällst damit also niemandem auf die Nerven, falls du das befürchtest. Im Gegenteil, die spirituelle Ebene weiß es zu schätzen, wenn wir nicht einfach loswerkeln und unsere Spirits zusehen müssen, wie wir dabei mitunter in völlig falsche Richtungen abbiegen.

Ernstgemeinte Fragen sind immer willkommen, selbst wenn sie uns ein bisschen peinlich sind oder eine kleine Unsicherheit mitschwingt, ob wir den Kern der Sache damit getroffen haben. Im Normalfall will die andere Seite sehr gern mit uns kommunizieren und freut sich über jeden, der nicht irgendetwas macht, das ihm gerade durch den Kopf schießt oder das in Mode ist.

Stell es dir einmal andersherum vor: Die Spirits müssen bei vielen rastlos Suchenden zusehen, wie sie sich in alle möglichen und unmöglichen Situationen verstricken, weil die geistige Seite nie befragt wird. Im klassischen Schamanismus ist das eine potenzielle Ursache dafür, dass jemand wörtlich von allen guten Geistern verlassen wird. Ihre Geduld wurde überspannt und sie verlassen die betreffende Person vorübergehend, manchmal auch für immer. Du kannst also davon ausgehen, dass sich deine Spirits freuen, wenn du innehältst und Fragen stellst.

Womit orakeln?

An dieser Stelle könnte man auch umgekehrt fragen: Womit eigentlich nicht? Je nach Region wurde mit allen Dingen orakelt, die verfügbar waren und sich als zuverlässig herausgestellt haben. Diese Methoden wurden über viele Generationen hinweg verfeinert. Da waren Münzen, Stäbchen, Muscheln, Rauch, Kiesel oder das Punktieren von Strichen im Sand gefragt. Man las aus Knochen und spontanen Omen wie dem Vogelflug.

Als ich überlegt habe, welche Methoden ich in diesem Buch vorstellen möchte, war es naheliegend, es genauso zu halten und das auszuwählen, was bei uns leicht verfügbar ist, sodass ich bei einem Münzorakel und einem Staborakel gelandet bin. Natürlich kannst du gern auch mit Tarotkarten und vielen anderen Orakeln arbeiten.

Wichtig ist vor allem, dass du nach einer Weile ein vertrautes Gefühl mit der gewählten Methode entwickelst. Man kann nicht pauschal sagen, dass ein komplexes Orakel, wie die Tarotkarten, automatisch besser ist als ein einfacher Münzwurf. Es kommt auf die Vertrautheit mit der Methode an und darauf, dass du ein sicheres Gefühl mit ihr hast, das dir mit zunehmender Erfahrung zuwächst.

Ein einfaches Münzorakel für klare Aussagen

Nimm für dieses Orakel drei Münzen, sie sollten dieselbe Größe haben, also zum Beispiel drei Fünfzig-Cent-Stücke. Stell deine Frage, puste dreimal auf die Münzen und schüttele sie in deinen Händen. Wirf sie danach auf deine Unterlage und zähle ab.

Die Kopfseite zählt als positives Ergebnis, die Zahlseite ist negativ. Praktisch aufgeschlüsselt sieht das dann so aus:

Dreimal Kopf	Das beste Ergebnis, grünes Licht für dein Vorhaben, die Energie fließt leicht und es sind keine Hindernisse zu erwarten.
Zweimal Kopf und einmal Zahl	Ein solide gutes Ergebnis, du erreichst deine Ziele und alles entwickelt sich in einem angemessenen Zeitrahmen.
Einmal Kopf und zweimal Zahl	Es gibt Hindernisse, prüfe noch einmal deine Ausrichtung und ob die Ziele richtig gesteckt sind, aktuell sind eher Teilerfolge möglich.
Dreimal Zahl	Zumindest für den Moment solltest du die Angelegenheit ruhen lassen, da gibt es keine Lorbeeren zu holen und wenn du die Sache vorantreiben würdest, würdest du dir Probleme oder (energetische) Verstrickungen an Land ziehen.

Ein Staborakel mit den Himmelsrichtungen

Nachdem das Münzorakel in Schwarz-Grau-Weiß anzeigt, wie eine Situation gelagert ist, bringt das folgende Staborakel Farbe hinein. Beide Varianten haben ihre Vorzüge. Wenn deine Frage in Richtung Ja/Nein geht, ist das Münzorakel ideal. Wenn du mit deiner Frage erkunden möchtest, welche Energien im Spiel bzw. hilfreich sind, ist das Staborakel eine gute Möglichkeit.

Die Inspiration dazu stammt aus dem Schamanismus. Dort wird der Schlägel einer Trommel gern zum Orakeln verwendet, beispielsweise indem er geworfen wird und aus der Art, wie er fällt, zukünftige Entwicklungen abgelesen werden. Der Gedanke dahinter ist, dass der Schlägel (genau wie alle anderen Werkzeuge) von einem hilfreichen Geist beseelt ist. Das ist in dem Sinne kein technisches Orakel mithilfe der Schwerkraft, es ist dieser Spirit, der die Flugbahn des Schlägels lenkt.

Dieser Hintergedanke ist auch bei unserer Variante der Divination mit einem Stab hilfreich. Verwende daher nicht irgendeinen Stab, sondern such dir etwas Schönes aus. Ein Buchenstab wäre eine gute Sache, der Überlieferung nach wurden Runen gern auf Buchenstäbe gezeichnet. Man sagt, das Wort »Buchstaben« kommt daher. Es kann auch ein kräftiger Halm einer Schafgarbe oder vom Beifuß zum Einsatz kommen, beide Pflanzen sind eng mit dem Thema Divination verbunden. Für manche wird es ein magischer Haselstab sein, für andere vielleicht ein Stab vom Weißdorn, der mit den Elfen verbunden ist.

Meist finden sich diese Dinge mit der Zeit von selbst, du musst also nicht sofort das perfekte Equipment beisammen haben. Es ist in Ordnung, wenn du anfangs das nimmst, was gerade gut zu haben ist. Und ganz nebenbei: Viele machen die Erfahrung, dass die anfänglichen, scheinbar unperfekten Lösungen eine innige Verbindung zu ihnen haben. Später sieht man irgendwo das perfekte Utensil, besorgt es sich, doch es hat nicht den Zauber des Anfangs und man kommt auf die unperfekte Variante zurück.

Staborakel

Zeichne auf ein ausreichend großes Stück Papier die vier Himmelsrichtungen und die vier Nebenrichtungen (Südost, Nordwest und so weiter) Wenn sich diese Methode für dich bewährt, kannst du sie auch auf ein Stück Stoff oder Filz zeichnen oder sticken und ihn immer wieder für die Divination verwenden. Aber bevor du dir die Mühe machst, probiere es erst mal aus.

Die Verfahrensweise ist einfach: Zuerst richtest du dein Papier nach den Himmelsrichtungen aus, das heißt, der Norden zeigt wirklich nach Norden, der Osten wirklich nach Osten. Heutzutage hat so gut wie jedes Smartphone einen Kompass, das sollte leicht zu machen sein, wenn man die Richtungen in seiner Umgebung noch nicht kennt.

Du stellst deine Frage und hältst dabei den Stab oben mit einem Finger fest, während das untere Ende im Zentrum deines Papiers steht (ein bisschen wie beim Mikado). Der Stab sollte senkrecht stehen. Dann nimmst du den Finger vom oberen Ende weg und schaust, in welche Richtung der Stab fällt. Falls du dir Gedanken machst, dass du die Richtung unbewusst manipulieren könntest, kannst du in diesem Moment auch die Augen schließen. Manchmal wird der Stab quer fallen, es zählt dabei die Himmelsrichtung, in die er zeigt. Du kannst das obere Ende des Stabs farbig markieren, dann siehst du es eindeutig.

In der folgenden Tabelle kannst du erste Deutungsmöglichkeiten der Himmelsrichtungen kennenlernen. Im Praxisteil des Buches findest du Korrespondenzen zu den Himmelsrichtungen und den damit verbundenen vier Elementen. Du kannst zum Beispiel schauen, welche Gottheiten und Wesenheiten mit der Himmelsrichtung bzw. dem Element verbunden sind, das der Stab anzeigt, und von ihnen Hilfe erbitten. Oder eine Räuchermischung mit Pflanzen zusammenstellen, die mit der jeweiligen Richtung harmonieren. Oder einen Heilstein bei dir tragen, der gut passen würde, damit

das Thema deiner Frage einen guten Weg nimmt. Da kannst du wirklich kreativ werden und dich von deiner Intuition leiten lassen.

Generell zeigen die Haupt-Himmelsrichtungen (also Norden, Osten, Süden, Westen) eine kompakte, starke und eindeutige Entwicklung an. Bei den Nebenrichtungen (wie Südost, Nordwest und so weiter) ist eine Entwicklung zu erwarten, in die verschiedene Faktoren (wie Personen, Umstände, Umgebungen) hineinspielen. Bei den Haupt-Himmelsrichtungen kann man eine klare Linie fahren, die Entwicklung ist geradlinig, aber weniger abwechslungsreich. Bei den Nebenrichtungen muss man oft Kompromisse finden und unterschiedliche Faktoren unter einen Hut bringen, dafür sind die Entwicklungen an sich interessant und vielschichtig.

In der folgenden Tabelle findest du sowohl die Licht- als auch die Schattenseiten, denn jede Kraft kann beides haben.

Richtung und Element	Licht	Schatten
Norden Erde	Eine klare und geradlinige Entwicklung, Hilfe von den Ahnen; nutze Kräuter, Heilsteine und andere praktische Dinge zur Unterstützung deines Anliegens.	Rigide Vorstellungen, Erstarrung, Unbeweglichkeit, überkommene Traditionen, Vorstellungen und Abläufe, die nicht mehr aktuell sind.

Richtung und Element	Licht	Schatten
Nord-Ost Erde und Luft	Eine schöne Mischung aus ganz realen Grundlagen und guten Ideen; jetzt ist eine gute Zeit, um Dinge aus der Welt der Gedanken ins echte Leben zu holen.	Eine allzu nüchterne Atmosphäre, Pedanterie, das wärmende Feuer und die Gefühle des Wassers fehlen, sodass man zum kleinkarierten Erbsenzähler wird.
Osten Luft	Ideen, Gedanken und Inspirationen sind leicht greifbar, neue Chancen, im übertragenen Sinne: Ein neuer Tag bricht an.	Überstürztes Handeln, Eile, Hektik, Stress, viel Wind um nichts, den Kopf in den Wolken haben, Eifersucht, Neid.
Süd-Ost Luft und Feuer	Gute Gedanken und dazu die Inspiration und die Willenskraft, sie umzusetzen; diese Sache nimmt Fahrt auf, viel Energie.	Hier gibt es zwei Varianten: Der Wind bläst das Feuer aus, weil er zu stark ist (Hektik und Stress verhindern Inspiration und Kreativität) oder der Wind facht das Feuer zu stark an und man brennt aus, wenn man dieses Tempo zu lange beibehält.

Richtung und Element	Licht	Schatten
Süden Feuer	Inspiration, Dynamik, Handlungsstärke, Wärme, Licht, viel Energie, Reinigung, Altlasten fallen von dir ab, die Sonne scheint wieder in deinem Leben; Lebensfreude, Leidenschaften und Interessen, die dich begeistern.	Wut, Zorn, aufbrausende Emotionen, man will anderen seinen Willen aufdrücken, mangelndes Feingefühl, man verhält sich wie die sprichwörtliche Axt im Walde, unreifer Umgang mit Sexualität und Leidenschaften im Allgemeinen.
Süd-West Feuer und Wasser	Stärke und Gefühl vereinen sich, große Intuition, aus dem Gefühl heraus richtig handeln, Heilung auf allen Ebenen, tiefe Einsichten und der innere Antrieb, ihnen gemäß zu handeln.	Gefühl und Wille arbeiten gegeneinander, unrealistische Ziele, man will etwas erzwingen, unklare Ausrichtung, in zwei Richtungen gleichzeitig gehen wollen; hier muss erst Ruhe reingebracht werden, bevor es konstruktiv weitergehen kann.

Richtung und Element	Licht	Schatten
Westen Wasser	Gefühl, Intuition, instinktive Wahrnehmung, generell eine starke Verbindung zur spirituellen Ebene, Eingebungen und inneres Wissen, Liebe, tiefes Erkennen, Seelenbotschaften, Träume.	Die Gefühle schwappen über, man ist unentschlossen, lässt sich zu leicht mitreißen, hat keinen eigenen Standpunkt, zieht keine gesunden Grenzen und lässt sich leicht ausnutzen, weil man es jedem recht machen will.
Nord-West Wasser und Erde	Gut geerdete spirituelle Wahrnehmung, Gefühl und reale Möglichkeiten sind in Übereinstimmung; stark für die spirituelle Zusammenarbeit mit Naturkräften (wie Krafttiere, Pflanzenspirits, Spirits von Orten).	Spirituelle und/oder emotionale Schlammlawinen, alles anzweifeln, überall das Haar in der Suppe finden, emotional feststecken; das Bild dahinter ist: Die Erde gibt den Problemen des Wassers noch mehr Gewicht, das Wasser sorgt dafür, dass die Erde keinen Halt findet.

Korrespondenzen & Praxis

Wenn man sich weltweit umschaut, wird man feststellen, dass die sogenannten primitiven und ursprünglichen Kulturen hochentwickelte Systeme haben, um die Welt und die Kräfte in ihr zu beschreiben. Wie erwähnt ist zum Beispiel der klassische Schamanismus Sibiriens und der Mongolei gerade nicht »rein intuitiv«, sondern hochkomplex in der Wahrnehmung und praktischen Arbeit mit Dingen, für die wir noch nicht mal Worte haben.

Ich habe geschaut, welche Systeme bei uns heimisch sind und wie wir sie in der Zusammenarbeit mit den Wesenheiten nutzen können. Dabei stieß ich immer wieder auf die vier Elemente und die sieben Planeten. Von der Antike über die Renaissance bis in die Volksmagie der einfachen Leute hinein sind sie ein greifbares und stimmiges System, um Energien und Wirkkräfte zu beschreiben, ihre Unterschiede deutlich zu machen und sie im großen Ganzen zu verorten.

Die vier Elemente

Die vier Elemente sind die energetischen Urbausteine, aus denen sich alles Weitere zusammensetzt. Sie kommen nur theoretisch einzeln vor, im echten Leben sieht man sie immer in Verbindung. Wie soll das Feuer brennen, ohne Luft oder Material, das es verbrennt (das aus der Erde gewachsen ist)? Wo soll das Wasser bleiben, wenn es keine Erde hat, die es trägt?

Es geht also vor allem um die Mischungsverhältnisse und darum, ob sie passend für den Ort sind, an dem sie sich zeigen. Die Arbeit mit den vier Elementen dreht sich um Balance und Ausgleich. Im ersten Moment können die vier Elemente ein wenig abstrakt wirken. Viele gehen den Weg über Gottheiten und Wesenheiten der jeweiligen Elemente, weil sich das persönlicher anfühlt. Man kann sich aber auch direkt an sie wenden, sie sind in sich selbst ebenfalls Geistwesen, und zwar sehr umfassende. Wenn alles seinen Spirit hat, haben auch sie ihren Geist, und da seit Jahrtausenden mit den vier Elementen gearbeitet wird, kennen sie die Zusammenarbeit mit uns gut, da muss man also das Rad nicht neu erfinden. Fangen wir für den Start mit ein paar grundlegenden Korrespondenzen an.

Luft

Räumlicher Bezug: Osten
Zeit: Morgendämmerung, Vormittag, der Übergang in den Tag und der Frühling
Farben: helles Zitronengelb, Hellblau, Pastellfarben

Steine: Achat, Ametrin, Bergkristall, Blautopaz, Chrysoberyll, Zitrin (ungebrannt)
Düfte & Pflanzen: Anis, Bambus, Beifuß, Bergamotte, Esche, Hasel, Lavendel, Mädesüß, Minze, Mistel, Pappel, Verbene, Zitrone
Tiere: Vögel und fliegende Insekten aller Art
Wesenheiten: Aradia, Arianrhod, Athene, Feen und Elfen, Hermes, Nuit, Sylphen, Tenger, Thot, Luftdrachen, Urania
Intentionen & Energie: Divination und Orakel aller Art, die Intuition stärken (am besten zusammen mit dem Wasserelement), geistige Reisen, Geschäfte ankurbeln, kluge Entscheidungen treffen, Kommunikation verbessern, Lernen und Wissen, Kreativität, Träume, Gedächtnis und Konzentration stärken, Wetter, Motivation, Freiheit und Klarheit finden, Grenzen überwinden, neue Blickwinkel erkennen, Loslassen, mehr Leichtigkeit ins Leben bringen, Fokus finden, festgefahrene Angelegenheiten in Bewegung bringen, segnen, Sprüche und die Magie der Stimme (Worte, Beschwörungen, magischer Gesang)

Feuer

Räumlicher Bezug: Süden
Zeit: die Mittagszeit und der Sommer
Farben: Rot, Orange, warme Gelbtöne
Steine: Bernstein, Diamant, Feueropal, Granat, Hämatit, Jaspis, Karneol, rote Koralle, Obsidian, Pyrit, Rubin, Tigerauge und Tigereisen, roter Turmalin
Düfte & Pflanzen: Angelikawurzel, Basilikum, Brennnessel, Chili, Ingwer, Johanniskraut, Kiefer, Knoblauch,

Lorbeer, Pfeffer, Piment, Rosmarin, Senf, Sonnenblume, Stechpalme, Wacholder, Weihrauch, Zeder, Zimt, Zwiebel
Tiere: Adler, Biene, Löwe, Pferd, Reptilien und Salamander, Skorpion, Specht, Tiger, Widder
Wesenheiten: Agni, Amaterasu, Belenos, Brigid, Freya, Hephaistos, Hestia, Pele, Perun, Phönix, Salamander, Thor, Vesta
Intentionen & Energie: neue Kraft finden, Ideen, Inspiration, Wille, Ambition, das Energielevel anheben, Durchsetzungsfähigkeit, gesundes Selbstvertrauen, Mut, Veränderungen anschieben, Sinnlichkeit und Leidenschaft, Gerechtigkeit, Reinigung, das Licht am Ende des Tunnels finden, Zuversicht, Schutz und Abwehr, Führungsqualitäten entwickeln, Motivation, mehr emotionale Wärme

Wasser

Räumlicher Bezug: Westen
Zeit: Abenddämmerung, früher Abend, der Übergang in die Nacht und der Herbst
Farben: Blau, Grün, Grau, Lila, Türkis
Steine: Amethyst, Aquamarin, Azurit, Fluorit, Jade, Korallen, Labradorit, Lapislazuli, Larimar, Lepidolit, Morganit, Mondstein, Opal, Ozeanjaspis, Perlen und Perlmutt, Rosenquarz, Saphir, Selenit, Sugilith, Türkis, Turmalin (alle Farben)
Düfte & Pflanzen: Aloe, Beeren aller Art, Birke, Farne, fruchtragende Bäume (Apfel, Birne, Kirsche …), Geranium, Gurke, Holunder, Iris, Jasmin, Magnolie, Melone, Minze, Moose, Myrrhe, Pfingstrose, Rose, Vanille, Veilchen, Weide

Tiere: Enten, Fische und Meerestiere aller Art, Frösche und Amphibien, Kormoran, Möwe, Otter, Biber, Reiher, Schwan, Storch
Wesenheiten: Ägir, Aphrodite, Isis, Meerjungfrauen und Nixen, Mannannan, Neptun, Njörd, die Nornen, Sedna, Tiamat
Intentionen & Energie: Alle Angelegenheiten des Herzens, Anpassungsfähigkeit, unterschwelliger Einfluss, Einfühlungsvermögen, Familienthemen aller Art, Freundschaft und Liebe, Fruchtbarkeit, Geduld, bewusste Arbeit mit Gefühlen, Hellsichtigkeit, Innenschau und Meditation, Kreativität, Mitgefühl, guter Schlaf, Schwangerschaft und Geburt, Schutz, Sinnlichkeit, spirituelle Stärke, Stress reduzieren, Transformation, Träume und Traumarbeit, Versöhnung, tiefe Weisheit, die von innen kommt, Wohlbefinden

Erde

Räumlicher Bezug: Norden
Zeit: Mitternacht und der Winter
Farben: Braun, Schwarz, Grün, Ocker- und Terrakotta-Töne
Steine: Bernstein, Chrysopras, Jaspis, Moosachat, Rauchquarz, schwarzer Turmalin, Smaragd
Düfte & Pflanzen: Benzoe, Efeu, Getreide aller Art, Patschuli, Vanille, Vetiver, Zeder
Tiere: Bär, Dachs, Erdkröte, Hirsch, Kuh, Maulwurf, Schildkröte, Schwein, Stier, Wildschwein, Würmer aller Art
Wesenheiten: Ceres, Cernunnos, Demeter, Dionysos, Erda, Gaia, Grüner Mann, Mutter Erde, Pan, Persephone, Rhea, Veles, Zwerge

Intentionen & Energie: Ahnen, Ankommen, berufliche Ziele, Einrichtung, Erdung, Fruchtbarkeit, Garten, Geld, greifbare Erfolge, Landwirtschaft, Naturgeister, Reisen (zusammen mit Luft, die Beweglichkeit dazubringt), Stabilität, Wachstum, Wohlstand, Wohnsituation, Zuhause

Ideen für die Praxis

Bei den vier Elementen erlebe ich in meinen Kursen oft, dass sie anfangs etwas schwer zu greifen sind. Vielen hilft dann ein Wechsel in der Perspektive, indem sie beginnen, die Elemente als die lebenden und wahrnehmenden Wesenheiten zu betrachten, die sie sind. Nutze gern folgende Möglichkeiten:

- *Errichte einen kleinen Altar für das jeweilige Element, das du stärken möchtest, bis dein Leben wieder in Balance ist.*
- *Gestalte einen Ort, an dem du die vier Elemente zusammen ehrst.*
- *Finde die Himmelsrichtungen in deiner Wohnung heraus und bestärke jede Richtung, indem du ein passendes Symbol des dazugehörigen Elements anbringst.*
- *Flechte eine Art Medizinrad in einen runden Rahmen (Bastelbedarf) und bringe ihn an der Wand an.*

Die Bedeutung der sieben Planeten

Die sieben Planeten – und damit die sieben Wochentage – waren in der Volksastrologie die bewährte Basis. Bestimmte Aufgaben wurden wie selbstverständlich bestimmten Wochentagen zugeordnet. Im Folgenden gebe ich dir einen Überblick über die Energie der Planeten und Tage, im Anschluss findest du für die Praxis eine Liste mit Korrespondenzen.

Mond – Montag

In alten Zeiten wurden der Mond und die Sonne als Augen des Himmels betrachtet. Der Mond fällt durch seine Wechselhaftigkeit auf, mal ist er voll, dann nimmt er ab, ist ganz verschwunden und nimmt wieder zu. Somit wurde er zu einem Sinnbild von Veränderungen und natürlichen Zyklen, aber auch des Loslassens. Man kann mit dieser Energie nichts für immer festhalten, sie steht für den ewigen Wandel des Lebens.

Zum Mond gehören alle Themen rund um die Kräfte der Vegetation, Heilung, Fruchtbarkeit, Schwangerschaft, Kinder und das Familienleben. Auch Fürsorgearbeit in all ihren Formen (auch für sich selbst) gehört zum Mond. Des Weiteren die Intuition, Ahnungen, Träume und Orakel.

Der Mond ist bereits seit der Antike so eng mit dem Thema Hexen verbunden, dass er in sich selbst zum Symbol der magischen Künste wurde. Das ist auch für die Arbeit mit Wesenheiten wichtig: An einem Montag kannst du besonders leicht mit den spirituellen Ebenen des Lebens in Kontakt gehen. Er ist ideal für geistige Reisen, innere Einsichten, Meditation und magische Arbeit, die Veränderungen anstoßen soll.

Mars – Dienstag

In alten Planetenbüchern wird Mars eindrücklich beschrieben, da fallen Stichworte wie: wütendes Feuer, Zerstörung, Krieg, Fieber, Überhitzung, Gewalt in allen Formen, Wunden, Brände, Trockenheit und zu wenig Regen. Heute wird Mars als Tatkraft, Dynamik, Durchsetzungsfähigkeit und Ähnliches interpretiert. Da liegt die Frage nahe, was denn nun stimmt. Sind die alten drastischen Beschreibungen näher an der Realität dran? Neigen wir dazu, alles mit Zuckerguss zu überziehen?

Wie so oft liegt die Wahrheit in der Mitte. Beim Mond haben wir gesehen, dass er für den ewigen Wandel steht – was je nach Ausgangslage eine Befreiung, aber auch ein unerwünschtes Ende sein kann. Jede Planetenkraft ist eine Energie. Wie sie sich auswirkt, hängt von den aktuellen Umständen ab, ähnlich wie bei den vier Elementen.

Wenn Mars wütend auf den Tisch haut, kann er einschüchternd wirken. Er kann aber auch die Kraft sein, die damit den Durchbruch schafft, weil zu lange alles unter den Teppich gekehrt wurde. Mars ist eben auch Mut, Führungskraft, Tatkraft und Waghalsigkeit. Er steht für Kühnheit, Zorn, Stolz, ist eine rohe und direkte Kraft, er liebt Sport und Wettkämpfe.

Früher wurde er mit der Schmiedekunst in Verbindung gebracht und mit allem, was einen Zusammenhang zu Metallen hat. Mars ist, praktisch gedacht, auch der Topf, in dem wir unsere Nahrung erhitzen (Erhitzen ist ein typisches Mars-Thema), er ist die Nadel der lebensrettenden Infusion, steckt im Metall von Auto und Bahn, in Heizkörpern und Stahlkonstruktionen. Ich bringe an dieser Stelle bewusst praktische Beispiele, damit der Platz der Planetenkräfte und das Wirken ihrer Wesenheiten im echten Leben sichtbar wird. Die Beschreibungen der Renaissance waren damals ebenfalls modern und auf den damaligen Alltag bezogen.

Merkur – Mittwoch

Merkur ähnelt in seiner Wandelbarkeit dem Mond, ist aber schneller und ganz bestimmt nicht so berechenbar wie er; immerhin ist der Mond auch ein Zeitgeber. Die Merkur-Energie passt perfekt ins schnelle Internetzeitalter. Wissen, Informationen und Geschwindigkeit sind seine Themen. Er ist, ähnlich wie der Mond, auch eine Energie der Botschaften und damit der Orakel, Beschwörungen und der Magie der Worte. Merkur ist Inspiration, er steht für Klugheit, Verstand und Bildung.

Allerdings kann er ein Schlingel sein, traditionell werden ihm auch Hinterlist, Diebstahl und plötzliche Umschwünge zugerechnet, mit denen man so nicht gerechnet hatte. Wie gesagt: Jede Kraft hat ein volles Spektrum, das auch die schwierigen Dinge umfasst.

Merkur hält sich nicht lange mit Traurigkeit auf und liefert uns gleich noch Spaß, Humor und Witz, um mit den Wechselfällen des Lebens umgehen zu können. Er steht für Geselligkeit, für die Fähigkeit, sich gut ausdrücken zu können, und für Wissensdurst. So leichtfüßig er auf den ersten Blick daherkommt, er ist auch ein Planet der spirituellen Suche und des Blicks über den Tellerrand.

Während Sonne und Mond für den Vater bzw. die Mutter stehen, symbolisiert der Merkur unsere Geschwister. Partnerin und Partner werden durch die Venus bzw. den Mars symbolisiert, ältere Verwandte durch den Saturn, die Kinder finden sich beim Mond. All das erwähne ich auch weiter unten noch einmal in den Korrespondenzen.

Jupiter – Donnerstag

In Jupiter findet man den Gegenspieler zum Saturn. Er ist der Geist des Reichtums in jeder Hinsicht, während Saturn für Einschränkung und Kargheit steht. Das sind auch hier wieder keine Wertungen, jede Energie hat ihr Plus und ihr Minus und alles hat einen Platz im Leben, das Schöne und das Schwierige. Es ist immer eine Frage der Umstände. Wenn jemand beispielsweise an einer Tumorerkrankung leidet, wird er sich kaum die Wachstumsenergie von Jupiter wünschen, sondern glücklich sein, wenn die Kräfte des Saturn (im Fall einer Operation kombiniert mit Mars, der über Skalpell & Co. herrscht) eingreifen und den Tumor schrumpfen lassen. Alles, wo es hingehört.

Jupiter ist eine Kraft der Würde und der spirituellen Verbindung. Heute wird er oft als Reichtums- und Geldenergie beschrieben, das greift aber viel zu kurz. Er steht auch für die Weisheit, mit Ressourcen gut umzugehen. Er ist großzügig, gibt gern ab und hat hohe moralische Werte. Jupiter steht für Gerechtigkeit und die Geschenke, die uns das Leben macht. In alten Büchern wird er als Lebensbringer bezeichnet.

Auch für Ruhm, Ansehen und Beliebtheit ist er zuständig, aber aufgrund von echten Werten. Schnelllebiger Ruhm auf Basis von Oberflächlichkeiten wird von den niedrig schwingenden Aspekten der Venus und des Merkurs gespeist. Jupiter bedeutet: Respekt, den man sich verdient hat, weil man etwas für die Gemeinschaft tut. Früher wurde er mit dem Begriff Königtum in Verbindung gebracht, damit waren Werte gemeint. Es geht hier um jemanden, der mit einem guten moralischen Kompass ausgestattet ist und aus aufrichtigen Motiven heraus für die Gemeinschaft handelt.

Jupiter ist eine Kraft des Friedens, der echten Freunde, des Lachens und der aufrichtigen Zuwendung. Mit Jupiter kann man sehr gut arbeiten, wenn man gerade nicht weiß, was man will und welches der richtige Weg ist. Er wird die nötige Klarheit bringen und dabei helfen, Herzensziele zu erkennen und authentisch zu leben.

Venus – Freitag

Venus ist als Kraft der Liebe zentral für unser Leben, sie ist die Himmelskönigin, ihr uraltes Symbol ist der achtzackige Stern. Sie steht für alles, was unser Herz berührt: Freundschaften, Beziehungen, Beliebtheit, Heiterkeit und die Freude an den schönen Dingen des Lebens. Sie liebt alles, was ein gewisses Extra hat. Man kann es nicht richtig in Worte fassen und spürt doch, wenn es fehlt.

Sie ist Kunst, Musik, Kreativität und Fruchtbarkeit in jedem Sinne. Venus hilft, die richtigen Worte zu finden, die Gefühle der anderen zu erkennen und Mitgefühl zu empfinden. Sie ist es, die die Herzen verbindet. Natürlich steht sie auch für die Leichtigkeit des Seins, für Spaß, Kurzweil und Entertainment in all seinen Formen.

Wie jede Energie hat auch Venus ihre Schattenseiten. Dann wird aus der Liebe Sehnsucht und aus dem Vergnügen die Gier nach immer mehr. Wer sich schon mal so richtig mit Süßigkeiten übergessen hat, weiß, wie sich das anfühlt. Wenn es Venus übertreibt, sind Kleidung, Schmuck und Kosmetik nicht mehr Freude am Selbstausdruck, sondern werden zum Zwang. In ihrer oberflächlichen Form wird sie zur Konsummentalität, die sich das Leben schönkaufen will.

Schauen wir auf die guten Seiten der Venus, entdecken wir die Kraft der Diplomatie. Sie kann Gegner an einen Tisch bringen, Gegensätze ausgleichen und ist die Kraft der Versöhnung. Die Friedenstaube ist kein Adler (er gehört zu Jupiter), sondern ein heiliges Tier der Venus. Mit ihren guten Umgangsformen, ihrer Anmut, dem Wohlwollen und nicht zuletzt ihrem ausgeprägten Mitgefühl bewirkt sie Veränderungen, die wirklich tragen, weil sie die Herzen der Menschen erreichen.

Saturn – Samstag

Wenn in einer Daseinssystematik wie dem System der sieben Planetenkräfte das Leben in all seinen Verflechtungen umrissen werden soll, müssen sich darin auch die Herausforderungen finden. Wir haben sie in der aktiven Variante beim Mars gesehen, das passive Gegenstück ist der Saturn. Bei ihm zieht niemand in den Krieg oder ballt die Fäuste, seine Herausforderungen sind Verfall, Schwund und die natürliche Endlichkeit aller Dinge.

Saturn hatte ursprünglich mit dem Ackerbau zu tun, er galt als König der Pflanzenwelt, ist ein Gott der Erde und der Unterwelt, da die Toten in der Erde bestattet werden. Es gibt einen Aspekt des Wachstums in ihm, doch ist er eher die Sense (sein traditionelles Attribut) und weniger das Korn. Seit der Antike wird er als Herr der Zeit betrachtet, was in den alten Mythen symbolisch ausgedrückt wurde: Saturn fraß seine Kinder, so wie die Zeit alles entstehen und wieder vergehen lässt.

Die Saturnkraft ist mit langfristigen Prozessen verbunden, sie regiert alles, was Ernsthaftigkeit erfordert und ein bisschen Ausdauer braucht. Er findet sich in den traurigen Aspekten des Lebens, die uns langfristig klüger und einfühlsamer werden lassen. Nur wer selbst Verluste erfahren hat, kann wirklich verstehen, wie es anderen dabei geht.

Viele Religionen kreisen um diese Kraft, sei es das Christentum mit dem leidenden Jesus am Kreuz oder der Buddhismus, der das Leid und seine Überwindung ins Zentrum der Überlegungen stellt. An Saturn knabbern wir alle auf die ein oder andere Weise: Wie soll man mit Leid und Tod umgehen, mit Verlusten, Einsamkeit, vom Leben auferlegten Fesseln und Mangel?

Früher wurde ihm auch das ungemütliche Wetter zugeschrieben, wie Kälte, Stürme, Nebel und Hagel (etwas wird einem verhagelt …). Ich finde, das sind auch treffende Bilder für innere Zustände, in denen man sich befinden kann, wenn die Saturnkraft überhandnimmt. Es ist gut und wichtig, dass das nicht ausgespart wird. Trauer, Sorgen, Einsamkeit, Scheu, auch darum muss sich eine Planetenkraft kümmern.

> Wenn alle Wesenheiten happy sein müssen und es keine Kraft gibt, die dich in deiner Trauer versteht, wäre ein spirituelles System unvollständig, da auch das Schwere unweigerlich zu unseren Lebenserfahrungen gehört.

Saturn ist der Mystiker, der Weise, derjenige, der sich nicht mehr von Äußerlichkeiten abhängig macht, weil er weiß, worauf es im Leben ankommt. Nicht jeder wird im Alter schlauer, aber wenn man einer alten Person begegnet, die einem tief ins Herz schaut und einen klugen Rat gibt, ist auch das Saturn. Er steht für Lebenserfahrung, dafür, ein Vorbild zu sein und sich Mühe zu geben.

Ganz praktisch war er aufgrund seiner Verbindung zur Erde und den längerfristigen Themen im Leben auch der Schirmherr über Land- und Gebäudebesitz und die Landwirtschaft als solche. Saturn mag als mürrische, knausrige Kraft erscheinen, doch niemand bleibt im Leben unberührt von ihr und hinterher ist man oft ein Stückchen weiser geworden.

Sonne – Sonntag

Die Sonne ist unser hellstes Gestirn, sie steht für das Licht und ist ein wichtiger natürlicher Taktgeber – der Wechsel von Tag und Nacht, der Jahreszeiten … Traditionell ist sie ein Symbol der Rechtschaffenheit. Als Auge des Himmels sieht sie alles und erkennt das Falsche. Somit galt sie als Helferin der Schwachen und als Beschützerin, die Licht und Wärme spendet, die Seele stärkt und positive Weiterentwicklungen aller Art unterstützt. Sie hilft dabei, erfolgreich zu sein, gilt als Kraft der goldenen Mitte und ist eng mit den Themen Gesundheit und Wohlbefinden verbunden.

Im Übermaß kann sie Hitze und Trockenheit bedeuten, allerdings nicht so glühend hitzig wie der Mars. Den negativen Aspekten der Sonne kann man begegnen, wenn sich jemand wie der sprichwörtliche »kleine Sonnenkönig« aufführt und Tendenzen zur Selbstüberschätzung hat. Der übersteigerte Strahlemann in Power-Pose ist ein anschauliches Bild der Sonnenkraft in Dysbalance.

Korrespondenzen der sieben Planeten

Hier also die Verbindungen der Planeten zu Elementen, Steinen, Tierwesen und so weiter, wie du sie für deine Praxis nutzen kannst. Auch die Gottheiten und andere Wesenheiten in Menschengestalt fehlen nicht.

Mond – Montag

Element: Wasser
Menschen im Umfeld: die Mutter, die eigenen Kinder
Farben: Silber, Weiß, Schwarz, Grau, Blau
Steine: Achat, Amethyst, Aquamarin, Bergkristall, Flusssteine, Hühnergötter und am Meer gefundene Steine, Mondstein, Morganit, Perlen, Perlmutt, Saphir, Selenit, Türkis, weißer Opal, weiße Koralle
Düfte & Pflanzen: Algen, Aloe, Beifuß, Birke, Erle, Gurke, Holunder, Iris, Jasmin, Lein, Lilien, Melone, Mohn, Myrrhe, Pilze, weißes Sandelholz, Trauben, Weide

Tiere: Amphibien, Ente, Eule, Ibis, Motte, Muscheln, Nachtigall, Reiher, Schlange, Schnecke, Schwan, Wassertiere aller Art
Wesenheiten: Ägir, Ariadne, Arianrhod, Artemis, Ceridwen, Diana, Hekate, Isis, Juno, Luna, Mari, Meerjungfrauen, Naga, Nixen, Sedna, Selene
Intentionen & Energie: Ahnungen entschlüsseln, Familienthemen aller Art, Fruchtbarkeit, höhere Führung erhalten, Gefühle verarbeiten, Illusionen durchschauen, Intuition und Orakel, Kreativität, seinen natürlichen Lebensrhythmus wiederfinden, Magie und die Zusammenarbeit mit Spirits bestärken, Traumarbeit, Schutz (vor allem für Frauen und Kinder), Veränderungen anstoßen, Wachstum, Wandel, alles rund um das Zuhause

Mars – Dienstag

Element: Feuer
Menschen im Umfeld: der Partner
Farben: Rot, Orange, dunkle Pinktöne
Steine: Granat, Hämatit, roter Jaspis, sehr gut ist auch Eisen geeignet
Düfte & Pflanzen: Basilikum, Brennnessel, Disteln, alle dornigen Pflanzen, Drachenblutharz, Knoblauch, Kiefer, Pfeffer, Piment, Radieschen, Rettich, Stechpalme, Tabak, Wacholder, Wermut, Zwiebel
Tiere: Specht, Widder, Wolf
Wesenheiten: Anat, Ares, Astarte, Babd, Durga, Hestia, Indra, Macha, Mars, Morrigan, Odin, Thor, Vesta, Wotan

Intentionen & Energie: Auseinandersetzung, Bestimmtheit, Durchsetzungskraft, Energie, Leidenschaft, Mut, Schutz und Abwehr, Willenskraft, Wut

Merkur – Mittwoch

Element: Luft
Menschen im Umfeld: die Geschwister
Farben: helles Blau, Mischfarben aller Art, Grau, Violett, Gelb, Orange
Steine: Achat, Fluorit, Katzenauge, Opal, Sodalit, Zitrin
Düfte & Pflanzen: Anis, Baldrian, Bergamotte, Dill, Estragon, Fenchel, Flieder, Gummi Arabicum, Hasel, Kümmel, Lavendel, Minze, Oregano, Pappel, Sandelholz, Zitronenmelisse
Tiere: Eichelhäher, Fuchs, Kojote, Kuckuck, Schakal
Wesenheiten: Athene, Eshu, Hermaphroditos, Hermes, Loki, Lugh, Maat, Merkur, Minerva, Odin, Ogma, Thoth, Trickster-Spirits aller Art, Wotan
Intentionen & Energie: Anpassungsfähigkeit, Auffassungsgabe, Betrug (aufdecken), Cleverness, Erneuerung, Gedächtnis, geistige Arbeit, Geld, Geschäfte, Informationen, Inspiration, Intelligenz, Internet, Kommunikation, Können und Fähigkeiten, Lernen, Magie, Orakel, Reisen, Schnelligkeit, Sprachen, Wege, Wissen

Jupiter – Donnerstag

Element: Luft, Feuer
Menschen im Umfeld: Menschen mit Einfluss

Farben: Blau, Purpur, Türkis, Indigo, Lila
Steine: Amethyst, Aventurin, Saphir, Sugilith, Türkis
Düfte & Pflanzen: Ahorn, Borretsch, Eiche, Kastanie, Klee, Löwenzahn, Muskat, Olive(nöl), Palmen, Rosmarin, rotes Sandelholz, Salbei, Sternanis, Walnuss, Zeder
Tiere: Adler, Hirsch, Stier
Wesenheiten: Devi, Hera, Isis, Indra, Juno, Jupiter, Justitia, Themis, Thor, Zeus
Intentionen & Energie: Chancen, Ehre, Einfluss, Erfolg, Führung, Geld, Gerechtigkeit, Glück, Großzügigkeit, Macht, moralischer Kompass, natürliche Autorität, Optimismus, Souveränität, Spiritualität, Stolz, verdienter Respekt, Verantwortungsbewusstsein, Wachstum, Werte, Wohlstand, Würde

Venus – Freitag

Element: Wasser, Erde
Menschen im Umfeld: die Partnerin
Farben: Grün, Blau, Rosatöne, zarte Pastelltöne
Steine: Azurit, Chrysokoll, Chrysopras, grüner Jaspis, Jade, Kunzit, Lapislazuli, Malachit, Peridot, Rosenquarz, Saphir, Smaragd, Türkis (besonders die grünlichen), Turmalin (bis auf die schwarzen Varianten)
Düfte & Pflanzen: Apfel, Basilikum, Erdbeere, Feige, Flieder, Geranium, Granatapfel, Himbeere, Iriswurzel, Katzenminze, Kirsche, Linde, Magnolie, Mandel, Palmarosa, Pfingstrose, Quitte, Robinie, Rose, Styrax, Veilchen
Tiere: Hase, Katze, Kuh, Luchs, Pfau, Schwan, Sperling, Taube

Wesenheiten: Aphrodite, Astarte, Eros, Freya, Innanna, Ishtar, Isis, Pan, Venus
Intentionen & Energie: Anziehungskraft, Balance, Beziehungen, Charisma, Charme, Diplomatie, Erotik, Freude, Genuss, Geschmack, Kunstsinn, Liebe, Malerei, Mitgefühl, Musik, Romantik, Sanftheit, Schönheit, Sinnlichkeit, Theater, Umgangsformen, Unterhaltung, Vergnügen, Zuwendung

Saturn – Samstag

Element: Erde, Luft
Menschen im Umfeld: ältere Familienmitglieder, ältere Personen allgemein, die Ahnen
Farben: Schwarz, Dunkelbraun, Grau
Steine: Fossilien, Gagat (Jett), Obsidian (alle Varietäten), Onyx, Rauchquarz, schwarze Koralle, schwarzer Turmalin (Schörl), Sternsaphir
Düfte & Pflanzen: Buche, Erle, Königskerze, Myrrhe, Patschuli, Schachtelhalm (Zinnkraut), Schwarzdorn, Zypresse (Viele traditionelle Saturnpflanzen sind tödlich giftig, hier stelle ich eine ungefährliche Auswahl vor.)
Tiere: Esel, Krähen und Raben, Schildkröte, Steinbock, Ziege
Wesenheiten: Anubis, Ariadne, Ceres, Demeter, Durga, Hekate, Isis, Kali, Kronos, Kybele, Rhea, Santa Muerte, Saturn
Intentionen & Energie: Ahnen, Ausdauer, Autorität, Disziplin, Erdung, Fokus, Gebäude und Häuser, Geschichte, gesunde Grenzen setzen, Hindernisse überwinden, Karma, Konzentration, Landwirtschaft und Garten, langfristige

Ziele, Lebenserfahrung, loslassen (lernen), mit dem Tod umgehen lernen, tiefe Weisheit, Trost und Mitgefühl bei Trauerfällen, Zeit

Sonne – Sonntag

Element: Feuer
Menschen im Umfeld: der Vater
Farben: Gelb, Gold
Steine: Bernstein, Diamant, goldener Beryll, Rubin, Sonnenstein, Tigerauge, Topas, Zirkonia
Düfte & Pflanzen: Alant, Angelika, Chrysantheme, Gewürznelke, Gänseblümchen, Heliotrop, Johanniskraut, Kamille, Lorbeer, Rosmarin, Safran, Sonnenblume, Weihrauch, Zimt, Zitrusfrüchte aller Art
Tiere: Affen, Biene, Eidechsen, Falke, Fasan, Hahn, Hirsch, Jaguar, Kolibri, Löwe, Pirol, Schmetterling, Schwalbe
Wesenheiten: Agni, Aine, Amaterasu, Amun, Apollo, Bastet, Brigid, Eos, Hathor, Helios, Horus, Lugh, Phoebe, Ra, Sunna, Surya
Intentionen & Energie: dunkle Zeiten hinter sich lassen, Familie, Gesundheit, Klarheit finden, Licht, Lebensfreude, neue Kraft finden, Spiritualität

Die sieben Planetenkräfte einbeziehen

Wie bei den vier Elementen ist es wichtig, dass man die Arbeit mit diesen Kräften nicht als theoretische Übung betrachtet. Es ist noch nicht so lange her, dass unsere Vorfahren die sieben Planeten in Holzschnitten und Kupferstichen als Personen abgebildet haben. Also nicht nur als abstrakte Energie oder Symbole, sondern als greifbare »Leute«.

Diese persönliche Beziehung zu den Kräften – nicht als etwas, sondern als jemand – verändert die Tiefe der Beziehung zu ihnen nachhaltig. Einige Praktiker beschreiben diesen Moment als völlig neue Ebene, als ein tiefes Erwachen und den Moment, in dem man realisiert: Es ist wahr, wir stehen wirklich alle in Verbindung. Alles lebt auf seine Weise. Das Netz des Lebens ist ein Netz der Beziehungen und ich bin mittendrin. Manche sagen, dieses Begreifen war der Punkt, an dem ihnen klar wurde, was das Leben wirklich ist. Worte können solche Erfahrungen nur in Ansätzen wiedergeben. In der Praxis führt es dann aber schnell weiter, das Denken in Verbindungen wird dir zur zweiten Natur.

Die Kräfte in Aktion

Wenn man die sieben Planetenkräfte als System für die spirituelle Arbeit nutzt, wird man schnell feststellen, dass die meisten Wesenheiten eine spezielle Grundfärbung haben, die mit weiteren Planetenkräften angereichert sein kann. Ähnlich wie bei den vier Elementen wird man auch die Planetenkräfte selten in reiner Form antreffen. Sie interagieren, sie bewegen sich gegenseitig, sie sind in einem ewigen Wechselspiel verbunden. Anders gesagt:

Das Rad des Lebens besteht nicht aus eckigen, kleinen Schubladen, es ist rund.

Sogar eine scheinbar rein feurige Kraft wie Mars (als Gottheit) hat eine alte mythologische Verbindung zum Ackerbau (der Grünkraft, die den zarten Keimling die Erde durchbrechen lässt) und damit zu den erdigen Kräften der Saturn-Ebene. Da in Kriegen, die Mars ebenfalls regiert, Menschen sterben, wird die Verbindung zum Saturn noch offensichtlicher.

Es geht bei der Arbeit mit den Kräften nicht darum, irgendwo ihre reine Form zu finden und fein säuberlich einzusortieren. Es geht darum, ihr Wechselspiel zu erkennen und in der Arbeit mit den eigenen Wesenheiten genau zu wissen, was passend ist, was die Verbindung unterstützt und auf welcher Ebene im großen Geflecht des Lebens das alles stattfindet.

Praxistipps: Persönliche Spirits »systematisieren«

Dieses systematische Denken ist auch hilfreich, wenn es um persönliche Spirits geht, die in keinem Mythologie-Lexikon stehen und mit denen man sich alles selbst erarbeiten muss: was sie mögen, was sie nicht mögen, was die gemeinsamen Aufgaben und Themen sind. Mit einem System im Hinterkopf lässt sich ihre Energie besser umschreiben und einordnen. Das hilft auch ganz praktisch, um passende Farben, Räucherkräuter oder Kristalle für die Zusammenarbeit mit ihnen zu bestimmen.

Sagen wir, du hast einen persönlichen Spirit, der dich bei der Arbeit mit den Tarotkarten unterstützt oder in der Traumarbeit. Das deutet auf die intuitiven Einflüsse des Mondes hin. Nehmen wir weiter an, dieser Spirit hat ein sehr feminines und charmantes Naturell, dann spielt die Venus-Ebene mit hinein. Praktisch angewendet bedeutet das, dass du mit Kräutern des Mondes und einer kleinen Prise Venus-Kräutern räuchern kannst, wenn du die Verbindung zu diesem Spirit stärken möchtest.

Jemand anderes hat einen Spirit für genau dieselben Aufgaben, aber dieses Wesen ist sehr ruhig, nüchtern und konzentriert, ein bisschen wie der Eremit im Tarot. Hier steht die Kraft des Saturn im Raum und gesellt sich zur intuitiven Ebene des Mondes hinzu. In diesem Fall kombiniert man die Korrespondenzen des Mondes mit denen des Saturn, um diesem Geistwesen gerecht zu werden.

Es geht nicht darum, irgendwen in ein starres System einzusortieren. Es geht darum zu erkennen, welche Kräfte vorhanden sind, damit man sich stimmig mit ihnen verbinden kann. Ein System ist kein heiliger Gral, dem man alles unterordnet, sondern ein Mittel zum Zweck, um Energien und deren Verbindungen greifbar zu machen.

Am besten erkläre ich das an einem praktischen Beispiel: Nehmen wir die germanische Freya. Sie ist eine Göttin der Liebe, wird aber auch mit Kampf, Weissagung (die Runen) und der Fruchtbarkeit der Erde in Verbindung gebracht. Da der Liebesaspekt am stärksten hervorsticht, landet sie normalerweise im Bereich der Venus-Energie.

Schaut man tiefer, sieht man aber auch Mars (ihr kämpferischer Aspekt), man sieht die intuitiv schauende Mondkraft (das Runenwissen). Man sieht auch den Merkur, der dieses intuitive Wissen in Worte fassen kann, und nicht zuletzt die erdige Saturn-Ebene, die mit dem Ackerbau in Verbindung steht.

Viele höhere Wesenheiten haben mehrere Aspekte, sodass einige Praktiker ab einem gewissen Punkt mit den einzelnen Aspekten einer Wesenheit arbeiten. Das ist zum Beispiel in einigen afroamerikanischen Wegen verbreitet. Dort kann es so sein, dass die Adepten nicht in eine Gottheit als solche initiiert werden, sondern in eine ganz spezielle Erscheinungsform dieser Gottheit.

Ähnliches kennt man aus der Antike, so hatten Gottheiten wie Hekate zahlreiche Epitheta (Beinamen), in ihrem Fall unter anderem: die Lichtbringerin, die Dreifaltige, die Himmlische, die Erdverbundene, die Schlüsseltragende, die an Wegkreuzungen Weilende und viele mehr. Jeder dieser Namen beschreibt einen ihrer Aspekte und kann als Grundlage der Zusammenarbeit mit genau diesem Aspekt genutzt werden.

Es lohnt sich, in diesen Dingen tiefer zu graben, wenn dich eine Wesenheit ruft. Speziell wenn du zuerst nicht verstehst, warum sie dich ruft. Manchmal kennt man nur den bekanntesten Aspekt einer Wesenheit und kann sich damit nicht identifizieren. Schaut man tiefer, entdeckt man möglicherweise, dass es nicht dieser allgemein geläufige Aspekt ist, von dem der Ruf ausging, sondern ein anderer, weniger bekannter Aspekt.

Lokale Naturkräfte – auch mal in der Ferne

Auf vielen spirituellen Wegen wird vor allem mit den Himmlischen gearbeitet, seien das nun Engel, Gottheiten und hohe Wesenheiten aller Art. In schamanischen und animistischen Traditionen schaut man aber auch zu den Naturwesenheiten, denn sie umgeben uns sehr real und ihr Einfluss auf uns ist oft direkter als der von »denen ganz da oben«.

Für uns mag der Gedanke ungewohnt sein, aber es ist nicht selten, dass Erkrankungen mit Tabu-Übertretungen gegenüber Naturgeistern in Verbindung gebracht werden. Wer sich beispielsweise zu nahe an einem Fluss erleichtert, braucht sich nicht zu wundern, wenn er krank wird, weil die Wassergeister über den mangelnden Respekt erzürnt sind.

Übrigens findet man dieses Tabu eins zu eins sowohl in geografisch fernen als auch in unseren hiesigen Überlieferungen. Diese Übereinstimmungen sind immer wieder faszinierend.

Wir kommen gleich dazu, wie man sich mit den Naturgeistern gut stellt, zuvor möchte ich noch ein paar Erfahrungen zu heimischen Wesenheiten und solchen von weit her teilen, denn diese Frage der Geografie taucht häufig auf, wenn es um die praktische Anwendung geht. Was muss man in dieser Hinsicht beachten?

Interessanterweise kommen unterschiedliche Traditionen hier zu ähnlichen Erkenntnissen. Ich habe von traditionellen Heiden (Asatru) aus den USA die Beobachtung gehört, dass sie in ihren Ritualen oft die Götter rufen, während Leute aus England und Skandinavien oft direkt mit den Naturwesen arbeiten. Bei ihnen sind die Götter »einfach da«, während man sie in die USA sozusagen erst hinüberrufen muss.

Ähnlich ist es mit Thor in Venezuela, der dort in der Tradition »Maria Lionza« körperlich von seinen Anhängern in Trancezuständen Besitz ergreift und durch seine Medien hindurch zu den Anwesenden spricht. Entfernung spielt also keine Rolle, sie kann es nur erforderlich machen, dass man sich ein bisschen mehr ins Zeug legt oder etwas mehr Zeit braucht.

Vergleichbare Vorstellungen findet man auch im klassischen Schamanismus Nordasiens. Dort haben die Menschen Schutzgeister aus der Gegend, aus der sie stammen. Natürlich zieht man auch dort um und heiratet manchmal weit entfernt ein. Dann wohnen diese Geister weiterhin in ihrem angestammten Gebiet und werden gerufen, wenn man sie braucht, auch über weite Distanzen. Es gibt allgemein bekannte Zeichen, wenn so ein hilfreicher Geist gerade auf der Reise an einem vorbeizischt, es hört sich an wie ein leises Glöckchenläuten, das die Leute wie aus dem Nichts heraus wahrnehmen.

Es ist spannend zu sehen, dass so unterschiedliche Traditionen zu denselben Erfahrungen kommen. Auf ihrer heimischen Scholle haben die Spirits ihren festen Ankerpunkt, aber von dort aus sind sie sehr beweglich. Ausgenommen sind hier allerdings die rein lokalen Geister, wie das vielzitierte Schlossgespenst oder die weiße Frau, die an einem Ort umgeht. Sie sind an ihren vertrauten Ort gebunden und tauchen nur dort auf.

Es gibt auch die Tradition, sozusagen ein Stück der Geister mitzunehmen, wie zum Beispiel den slawischen Brauch, etwas Muttererde mitzunehmen, wenn man in die Ferne umzieht. Machen wir nicht etwas ganz Ähnliches, wenn wir im Urlaub Steine und Muscheln am Strand sammeln, um zu Hause weiterhin eine Verbindung zu den Energien des Ortes zu haben, den wir besucht haben?

Sich mit den Geistern der Elemente gut stellen

Schauen wir uns einmal speziell an, wie du dich gegenüber den Wesenheiten der vier Elemente verhalten kannst, sodass diese Freude daran haben, auch längerfristig mit dir zusammenzuwirken.

Luft

Noch in den 1960er-Jahren gab es Bräuche im ländlichen Raum, bei denen die Luft mit Mehl gefüttert wurde. Wollte man einen aufziehenden Sturm vom Hof abhalten, wurde ein geweihtes Messer in die Erde gesteckt, die scharfe Seite zeigte in Richtung des Unwetters. Ein bayrischer Freund erzählte mir von schwarzen Gewitterkerzen, die sich in manchen Gegenden bis heute großer Beliebtheit erfreuen.

Auch Räucherungen sind mit den Geistern der Luft verbunden. Dabei kommen häufig ähnliche Pflanzen zum Einsatz, wenn sie in einer Gegend heimisch sind. So gehört bei uns der Wacholder zu den heiligsten Räucherpflanzen – und Räucherpflanze Nummer eins ist er auch bis in die Mongolei und nach Nepal hinein.

Salbei ist eine ähnliche Pflanze, wo auch immer er bekannt ist und wächst, wurde und wird er als reinigendes Räucherwerk gebraucht. Ganz ähnlich der Rosmarin. Die *bruja* (Hexe) in Mexiko verwendet ihn genau wie wir als Schutzpflanze, welche die Übergänge des Lebens behütet, das Gedächtnis stärkt und dabei hilft, auf dem persönlichen Weg voranzukommen. Es ist für Außenstehende überraschend, dass Praktiker der unterschiedlichsten Regionen zu denselben Ansichten kommen, aber das sollte uns nicht überraschen.

Die Traditionen und Systeme mögen unterschiedlich sein, aber der Geist einer Pflanze ist derselbe.

Um sich mit den Geistern der Luft gut zu stellen, verwendet man also staubartiges Material, wie Mehl, oder Rauch. Auch Worte, Gesang und Musik können eine wichtige Rolle spielen. Manche trommeln, rasseln, summen und singen. Die Maultrommel spielt in vielen schamanischen Kulturen eine wichtige Rolle, um eine sanfte Trance zu bewirken und die guten Geister zu rufen. Sie ist nicht schwer zu erlernen und auch bei uns ein wunderbares Werkzeug, um mit ihren Schwingungen den Geist für höhere Ebenen zu öffnen.

Manche sprechen ein Gebet oder spielen Musik ab. Musik aus der Konserve ist zwar nicht dasselbe wie direkt vor Ort gespielt, das heißt aber nicht, dass sie wirkungslos wäre. Gerade wenn man Spirits mit einem anderen kulturellen Hintergrund ehrt, können sie sehr erfreut sein, wenn man die Musik ihrer Herkunftsregion abspielt.

Feuer

Das Feuer hat eine zentrale Bedeutung für uns Menschen. Man denkt darüber kaum noch nach, aber viele Gebiete hätten wir ohne ein wärmendes Feuer gar nicht besiedeln können. Es steht für den Herd, für Wärme, Schutz, Licht und die Gemeinschaft des Haushalts. Auch bei uns ist es nicht lange her, dass das Herdfeuer immer mal ein wenig Schmalz, Butter oder andere Lebensmittel bekam.

Dazu braucht man natürlich ein Feuer und das ist oft die größte Herausforderung, wenn man keinen Garten und kein Haus mit Kamin hat. In der Stadt sind die ausgewiesenen Feuerplätze oft an belebten Orten und nicht jeder möchte ungebetene Zuschauer mit einem Bier in der Hand dabei haben.

Ein guter Kompromiss kann ein Grill an einem sicheren Ort sein oder eine Mini-Feuerstelle. Es gibt Modelle, die auf extra wenig Rauchentwicklung ausgelegt sind. Um das Feuer zu füttern, entzünde es und gib darauf ein wenig eines Lieblingsessens mit etwas Fett (Butterschmalz, Kokosfett oder Ähnliches). Es sollte natürlich keine Suppe sein, sondern eher in Richtung Brot, Kekse, Kuchen gehen. Es muss auch nicht viel sein, die Größe eines Macarons reicht bereits aus. Unsere (Ur-)Großmütter haben es auch nicht übertrieben, sondern einfach ein Löffelchen Nahrung an das Herdfeuer gegeben.

Sprich das Feuer zuvor an und bitte es, deine Gaben anzunehmen und dich und deine Lieben zu segnen. Du kannst es dabei auch an die lange gemeinsame Geschichte der Menschen mit dem Feuer erinnern. Auch hier gilt wieder der Gedanke: Es ist kein Etwas, es ist ein Jemand. Es kennt die Menschen seit vielen Jahrtausenden. Du steigst da nicht in etwas völlig Neues ein, im Gegenteil, du führst etwas Uraltes fort.

Nachdem du die Opfergaben hineingegeben hast, beobachte, wie sie angenommen werden und welche Zeichen du erhältst. Lass ein spirituelles Feuer von selbst verlöschen, es sollte nicht mit Wasser übergossen werden oder Ähnliches. Hierbei gilt selbstverständlich der gesunde Menschenverstand: Sollte es in irgendeiner Weise brenzlich werden, halte von vornherein eine feuchte Decke oder Sand bereit, um sie auf die Flammen werfen zu können. Lösche Feuer, das gerade Fett verbrennt, niemals mit Wasser, es kann sonst zu einer Fettexplosion kommen.

Wie weiter oben beschrieben kann man notfalls auch einen Krümel des Essens oder etwas Fett in das Wachs einer roten Kerze geben. Manchmal muss man erfinderisch sein und wenn der Grundgedanke einer Zeremonie nicht verfälscht wird, ist das auch kein Problem.

Wasser

Die Elemente Wasser und Erde werden im asiatischen Raum als Nagas beachtet und geehrt. Nagas sind Schlangenwesenheiten, die sich in Gewässern zeigen, als Regen und in der fruchtbaren Erde, auch Drachen gehören in diese Kategorie. Sich mit ihnen gut zu stellen ist essenziell, denn sie können Menschen Krankheiten schicken, wenn diese die Natur nicht respektieren.

Ein Naturgeist als Ursache für Krankheiten? Dass uns diese Vorstellung im ersten Moment ungewöhnlich vorkommt, zeigt, wie weit wir uns von der Natur entfernt haben. Wir sagen zwar Sätze wie »Wir sind ein Teil der Natur«, aber wir wissen nicht mehr wirklich, was das bedeutet. Oft wird dieser Gedanke mit Wellnessvorstellungen verbunden und natürlich tut uns die Natur gut, aber sie kann auch verstimmt sein und ihre menschlichen Kinder etwas strenger zur Ordnung rufen.

Eine der liebsten Opfergaben der Nagas ist Milch, was uns zu den hiesigen Krönchennattern, magischen Unken und weißen Schlangen in Sagen und Legenden führt. Im Spreewald findet man bis heute Schlangenkopf-Giebel an den Dächern (ähnlich den Pferdekopf-Giebeln in Norddeutschland). Der Spreewald ist ein altes slawisches Gebiet, teilweise bis heute mit eigener Sprache und Kultur. Die Verteufelung der Schlange ist dort nicht gelungen, noch immer wird sie als lebensspendende Kraft geehrt. Das wundert mich auch nicht bei den zahlreichen Wasserwegen dort, wo Höfe teilweise nur mit dem Boot erreichbar sind.

Manchmal sind die Ähnlichkeiten über so große Entfernungen hinweg verblüffend. Das zeigt, dass unsere Vorfahren mit denselben Wesenheiten kommuniziert haben, sich tiefergehend auf sie eingelassen und ihre Signale empfangen haben. In unseren Sagen und Legenden sind diese Schlangenwesenheiten hilfreich und gut, solange sie wertgeschätzt und immer mal mit einem Schälchen Milch bedacht werden.

Dazu ein paar praktische Tipps: Wer keine tierische Milch verwenden möchte, kann problemlos Pflanzenmilch nehmen. So etwas hat immer mit der jeweiligen Region zu tun. In einer nomadischen Kultur, wie in der Mongolei, wird die Milch der Herdentiere verwendet. In einer sesshaften Kultur mit Landwirtschaft, wie zum Beispiel in Nepal, ist es nicht ungewöhnlich, dass auch Reismilch zum Einsatz kommt. In unserer Kultur, in der industrielle Milchwirtschaft mit hochgezüchteten Kühen viel Leid und ein kurzes Leben für die Tiere bedeutet, ist es eine gute Sache, darüber nachzudenken, was man verwendet und wo es herkommt.

Verwende keine exotischen Früchte als Opfergaben, da heimische Tiere, die davon naschen, sie nicht immer vertragen. Schokolade ist zum Beispiel für viele Tiere giftig und du wirst die Naturgeister nicht erfreuen, wenn du Tieren in ihrem Gebiet schadest. Anders gesagt: Die Natur muss wirklich etwas davon haben, deine Opfergaben müssen etwas Gutes bringen. Eine schöne Idee sind Körner, Nüsse und Samen, damit kann man nichts verkehrt machen. Traditionell werden die Gaben oft am Ufer von Gewässern abgelegt. Man wirft sie also nicht den Wasserbewohnern »an den Kopf«, sondern legt sie sanft in ihrer Nähe ab.

Bringe die Opfergaben deiner Wahl an den Ort, der dich gerufen hat, und sprich ein kurzes Gebet, in dem du deinen Wunsch nach Balance und Ausgleich zum Ausdruck bringst. Manchmal muss man dabei ein bisschen improvisieren. An einer belebten Straßenkreuzung kann man zum Beispiel unauffällig ein paar Getreidekörner fallen lassen, während man sich innerlich auf sein Gebet konzentriert. Es geht nicht darum, wie sichtbar das ist, was du tust, sondern um eine aufrichtige und liebevolle Absicht dabei. Sprich leise und respektvoll mit den Geistwesen, sie sind sehr feinfühlig. Räucherwerk mögen die Wasserwesen meist nicht, es ist ihnen zu intensiv.

Ein guter Zeitpunkt erleichtert vieles, je nach Tradition findet man unterschiedliche (und auch sich gegenseitig widersprechende) Zuordnungen der passenden Tage. Wenn wir unseren eigenen kulturellen Rahmen beachten, entsteht eine schöne Verbindung, wenn sich der Mond in einem Erd- oder Wasserzeichen befindet, also Krebs, Skorpion oder Fische bzw. Stier, Jungfrau und Steinbock. So bringt man die Kräfte der Erde und des Himmels harmonisch zusammen. Ideal ist der zunehmende Mond. Geistwesen der Natur folgen den natürlichen Rhythmen, das heißt auch, dass sie im Frühling und Sommer aktiver sind und im Herbst und Winter ruhiger werden.

Die Schlangenwesenheiten regieren ganz besonders über die Fruchtbarkeit und auch Probleme mit der Haut, sowie die »Wasserwege« im Körper (Blut, Lymphe ...). Ihr Segen bedeutet Glück und Gedeihen. Wir sind engstens mit ihnen verbunden, da wir selbst zu einem Großteil aus Wasser bestehen. Auch hier finden wir wieder die alte Weisheit, dass alles mit allem verbunden ist, ohne aufgesetzte Mystik, sondern ganz praktisch und real.

Erde

Die Wesen der Erde stehen denen des Wassers in vielen Traditionen nahe. Das ist bei uns nicht anders, so findet man in manchen Regionen in alten Sagen anstelle der magischen Schlangen die Erdkröte, die über das Glück und den Segen eines Hofes wacht. Der Name der slawischen Göttin Mokosch bedeutet übersetzt »feuchte Mutter Erde«, auch dort sieht man die Nähe zwischen Erde und Wasser.

Für die Erdwesenheiten gilt, was bereits bei den Nagas gesagt wurde, sie sind aber nicht ganz so empfindlich und im wahrsten Sinne des Wortes bodenständig. Als Opfergabe für sie kann man besonders Getreide hervorheben, aber auch Früchte (wie gesagt immer einheimische, damit die Tiere, die sie fressen, gut damit zurechtkommen) und Nüsse. Selbst in der zugepflasterten Stadt befindet sich die Erde auf der anderen Seite des Asphalts. Wir sind nie ohne sie und können sie überall ehren.

Allgemeine Ideen für Opfergaben und Geschenke

Wenn du nicht genau weißt, wie du mit einer Wesenheit anfängst, verwende Wacholder, Rosmarin, Salbei oder Beifuß als Duft oder Räucherwerk. Dazu weißen Stoff für die Altardecke, Bergkristall als magischen Stein, Milch (pflanzliche Milch geht ebenfalls), Süßigkeiten und eventuell auch klaren Alkohol, wie zum Beispiel Korn. Auch Bier, Wein und Likör werden gern genommen, je nach Ursprungsgebiet der Wesenheit. All diese Dinge sind sehr neutral und mit den meisten Wesenheiten gut kompatibel.

Blumen

Frische Blumen sind eine schöne Sache, aber auch gut gemachte Seidenblumen sind möglich. Mit einem Tropfen ätherisches Öl duften sie oft sogar besser als gekaufte Blumen aus dem Laden.

Eine schöne Möglichkeit sind auch selbst gemachte Blumen aus Krepppapier. Man kann es als Band in Rollen kaufen und zu Blüten kräuseln. Es ist in allen Farben des Regenbogens erhältlich und damit leicht auf persönliche Ziele oder den Geschmack der Wesenheit, mit der man arbeiten möchte, abzustimmen. Man kann auch kleine Girlanden daraus machen. Die Erfahrung zeigt, dass viele Wesenheiten handgemachte Dinge besonders schätzen.

Weitere Ideen

Auch Kräuterschälchen mit Düften sind denkbar, Potpourris, verschlungene Bänder als Dekoration oder Wunschbändchen. Handarbeiten aller Art sind eine wunderbare Möglichkeit, den Geistwesen zu zeigen, dass uns die Verbindung wirklich wichtig ist. Wir sehen das zu oft durch die perfektionistische Brille, nach dem Motto: Etwas fertig Gekauftes sieht doch viel besser aus. Es geht bei Opfergaben und Geschenken aber nicht um Optik, sondern um Kraft.

Es kann sich lohnen, in alten Brauchtumsbüchern aus der eigenen Region zu forschen, ob man noch etwas über traditionelle Opfergaben und Geschenke an die Natur herausfinden kann. Oftmals in christlichem Gewand, aber uralt im Kern. Als ich zum ersten Mal las, dass man vor nicht mal dreihundert Jahren hier in Leipzig zu Ostern rote Eier auf die Gräber gelegt hat (ein deutlicher Anklang an uralte Fruchtbarkeitsgedanken und die rituelle Speisung der Toten), habe ich nicht schlecht gestaunt. Es ist manchmal wie die Suche nach der Nadel im Heuhaufen, doch öfter als gedacht findet man interessante Zusammenhänge.

Eine gute Idee sind auch die eigenen Haare als Opfergabe, zum Beispiel, wenn man eine Pflanze in der Natur erntet. Dann kann man eines seiner eigenen Haare als Ausgleich dafür geben. In alten Beschreibungen findet man auch immer wieder Münzen, die zu diesem Zweck abgelegt werden.

Gekochte Mahlzeiten sind ebenfalls eine gute Idee, besonders mit den typischen Produkten aus deiner Region. Das muss nicht viel sein, wer in der Stadt wohnt, wird vermutlich keinen vollen Teller an den Straßenrand stellen wollen. Ich rechne da gern in Macaron- oder Muffin-Größe, so wird es nicht zu viel und man hat trotzdem seine Verbundenheit zum Ausdruck gebracht. Mit der Zeit merkt man immer besser, was die Geister mögen, und muss nicht ständig alles zur Verfügung haben, sondern eben genau das, was sie gern haben.

Wenn man Lebensmittel daheim auf dem Altar opfern möchte, gilt die Faustregel, dass man sie so lange darauf belassen kann, wie man sie selbst noch zu sich nehmen würde.

Die besten Methoden, um stimmige Opfergaben herauszufinden, sind Meditation, Gebet und gegebenenfalls auch Orakel. Aber forciere nichts, lass den Dingen ihre Zeit. Manchmal kommt die Antwort erst nach ein paar Tagen, das ist nichts Ungewöhnliches. Wir wollen gern alles sofort erledigen/lösen/wissen, so prägt uns unsere Zeit. Manchmal auch die unterschwellige Sorge, Dinge im allgemeinen Rummel des Alltags besser gleich zu erledigen, damit man sie später nicht vergisst. Setze die Wesenheiten nicht unter Druck. Wer immer in Eile ist, verpasst das Beste. Der spirituelle Weg besteht in großen Teilen aus Lauschen, Hineinhorchen und Zuhören.

Korrespondenzen nach Themengebieten

Themen sind im Grunde auch Geister, man könnte die Worte gegeneinander austauschen und von Geistergebieten reden. Je nachdem, welche Spirits ein Thema regieren, fallen die Korrespondenzen entsprechend aus. Dabei wird schnell klar, dass das ganze Leben in all seinen Facetten abgebildet wird.

Die Weisheit kann von einer kriegerischen Göttin wie Athene genauso verkörpert werden wie von der Figur des in sich gekehrten Eremiten im Tarot. Sie kann als Sophia in Form einer Taube erscheinen oder als Göttin im Aspekt der weisen Alten, wie zum Beispiel bei Hekate. Oft genug findet sie sich auch in Trickster-Gestalten wie Eshu wieder, die der Welt den Spiegel vorhalten. All das ist nur folgerichtig, es gibt nun einmal verschiedene Formen von Weisheit. Vom nachdenklichen Philosophen mit Schädel auf dem Tisch bis zur mütterlichen Kraft, die aus ihrer Lebenserfahrung heraus beherzt im richtigen Moment die richtigen Worte findet.

Wer das vertiefen möchte, kann über die vier Elemente und die sieben Planeten meditieren. Am Beispiel der Weisheit kann man sich zum Beispiel fragen: Wie sieht feurige Weisheit aus, wie zeigt sie sich im Element Wasser? Wie ist eine nüchterne Saturn-Weisheit und wie zeigt sich diese Energie im Gegensatz dazu beim flinken Merkur?

Natürlich gibt es die etablierte Welt der Sagen, Mythen und Legenden, in denen wir zahlreiche Kräfte finden. Darauf kommen gleich noch die folgenden Praxis-Korrespondenzen zu sprechen. Aber es ist trotzdem gut, das Grundgerüst dahinter zu verstehen und sich seine eigenen Gedanken zu machen. So entsteht ein System, in dem du eine gute Basis hast, mit der du bewusst auswählen kannst, welche Kräfte du in dein Leben rufen möchtest und vor allem wie.

Wie sieht das nun in der praktischen Anwendung aus? Bleiben wir bei der Weisheit als Beispiel und nehmen wir an, dass du dir nach mehreren gescheiterten Flirts und Versuchen, einen passenden Partner zu finden, mehr Weisheit in Sachen Liebe wünschst, um erkennen zu können, wer die

Mühe wert ist und wer nicht. Du suchst also Weisheit in der Sphäre der Venus, die über die Liebe regiert. Ihr Tag ist der Freitag und die Korrespondenzen der Venus haben wir gerade kennengelernt. Du nimmst diese Korrespondenzen als Basis (Düfte, Farben und so weiter) und kombinierst sie mit den Korrespondenzen der Weisheit und des Lernens, die im Folgenden gleich noch vorgestellt werden.

Findest du dabei sich überschneidende Dinge (zum Beispiel gleiche oder ähnliche Farben, Pflanzen und so weiter), verwendest du diese bevorzugt. Du kannst damit zum Beispiel einen schönen Platz gestalten, an dem du jeden Freitag Kerzen in den passenden Farben entzündest. Du kannst eine Handarbeit machen, wie ein Glückssäckchen, in das du passende Zutaten aus beiden Bereichen gibst und es anschließend bei dir trägst.

Die Anwendungsarten sind praktisch unbegrenzt. Ich habe in früheren Büchern viel über die Möglichkeiten der Magie geschrieben, da kannst du gern nachlesen und dir Anregungen holen. Mit zunehmender Erfahrung wirst du ein Gespür dafür bekommen, was zueinander gehört. Anfangs mag es noch ein bisschen kompliziert sein, aber nach einer Weile siehst du überall die energetischen Zusammenhänge und kannst sie für dich einordnen. Es ist wie eine Sprache, die du erlernst. Die Zauberbücher der alten Magier hießen nicht ohne Grund Grimmoire, was auf das Wort »Grammatik« zurückgeht. Sie sind genau das: Eine Anleitung, wie man mit der spirituellen Ebene kommuniziert.

Kommen wir also zu den praktischen Anregungen und Zusammenhängen. Dazu noch ein Hinweis, weil das Thema öfter mal aufkommt: Es geht nicht um den Preis der Dinge. Nehmen wir an, du willst einen Geldzauber machen. Du musst dafür keinen teuren Safran kaufen oder dich für einen Smaragd verschulden. Du kannst genauso gut etwas Eichenrinde sammeln und einen gefundenen grünen Stein verwenden.

Weißt du, was ein wichtiger Impuls zu meinem allerersten Buch war? Ich habe mich geärgert, dass Magie damals oft so beschrieben wurde, dass sie ohne ein dickes Portemonnaie unerreichbar war. Doch Magie ist für jeden da. In vielen Teilen der Welt sind Spiritualität und Volksmagie bis heute die einzige Form von Hilfe, die ärmeren Menschen zugänglich ist.

Bleib in diesen Dingen gelassen, es ist die Intention, die zählt. Es ist die Liebe, die du hineinsteckst. Wenn das Geld gerade da ist: Lass es ruhig krachen. Aber wenn nicht, ist das kein Problem. Ich habe schon genügend Leute gesehen, die sich das beste perfekte Zubehör zusammengekauft haben und trotzdem keinen Zugang zur Magie gefunden haben. Umgekehrt gibt es einige, die an allen Ecken und Enden improvisieren müssen, und es geht vorwärts. Schritt für Schritt arbeiten sie sich mit Liebe und Entschlossenheit aus den Problemen heraus. Also, kommen wir zu den Korrespondenzen und bleiben wir gleich beim Thema Finanzen.

Finanzen & Wohlstand

Element: Luft, Erde
Farben: Braun, Grün, Gold, Orange (zum Öffnen neuer Wege)
Steine: Achat, Amazonit, Aventurin, Chrysopras, grüner Jaspis, grüner Turmalin, Magnetit, Malachit, Moosachat, Peridot, Pyrit (Katzengold), Saphir, Smaragd, Zitrin

Düfte & Pflanzen: Ahorn(sirup), Bergamotte, Eiche, Galgant, Gänsefingerkraut, Getreide aller Art, Kamille, Kastanie, Kiefer, Klee, Lein, Lorbeer, Minze, Muskat, Olive, Patschuli, Safran, Salbei, Tanne, Vetiver, Weintrauben, Zimt
Tiere: Bär, Biene, Büffel, Eichhörnchen, Erdkröte, Frosch, Goldfisch, Karpfen, Kaurischnecke (das Muschelgehäuse), Pferd, Schildkröte, Schlange, Schwein (das typische Glücksschweinchen), Stier
Wesenheiten: Artio, Ceres, Cernunnos, Cerridwen, Dagda, Demeter, Epona, Fortuna, Frau Holle, Frigga, Gaia, Ganesha, Grüner Mann, Isis, Juno, Jupiter, Lakshmi, Minerva, Njörd, Rhea, Zeus
Wochentag: Mittwoch, Donnerstag, Sonntag
Tierkreiszeichen (für zeitlich passende Magie mit dem Mond): Jungfrau, Stier, Zwillinge

Liebe

Element: Feuer, Wasser
Farben: Rosa, Pink, Rot, Grün, Blau (Lapislazuli-Töne)
Steine: Achat, Alexandrit, Amazonit, Aquamarin, Chrysokoll, Diamant, Granat, Jade, Karneol, Koralle, Kunzit, Lapislazuli, Malachit, Morganit, Muscheln und Seeschnecken aller Art, Perlen, Perlmutt, Rhodochrosit, Rosenquarz, roter Turmalin, Rubin, Smaragd, Topas, Türkis, Zirkonia
Düfte & Pflanzen: Akazie, Apfel, Basilikum, Benzoe, Cistrose, Damiana, Erdbeere, Flieder, Gardenie, Gänseblümchen, Geranium, Granatapfel, Hibiskus, Hyazinthe, Ingwer, Iris, Jasmin, Kardamom, Katzenminze, Kirsche, Koriander, Labdanum, Lavendel, Liebstöckel, Lilie, Linde, Lotus, Mä-

desüß, Magnolie, Minze, Myrte, Orangenblüte (Neroli), Palmarosa, Pfingstrose, Rose, Styrax, Vanille, Veilchen, Zimt
Tiere: Delfin, Gans, Hase, Katze, Kolibri, Kuh, Luchs, Muscheln, Papagei, Pfau, Schlange, Schmetterling, Schwalbe, Schwan, Sperling, Taube
Wesenheiten: Adonis, Aphrodite, Astarte, Bastet, Cernunnos, Cupido, Dumuzi, Eros, Faun, Fides, Frau Holle, Freya, Frigga, Juno, Hathor, Hekate, Inanna, Ishtar, Isis, Kuan Yin, Oshun, Pan, Venus, Yemaya
Wochentag: Freitag, Montag (Familie)
Tierkreiszeichen (für zeitlich passende Magie mit dem Mond): Krebs (mütterliche Liebe, Familie), Skorpion (vor allem Leidenschaft), Stier, Waage

Kreativität (auch im Sinne von: Lösungen finden)

Element: Luft, Feuer, Wasser, Erde
Farben: Gelb, Grün, Orange, Rot, Türkis, Violet, Weiß
Steine: Achat, Aquamarin, Bernstein, blauer Topas, Amethyst, Angelit, Aventurin, Chrysopras, Fluorit, Howlith, Karneol, Katzenauge, Koralle, Lapislazuli, Larimar, Mondstein, Smaragd, Opal, Orangencalzit, Rutilquarz, Tigerauge, Türkis, Turmalin, Zitrin
Düfte & Pflanzen: Apfel, Anis, Buche, Flieder, Geißblatt, Hasel, Helmkraut, Holunder, Iris, Iriswurzel, Jasmin, Kamille, Kiefer, Lavendel, Lotus, Minze, Mistel, Narde, Nelke, Rosmarin, Sandelholz, Verbene, Weißdorn, Zitrusdüfte aller Art
Tiere: Biber, Chamäleon, Falke, Fuchs, Hase, Krähe, Kranich, Krake, Kojote, Libelle, Rabe, Schlange, Schildkröte, Skarabäus, Spinne, Storch, Wiesel

Wesenheiten: Apollo, Astarte, Athene, Brigid, Cerridwen, Dionysos, Eshu, Faun, Feen, Hermes, Lakshmi, Lugh, Merkur, Odin, Ogma, Nornen, Sarasvati, Spider Woman, Thoth, Wotan, Zeus
Wochentag: Montag, Mittwoch, Freitag, Sonntag
Tierkreiszeichen (für zeitlich passende Magie mit dem Mond): Fische, Löwe, Schütze, Wassermann, Zwillinge

Lernen und Weisheit

Element: Luft, Wasser, Erde
Farben: Zitronengelb, Hellblau, Grau, Lila, kräftiges Blau und Schwarz (Weisheit)
Steine: Achat, Amethyst, Aquamarin, Azurit, Bergkristall, Bernstein, Charoit, Howlith, Lapislazuli, Obsidian, Onyx, Rauchquarz (Morion), Saphir, Sodalith, Sugilith, Tigerauge, Wüstenrose, Zitrin
Düfte & Pflanzen: Bambus, Birke, Bodhibaum, Buche, Dill, Eisenkraut, Hasel, Geranium, Holunder, Lavendel, Lotus, Mastix, Minze, Rosmarin, Salbei, Wacholder, Weißdorn
Tiere: Amsel, Bär, Elefant, Eule, Falke, Hirsch, Ibis, Krähe, Lachs, Rabe, Schildkröte, Schlange, Seeschnecken (die Muschelgehäuse), Spinne, Wal
Wesenheiten: Arianrhod, Astarte, Athene, Baldur, Belenos, Brigid, Ceres, Cerridwen, Danu, Freya, Frigga, Hekate, Hermes, Ganesha, Isis, Kuan Yin, Merkur, Mimir, Musen, Odin, Ogma, Osiris, Sarasvati, Saturn, Spider Woman, Thoth, Wotan
Wochentag: Mittwoch, Samstag
Tierkreiszeichen (für zeitlich passende Magie mit dem Mond): Zwillinge, Wassermann

Orakel und Intuition

Element: Luft, Wasser, Feuer
Farben: Violett, Silber, Schwarz, Blau, Weiß, Gelb
Steine: Alexandrit, Amazonit, Amethyst, Azurit, Bergkristall, Fluorit, Labradorit, Opal, Lapislazuli, Mondstein, Topas, Türkis
Düfte & Pflanzen: Angelikawurzel, Anis, Beifuß, Birke, Copal negro, Elemi, Geißblatt, Holunder, Kamille, Kokos, Lavendel, Lotus, Mädesüß, Mastix, Minze, Myrrhe, Jasmin, Patschuli, Sandelholz, Schafgarbe, Sternanis, Verbene, Wacholder, Weide, Weißdorn, Zeder, Zypresse
Tiere: Adler, Antilope, Delfin, Eidechse, Elefant, Eule, Falke, Gans, Geier, Hase, Huhn, Hund, Katze, Kojote, Krähe, Kranich, Kuckuck, Lachs, Pferd, Rabe, Reiher, Schwalbe, Schlange
Wesenheiten: Apollo, Astarte, Baba Yaga, Bastet, Brigid, Cerridwen, Feen, Fortuna, Freya, Hekate, Hermes, Inanna, Isis, Merkur, Nornen, Odin, Ogma, Thoth, Wotan
Wochentag: Montag, Mittwoch, Freitag
Tierkreiszeichen (für zeitlich passende Magie mit dem Mond): Zwillinge, Skorpion, Wassermann, Fische

Schutz

Element: Luft, Feuer, Wasser, Erde
Farben: Rot, Schwarz, Braun, Grau, Violett, Weiß, Blau, Silber (spiegelnd)
Steine: Achat, Eisen und Stahl als Metalle, Gagat (Jett), Hämatit, Jaspis, Karneol, Obsidian, Onyx, Katzenauge, schwarzer Turmalin (Schörl), Tigerauge, Tigereisen

Düfte & Pflanzen: Alant, Aloe, Angelikawurzel, Asant, Basilikum, Brennnessel, Brombeere, Chili, Distel, Drachenblut-Harz, Eiche, Efeu, Knoblauch, Lavendel, Palo Santo, Pfeffer, Rosmarin, Salbei, Thymian, Weinraute, Wermut, Zwiebel
Tiere: Adler, Drachen-Spirits, Eber, Eule, Geier, Hahn, Hai, Hund, Igel, Krähe, Krokodil, Nilpferd, Pferd, Rabe, Schakal, Schlange, Specht, Tiger, Widder, Wolf
Wesenheiten: Aine, Ares, Athene, Brigid, Diana, Freya, Freyr, Hekate, Hera, Horus, Ishtar, Isis, Juno, Justitia, Kybele, Lugh, Mars, Morrigan, Santa Muerte, Sekhmet, Thor
Wochentag: Dienstag, Samstag, Sonntag
Tierkreiszeichen (für zeitlich passende Magie mit dem Mond): Löwe, Skorpion, Steinbock, Widder

Spiritualität & Magie vertiefen und stärken

An dieser Stelle möchte ich noch einmal an die Meditation erinnern. Wo auch immer man mit erfahrenen Praktikern redet, die täglich Dinge vollbringen, die bei uns als Wunder bezeichnet werden würden: Sie alle betonen die Wichtigkeit von Meditation. Von der mexikanischen Volksheilerin bis zum mongolischen Schamanen, überall weiß man, dass nur ein geordneter Geist aufnahmefähig für höhere Wesenheiten ist. Ohne Meditation ist der Geist ein Spielball für Illusionen und Wunschträume.

Der Medizinmann Fools Crow hat immer wieder betont, dass man ein »hollow bone«, ein hohler Knochen, werden muss, wenn man dem Großen Geist klar und rein dienen will. Das ist ein langer und anstrengender Weg, selbst wenn man große Begabung mitbringt.

Es geht immer wieder darum, sich selbst aufzuräumen. Bildlich gesprochen: Die großen Spirits landen schlecht auf einer Landebahn, die mit allerlei Krempel vollgestellt ist. Wenn sie es tun, was bisweilen vorkommt, ist Chaos vorprogrammiert. Die folgenden Korrespondenzen sind als Unterstützung auf dem Weg zum Sein als hohler Knochen gedacht, sie sind kein Ersatz für die innere Arbeit, die wir alle verrichten müssen.

Element: Luft, Wasser

Farben: Blau, Violett, Weiß, Silber

Steine: Amethyst, Apatit, Bergkristall, Beryl, Diamant, Iolit, Katzenauge, Lapislazuli, Lepidolit, Moldavit, Obsidian, Opal, Saphir, Sugilith, Tigerauge, Türkis

Düfte & Pflanzen: Angelikawurzel, Apfel, Basilikum, Beifuß, Brombeere, Eberesche, Eiche, Gaia, Holunder, Jasmin, Johanniskraut, Königskerze, Lotus, Mistel, Myrrhe, Patschuli, Pilze, Rosmarin, Salbei, Sandelholz, Schafgarbe, Tanne, Thymian, Tulsi, Wacholder, Weihrauch, Weißdorn, Zypresse

Tiere: Eule, Falke, Fledermaus, Frosch, Fuchs, Ibis, Jaguar, Katze, Krähe, Kröte, Libelle, Motte, Pferd, Rabe, Reiher, Schlange, Schmetterling, Schwan, Spinne

Wesenheiten: Aradia, Baba Yaga, Brigid, Cernunnos, Cerridwen, Diana, Eshu, Elfen, Frau Holle, Freya, Grüner Mann, Gwydion, Hekate, Hermes, Horus, Isis, Luna, Lugh, Merkur, Nornen, Odin, Osiris, Perchta, Persephone, Selene, Shiva, Thoth, Wotan; immer: die Spirits des Ortes, an dem du dich befindest

Wochentag: Montag, Freitag

Tierkreiszeichen (für zeitlich passende Magie mit dem Mond): Fische, Schütze, Skorpion, Wassermann

Wohlbefinden

Element: Erde, Wasser
Farben: Gelb, Grün, Weiß, Gold, Orange, Braun, Türkis, Violett
Steine: Achat, Ametrin, Aventurin, Bergkristall, Bernstein, Blutstein, Chrysopras, Diopsid, grüner Turmalin, Jade, Jaspis, Hämatit, Karneol, Kunzit, Magnetit, Malachit, Peridot, Rauchquarz (Morion), Salzkristalle, Smaragd, Sodalit, Sonnenstein, Turmalin, Türkis
Düfte & Pflanzen: Aloe, Apfel, Basilikum, Beifuß, Copal oro, Eberesche, Eiche, Geranium, Guggul, Hasel, Helmkraut, Holunder, Ingwer, Johanniskraut, Kamille, Kastanie, Kiefer, Lavendel, Lein, Melisse, Minze, Olive, Oregano, Ringelblume, Rosmarin, Safran, Salbei, Schafgarbe, Tulsi, Thymian, Walnuss, Weide, Weinraute, Weißdorn
Tiere: Adler, Bär, Delfin, Erdkröte, Hahn, Kolibri, Kranich, Otter, Pferd, Schlange, Taube, Wal, Widder
Wesenheiten: Aine, Apollo, Artemis, Asklepius, Belenos, Brigid, Cernunnos, Dagda, Demeter, Epona, Frau Holle, Freya, Gaia, Hekate, Iduna, Isis, Juno, Kybele
Wochentag: Montag, Donnerstag, Sonntag
Tierkreiszeichen (für zeitlich passende Magie mit dem Mond): Löwe

Abschließende Gedanken

Im Laufe des Buches haben wir vieles kennengelernt, traditionelles Wissen von anderswo und hiesige Überlieferungen. Es gibt viele Haarspaltereien im spirituellen Bereich, doch zum Schluss ist nur eines wichtig: Funktioniert es? Verbessert es die Dinge? Wird das Leben schöner und glücklicher? Dann mehr davon! Wenn du das zu deiner Richtschnur machst, gehst du automatisch in die richtige Richtung.

Weiterlesen und informieren

Die folgenden Literaturempfehlungen bieten dir eine Mischung verschiedener Bereiche, denn im echten Leben gehen spirituelles Wissen und Alltag Hand in Hand. Zum Beispiel wenn uralte Stickmuster noch heute auf die große Göttin verweisen. So manches Buch über Aberglaube und Heilgebete deutet auf uralte Zeiten hin, in denen die Zahl Drei heilig war und Gottheiten noch übers Land gingen.

Die Buchauswahl ist für alle gedacht, die »Augen zu sehen und Ohren zu hören« haben, wie man früher sagte. Diese Bücher sind für Interessierte, die tiefer gehen wollen. Schau einfach, wo bei dir ein inneres Glöckchen klingelt, und nimm die Spur auf. Hin und wieder ist das wörtlich zu verstehen, da manche der Bücher nur noch antiquarisch zu haben sind. Aber mit etwas Geduld und der Unterstützung der guten Geister wirst du finden, was für dich bestimmt ist.

Deutschsprachige Bücher

Arrowsmith, Nancy: Die Welt der Naturgeister, Eichborn 1984

Derlon, Pierre: Heiler und Hexer, Sphinx 1984

Edenheiser, Iris; Deimel, Claus: Kallawaya. Heilkunst in den Anden, Grassi Museum für Völkerkunde Leipzig 2010

Francia, Luisa: Berühre Wega, kehr zur Erde zurück, Frauenoffensive 1982

Frischbier, Hermann: Hexenspruch und Zauberbann, Holzminden 1996

Gaup, Ailo: Das Herz des Nordens. Ein Sami-Schamane erzählt, Veth Verlag 2016

Griebert-Schröder, Vera: Eine Reise zu den Ahnen, Allegria 2016

Kosack, Godula: Magie. Die Kraft zum Schaden oder zum Guten, Hess 2012

Krasberg, Ulrike; Kosack, Godula (Hg.): ... und was ist mit der Seele?, Lembeck 2009

Künzel, Cornelia: Menschen im sibirischen Altai, TRIGA 2019

Lurker, Manfred: Lexikon der Götter und Dämonen, Kröner 1989 (neu 2014)

Lussi, Kurt: Dämonen, Hexen, Böser Blick, AT Verlag 2011

Mails, Thomas E.: Fools Crow. Weisheit & Kraft, Arun-Verlag 2010

Mate, Imre: Yotengrit, SALON LiteraturVERLAG 2006

Nettesheim, Agrippa von: Die magischen Werke, in verschiedenen Ausgaben erhältlich, zum Beispiel vom marixverlag 2013

Oelschlägel, Anett C.: Der Taigageist, Tectum Wissenschaftsverlag 2013

Oelschlägel, Anett C.: Der Weiße Weg, Leipziger Uni-Verlag 2004

Paine, Sheila: Amulette, AT Verlag 2004

Paine, Sheila: Bestickte Textilien aus fünf Kontinenten, Verlag Paul Haupt 1991

Petzoldt, Leander: Kleines Lexikon der Dämonen und Elementargeister, C. H. Beck 2015

Popatov, L. P.: Materialien zur Volkskunde der Türkvölker des Altaj, aus: Mitteilungen des Seminars für Orientalische Sprachen zu Berlin, Jahrgang XXXVII, Abteilung 1, Ostasiatische Studien, Sonderabdruck 1934

Ruff, Margarethe: Zauberpraktiken als Lebenshilfe, Campus 2003

Saeki, Rotraut: Stimme der Geister. Schamanen-Geschichten aus Okinawa, Königsfurt Urania 2011

Serkin, Vladimir: Die Dankbarkeit des Wolfs, Goldmann 2013

Spiesberger, Karl: Naturgeister, Edition Geheimes Wissen 2020

Stefansdottir, Erla: Erlas Elfen. Die isländische »Elfenbeauftragte« erzählt wahre Geschichten, Neue Erde 2018

Stefansdottir, Erla: Lifssyn min. Lebenseinsichten der isländischen Elfenbeauftragten, Neue Erde 2007

Stoehr, Guntram: Bäume an Orten der Kraft, Nymphenburger 2022

Stoehr, Guntram: Die Natur als Kraftort, Nymphenburger 2020

Weidinger, Georg: Die Heilung der Mitte, Die Kraft der Traditionellen Chinesischen Medizin, Ennsthaler 2023

Wlislocki, Heinrich von: Volksglaube und religiöser Brauch der Zigeuner, Inktank-Publishing, o. J.

Englischsprachige Bücher

Banstola, Bhola Nath; Rysdyk, Evelyn C.: The Nepalese Shamanic Path, Destiny Books 2019

Banstola, Bhola Nath: Working with the Elemental Spirits: The Five Elements and Shamanism in Nepal, BanstolaKul Publications 2024

Paxson, Diana L.: Possession, Depossession and Divine Relationships, Red Wheel / Weiser 2015

Nolton, Faith: Gardens of the Soul. Making Sacred and Shamanic Art, Divine Arts 2014
Ysslestyne, Jan Van: Spirits from the Edge of the World. Classical Shamanism in Ulchi Society, Pathfinder Counseling 2018
Farrar, Janet; Bone, Gavin: Lifting the Veil. A Witches' Guide to Trance-Prophesy, Drawing Down the Moon, and Ecstatic Ritual, Robert Hale Ltd. 2024
Illes, Judika: The Encyclopedia of Spirits, Harper One 2009
Deusen, Kira van: The flying Tiger, McGill-Queen's University Press 2001
Kelly, Mary B.: Goddess Woman Cloth, Studio Books 2012
Kelly, Mary B.: alle Bücher ihrer Reihe Goddess Embroidery
Oleszkiewicz-Peralba, Małgorzata: The Black Madonna in Latin America and Europe, University of New Mexico Press 2007
Price, Neil: The Viking Way. Magic and Mind in Late Iron Age Scandinavia, Oxbow Books 2019
Ristic, Radomir: Witchcraft and Sorcery of the Balkans, Three Hands 2015
Ristic, Radomir: Balkan Traditional Witchcraft, Pendraig Publishing 2009
Kaldera, Raven: Dealing with Deities, Asphodel Press 2012
Kaldera, Raven: Pagan Astrology, Destiny Books 2009
Sarangerel: Riding Windhorses. A Journey into the Heart of Mongolian Shamanism, Destiny Books 2000
Some, Sobonfu: Women's Wisdom from the Heart of Africa, Sounds True, Audio CD 2004

Über die Autorin

Aufgewachsen inmitten einer reichen Fülle von alten, geheimnisvollen Bräuchen, interessierte sich Claire schon früh für die spirituelle Kraft der weißen Magie. Heute ist die Lebensberaterin und praktizierende Hexe eine der erfolgreichsten Autorinnen zum Thema Magie. Claire lebt in Leipzig.

www.hexe-claire.de